지구 착취의 정점, 그 이후

포스트피크

거대한 역전의 시작

지구 착취의 정점, 그 이후

포스트 피크

거대한 역전의 시작

MORE FROM LESS

앤드루 맥아피 지음 | 이한음 옮김

청림출판

한 그루의 나무가 모여 푸른 숲을 이루듯이
청림의 책들은 삶을 풍요롭게 합니다.

우리는 신 행세를 하고 있으니,
이왕이면 그 일을 잘하는 편이 낫지 않겠는가.

| 스튜어트 브랜드, 〈전 지구 카탈로그〉, 1968년 |

새로운 지구를 위한
사용설명서

자, 솔직히 말하련다.
나는 기존의 순탄한 목표가 아니라, 힘든 새 목표를 제시하련다.

| 월터 휘트먼, 〈열린 길의 노래〉, 1856년 |

마침내 우리는 우리가 살고 있는 우리 행성, 지구를 더 가볍게 딛는 법을 터득하고 있다. 나머지는 그저 시간문제일 뿐이다.

거의 인류 역사 내내, 우리 인류의 번영은 지구에서 자원을 채취하는 능력과 긴밀하게 결부되어 있었다. 그래서 인구가 늘어나고 더 번창해질수록, 우리의 필요에 따라 채취하는 것들도 불가피하게 점점 더 늘어날 수밖에 없었다. 더 많은 광물, 더 많은 화석연료, 더 많은 경작지, 더 많은 목재, 더 많은 물 등등.

그러나 더 이상은 아니다. 최근 들어서 다른 현상이 목격되고 있다. 덜 쓰면서 더 많이 얻는 양상이다. 미국인, 즉 세계 경제의 약 25퍼센트를 차지하는 부유한 대국의 시민은 오늘날 전반적으로 해가 지날수록 대부분의 자원을 점점 덜 쓰고 있다. 경제와 인구가 성장하고 있음에도 그렇다.

게다가 우리는 공기와 물을 덜 오염시키고, 온실가스를 덜 배출하고, 거의 사라졌던 많은 동물 종들의 수가 다시 늘어나는 것을 보고 있다. 한마니로, 미국은 지구 착취의 정점 이후post-peak 시대에 들어서 있다. 다른 많은 부유한 국가들도 비슷한 상황에 있으며, 중국 같은 개발도상국들조차도 현재 중요한 여러 측면에서 지구를 전보다 더 잘 돌보고 있다.

이 책은 우리가 어떻게 전환점을 돌아서 덜 쓰면서 더 많이 얻기 시작했는지, 그리고 여기에서 더 나아가면 어떤 일이 일어날지를 살펴본다.

처음부터 명확히 해두고 싶은 것이 하나 있다. 나는 지금 상황이 매우 좋다거나, 걱정할 필요가 전혀 없다고 주장하는 것이 아니라는 점이다. 그런 주장은 불합리하다. 인류가 일으킨 지구온난화는 실제로 진행되고 있으며 우리에게 좋지 않은 영향을 미치므로 지금부터는 온난화에 맞서서 시급히 행동을 취해야 한다. 또한 세계의 오염 수준을 낮추고, 우리가 멸종 위기로 내몬 수많은 종을 복원시켜야 한다. 그리고 가난, 질병, 영양 부족, 공동체 해체를 비롯하여 인류의 번영을 방해하는 것들과도 계속 맞서 싸워야 한다.

우리 앞에는 할 일이 산더미처럼 쌓여 있다. 내가 말하고자 하는 바는 우리가 그런 과제들을 해결할 방법을 알고 있다는 것이다. 세계의 많은 지역에서 이미 전환점을 돌았으며, 지금 인간의 조건과 자연의 상태를 둘 다 개선하고 있다. 둘 사이의 트레이드오프는 끝났으며, 우리가 일을 제대로만 한다면 두 번 다시 일어나지 않을 것이라고 나는 확신한다. 이 책에서 나는 그런 확신이 어디에서 나오는지 설명하고, 나와 같은 견해를 갖도록 여러분을 설득하고자 한다.

덜 취하면서
더 많이 소비하까지

이 책은 우리가 덜 쓰면서 더 많이 얻기 시작했음을 보여주고, 이 중요한 이정표에 어떻게 도달했는지를 설명한다. 이 이야기의 가장 기이한 측면은 우리가 인류 번영과 지구 건강 사이의 트레이드오프를 없애겠다고 급진적으로 경로를 수정한 것이 아니라는 사실이다. 우리는 이미 해오던 일들을 훨씬 더 잘하게 된 것뿐이다.

특히 '기술 발전technological progress'을 '자본주의capitalism'와 결합하여 인류의 바람과 필요를 충족시키는 일을 더 잘하고 있다. 이 결론은 많은 이에게 기이하게 와 닿을 것이다. 그럴 만하다. 아무튼 18세기 말에 산업혁명이 시작될 때 자원 이용과 환경 피해를 대폭 증가시킨 것이 바로 이 조합이었으니 말이다.

산업시대는 인류가 놀라울 만치 대규모로 빠르게 번영을 이룬 시대이지만, 그 번영은 지구의 희생을 대가로 이루어진 것이다. 우리는 자원을 채굴하고, 숲을 개간하고, 동물을 죽이고, 공기와 물을 오염시키는 등 지구에 무수한 악행을 저질렀다. 하염없이, 해가 갈수록 점점 더 많은 악행을 저질렀다.

산업시대에 마구 날뛰었던 기술 발전과 자본주의라는 두 힘은 우리를 하나의 방향으로 내몬 듯했다. 인구와 소비를 늘리면서 우리 행성을 훼손하는 방향으로 말이다. 1970년 첫 지구의 날Earth Day 행사가 열릴 즈음에는 이 두 힘이 우리를 파국으로 내몰 것이 분명하다고 많은 이가 인식하고 있었다. 우리가 사는 행성을 무한정 혹사할 수는 없을 테니까.

그런데 실제로는 어떤 일이 일어났을까? 상황은 전혀 다르게 전개되었다. 바로 그 내용이 이 책의 주제다. 뒤에서 보여주겠지만, 자본주의는 계속 존속하면서 더 확산했지만(주변을 둘러보기만 해도 알 수 있듯이), 기술의 발전 양상은 바뀌었다.

우리는 컴퓨터와 인터넷을 비롯하여 소비를 탈물질화하게 해줄 많은 디지털 기술을 발명했다. 덕분에 시간이 흐를수록 지구로부터 점점 덜 취하면서도 점점 더 많이 소비할 수 있게 되었다. 이 일은 디지털 기술이 원자를 비트로 대체함으로써 비용을 절감할 수 있다고 제안했고, 극심한 비용 절감 압력을 받던 자본주의 기업들이 이 제안을 받아들였기 때문에 가능했다. 한 예로, 스마트폰이 얼마나 많은 기기를 대체했는지를 생각해보라.

자본주의와 기술 발전뿐 아니라, 덜 쓰면서 더 많이 얻을 수 있도록 하는 데 핵심적인 역할을 한 힘이 두 가지 더 있다. 인간이 지구에 끼치는 (오염과 멸종 같은) 피해에 대한 '대중의 인식public awareness'과 '반응하는 정부responsive government'가 그것이다. 사람들의 욕구에 맞추어서 행동하고 이런 피해를 없애기 위해 건전한 조처를 하는 정부다. 대중의 인식과 반응하는 정부는 미국을 비롯한 전 세계에서 펼쳐진 환경운동과 지구의 날 행사를 통해서 크게 개선되었다.

나는 기술 발전, 자본주의, 대중의 인식, 반응하는 정부를 '낙관주의의 네 기수four horsemen of the optimist'라고 부르른다.[●] 이 네 가지가 갖추어질 때, 국가는 인간의 조건과 자연의 상태를 둘 다 개선할 수 있다. 네 기수가 발맞추어 달리지 않을 때, 인간과 환경은 고통을 겪는다.

좋은 소식은 현재 전 세계에서 네 기수가 모두 달리고 있다는 것이다. 따라서 우리는 급진적인 변화를 이룰 필요가 없다. 대신에 이미 하고 있는 좋은 일들을 더 많이 할 필요가 있다. 말이라는 비유를 자동차로 바꾸면 이렇다. 우리는 경제와 사회의 운전대를 다른 방향으로 핵 돌릴 필요가 없다. 그냥 가속페달을 밟고 있기만 하면 된다.

모두가 싫어하지만
내가 말하고자 하는 것

무엇보다도 이 책을 읽는 동안 열린 마음을 유지하는 것이 중요하

● 이 기수는 신약성서의 〈요한계시록〉에 묘사된 묵시록의 네 기사와 정반대다. 〈요한계시록〉의 네 기사는 흔히 전쟁, 기근, 역병, 죽음이라고 해석된다.

다. 언뜻 볼 때 옳지 않은 듯한 개념과 주장을 적어도 몇 가지는 접할 가능성이 높기 때문이다.

나는 이 책의 기본 개념, 즉 현재 자본주의와 기술 발전이 우리가 지구를 헐벗게 만드는 대신에 더 가볍게 딛도록 한다는 개념을 받아들이기 어려워하는 이들이 많다는 것을 알고 있다.

나도 처음 그 개념을 접했을 때 받아들이기가 어려웠다. 제시 오스벨 Jesse Ausubel[1]이 2015년 〈브레이크스루 저널 Breakthrough journal〉에 쓴 〈자연의 귀환: 기술은 어떻게 환경을 해방시키는가〉를 기고했을 때였다. 제목을 보고 클릭할 수밖에 없었고, 그때까지 몰랐던 가장 흥미로운 개념 하나를 접하게 되었다.

오스벨은 미국 경제의 탈물질화를 규명했다. 그는 꼼꼼하고 철저하게 파헤쳤지만, 나는 내심 이렇게 생각했다. '옳을 리가 없어.' 경제가 성장할수록 더 많은 자원을 소비해야 한다는 개념을 떨쳐내기가 너무나 어려웠다. 오스벨의 논문을 접한 나는 먼저 그 기존 개념에 의구심을 품는 것으로 시작하여, 이윽고 내치는 쪽으로 나아가게 되었다.

그 여정에서 중요한 구간은 '어떻게 덜 쓰면서 더 많이 얻기 시작했는가'라는 설명을 도출하게 된 연구 경로였다.

경제 성장은 어떤 이유로 자원 소비와 단절된 것일까? 탈물질화를 일으킨 것이 무엇일까? 앞서 말했듯이, 그리고 다음 장들에서 살펴보겠지만, 자본주의는 내 설명의 큰 부분을 차지한다. 이 결론이 널리 인기가 있다고 말하지는 못하겠다.

마르크스 이래로 많은 이가 자본주의를 격렬하게 반대했으며, 회의적인 시선으로 보는 이들이 훨씬 더 많았다. 따라서 자본주의를 응원하는 내 입장은 많은 이에게 무지하다거나 더 안 좋은 쪽으로 받아들여질 것이다.

그래도 그런 견해를 지닌 독자가 이 책을 읽는다면 나는 무척 기쁠 것이다. 내가 자본주의를 이야기할 때 무슨 의미로 쓰는지 귀를 기울이고, 내가 제시하는 증거와 논리를 토대로 내 논증을 평가하기를 바란다.

그리고 여러분이 만약 자본주의의 옹호자라면, 내가 여기서 주장하는 새로운 세금(탄소에 매기는)과 엄격한 규제(오염과 멸종 위기 동물로 만든 제품의 교역을 막는)를 옹호하는 주장을 좋아하지 않을지 모른다. 많은 열렬한 자본주의자는 이런 개념들을 싫어할 것이다. 또 나는 원자력과 유전자 변형 농산물을 더 써야 한다고 주장하련다. 모두 다 많은 이가 격렬하게 반대하는 것이다.

따라서 여러분 중 누군가는 처음에는 이 책에 실린 내용 중에 무언가가 잘못되었다고 느낄 것이다. 다시 말하지만, 나는 그저 이 책에 실린 개념들을 열린 마음으로 대해달라고만 부탁하고 싶다. 내가 옳다고 믿고 주장한다는 점을 여러분이 믿었으면 좋겠다.

나는 논쟁을 야기하거나 격론을 불러일으키기 위해 이 책을 쓴 것이 아니다. 누군가를 일부러 격발시키거나 끌어들이기 위해(다시 말해, 누군가의 분노를 자극하거나 내 우월함을 입증하고자) 쓴 것이 아니다. 그저 내가 흥미롭게 여기면서 몹시 고무적이라고 느끼는 한 현상을 집중 조명하고, 어떻게 그런 생각을 하게 되었는지를 설명하고, 그 현상의 의미를 함께 논의하고자 썼을 뿐이다.

나는 여러분이 이 여정에 함께하기를 바란다.

앤드루 맥아피

차례

1장

맬서스 시대,
지구를 뒤덮은 인류

More from Less

More from Less

◆

(전쟁 상황은) 인류가 자신의 근력과
창안물이 줄 수 있는 것 이외의
다른 방어 수단 없이 살아가던 시대와 비슷하다.
그런 조건에서 산업은 설 자리가 없으며 (…)
따라서 지구엔 그 어떤 문화도 없을 것이고 (…)
최악은 두려움과 폭력적인 죽음의 위험에
끊임없이 시달린다는 것이다.
그리고 인류의 삶은
외롭고, 가난하고, 비참하고,
야만적이고, 짧을 것이다.

| 토머스 홉스, 《리바이어던》, 1651년 |

◆

대부분의 사람은 자신의 이름이 수백 년 동안 오르내리게 되기를 바랄 것이다. 하지만 "우스꽝스러울 만치 틀렸다"의 줄임말로 사용되는 꼴은 절대 원치 않을 것이다.

불행히도 그(그리고 그의 후손들)에게는 안된 일이지만, 토머스 로버트 맬서스Thomas Robert Malthus 신부는 인류와 지구의 관계를 논의할 때면 으레 바로 그러한 역할을 맡아왔다.

맬서스주의는 한 논증, 그 논증의 기각, 그 논증을 펼치는 사람을 향한 모욕의 꼬리표 역할을 하는 단어 중 하나로 쓰여왔다.• 이 단어는 제대로 알지 못한 채 펼치는 미래에 관한 부당한 비관론을 가리킨다.

한 가지 의미에서 보면, 그런 평가는 지극히 공정하다. 뒤에서 말하겠지만, 맬서스가 18세기 말에 내놓은 암울한 예측은 너무나 잘못된 것이어서 그러한 특별한 별칭이 붙어 마땅하다는 점이 드러났다. 그러나 다른 의미에서 보면, 우리는 그 선량한 신부를 너무 가혹하게 대하고 있기도 하다.

그의 개념을 평가하는 대부분의 논의는 맬서스가 미래를 예측하는 쪽으로는 형편없었지만, 과거를 설명하는 쪽으로는 대체로 옳았다는 사실을 간과한다.

• 자연과학에서는 그런 단어들에 관해 꽤 견해가 일치한다. 예를 들어, 모든 생물학자는 창조론자를 동일한 의미로 쓴다. 사회과학에서는 그보다 훨씬 중구난방이다. 뒤에서 만나게 될 '사회주의자'와 '자본주의자'라는 두 용어는 모욕이자 자칭하여 자랑스럽게 내세우는 단어로서 양쪽 의미 모두로 널리 쓰이고 있다.

나쁜 진동

맬서스는 1798년에 펴낸 《인구론 An Essay on the Principle of Population》으로 가장 잘 알려져 있다. 사실 지금의 독자에겐 읽기가 버거운 책이다. 200년 넘게 흐르면서 문체에 많은 변화가 일어났기 때문이기도 하고, 그의 글에서 시시때때로 드러나는 인종차별주의, 또한 그런 견해를 마치 진실인 것처럼 결과와 엉성하게 결부시키는 거슬리는 태도 때문이기도 하다. 한 예로, 그는 이렇게 주장했다. "다른 모든 인종에 비해 북아메리카 인디언들은 남녀 사이의 열정이 덜하다."[1]

이런 대목을 읽을 때면, 《인구론》이 유럽 중심적 사고를 독선적으로 일반화한 내용으로 가득하다고 결론을 내리기 쉽다. 그러나 후속 연구들은 인류 역사의 한 측면만큼은 맬서스가 한 말이 어느 정도 옳다는 것을 보여주었다. 맬서스가 인구의 '요동' 또는 '진동'이라고 부른 것 말이다.

그는 인구가 증가하는 시기가 있고, 그 뒤에 감소하는 시기가 온다는 뜻으로 그 말을 사용했다. "역사가 오래된 모든 국가에는 그런 진동이 존재한다.[2] (…) 이 주제를 깊이 고찰해본 사려 깊은 사람이라면, 누구도 그 사실을 의심할 수 없다."

《인구론》의 주된 목표는 그런 진동이 모든 인류 집단에 나타날 수밖에 없는 이유를 수학적으로 보여주겠다는 것이었다. 맬서스는 인구가 억제되지 않을 경우 급속히 증가한다고 올바로 지적했다. 한 부부가 자녀를 둘 낳고, 그 자녀가 자라서 각각 자녀를 둘 낳는 과정이 계속 되풀이된다면, 원래 부부의 후손 수는 세대가 흐를수록 2명, 4명, 8명, 16명으로 두 배씩 증가할 것이다. 인구의 이 지수적(또는 기하급수적) 성장을 억제하기 위해 사람들이 할 수 있는 일은 두 가지밖에 없다. 자식을 낳지 않거나, 죽는 것이다.

맬서스는 이 두 가지 인구 억제 방식이 일어날 수밖에 없으며, 모든 인구 집단의 크기 증가를 늦추거나 역전시킬 만큼 자주 일어나곤 한다고 말했다. 그리고 그런 일이 일어나는 이유는 단순하다. 기하급수적으로 증가하는 인구를 땅이 계속 먹여 살릴 수가 없기 때문이다. 맬서스는 인구가 기하급수적으로(2, 4, 8, 16…) 증가하는 반면, 얻을 수 있는 식량의 양은 산술급수적으로만(즉 선형으로만: 2, 3, 4, 5…) 증가한다고 했다.

《인구론》은 이 불일치의 끔찍한 결과를 상세히 서술하는 데 많은 지면을 할애한다. "억제되지 않을 경우 인구는 기하급수적으로 증가하고[3] 식량은 산술급수적으로만 증가한다. 숫자를 조금이라도 아는 사람이라면 첫 번째 급수가 두 번째 급수에 비해서 엄청나다는 사실을 보여줄 것이다. (…) 이는 식량 확보의 어려움이 인구를 강력하게 끊임없이 억제하는 힘임을 의미한다. 어디에서든 이 어려움은 반드시 나타날 것이며, 인류의 대부분은 심각하게 느껴야 한다."•

• 맬서스는 인구가 증가할 수 있는 것처럼 식량도 기하급수적으로 증가할 수 없는 이유를 상세히 설명하지 않았다. 그저 이렇게 적었을 뿐이다. "가장 열성적인 사색가라도 '산술급수적인 비율'보다 더 높은 수준으로 증가한다고 가정할 수 없다."

성장의 한계

맬서스가 주장한 일이 실제로 일어났을까? 그동안 진행된 흥미로운 많은 연구 덕분에 현재 우리는 이 질문의 답을 알고 있다. 지난 40년 동안, 앵거스 매디슨Angus Maddison의 선구적인 연구에 뒤이은 많은 경제사학자의 연구를 통해서 인류의 생활수준에 관한 수백 년에 걸친 증거 자료들이 모일 수 있었다.

생활수준은 실질 임금이나 소득을 통해 표현되곤 한다.* 설령 한 나라에서 쓰는 통화가 세월이 흐르면서 바뀐다고 해도, 중세 농민이 그 단어의 현대적인 의미에 해당하는 어떤 돈으로 임금을 받지 않았다고 할지라도, 임금과 소득이라는 개념은 가치가 있다. 풍요와 빈곤을 일관된 방식으로 살펴볼 수 있게 해주기 때문이다. 그리고 이와 다른 계통의 연구도 있는데, 그쪽에서는 인구통계가 역사적으로 어떻게 변해왔는지를 명확히 제시한다. 즉 인구가 얼마나 되었는지, 어떻게 변동했는지를 보여준다. 경제사학자 그레고리 클라크Gregory Clark는 이 두 유형의 증거를 통합하여, 맬서스의 《인구론》이 나오기 전 6세기 동안 영국의 삶이 어떠했는지를 보여주었다. 아주 산뜻한 그래프는 아니다.

클라크의 이 그래프는 가로축에는 영국 인구, 세로축에는 개인 번

---

* 　이 맥락에서 '실질'은 '인플레이션을 고려한 뒤'라는 뜻이다.

** 　클라크는 번영의 척도로 영국 장인들의 임금을 택했다. 경제의 전반적인 건강을 알려주는 좋은 지표일 뿐 아니라, 수 세기에 걸친 질 좋은 자료를 얻을 수 있기 때문이다.

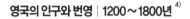

영국의 인구와 번영 | 1200~1800년 [4]

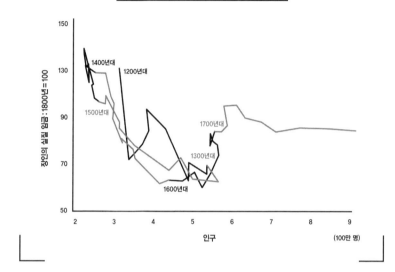

영의 척도를 표시했다. ** 1200~1800년 사이에는 자료점이 10년에
1개씩이며, 이 자료점들은 선으로 연결되어 있다(이 책에서는 선을 더 쉽게 따
라갈 수 있도록 각 세기가 시작되는 지점을 표시하고, 선의 음영을 달리했다).

오른쪽으로 갈수록 이 선이 꾸준히 위로 향한다면, 수 세기가 흐르
는 동안 영국 인구가 꾸준히 더 늘면서 점점 더 부유해졌다는 의미가
될 것이다. 그러나 실제로는 전혀 그렇지 않았다. 대신에 1200년 이후
로 수백 년 동안 선은 오락가락하면서 그래프의 왼쪽 위에서 오른쪽
아래로 향했다. 다시 말해, 인구가 적으면서 비교적 번영을 누리는 상
태와 정반대 상태, 즉 인구가 많으면서 비교적 가난한 상태 사이를 오

락가락했다는 뜻이다.[•] 1200년 이래로 수백 년 동안, 영국 인구는 맬서스가 묘사한 그대로 진동했다. 약 1700년까지 인구는 세 배까지 늘었다 줄었다 했다. 주로 200만~600만 명 사이를 오갔다. 그들은 인구가 비교적 적었던 시기에만 비교적 번영을 누렸다. 영국인들이 그 땅에서 뽑아낼 수 있는 자원, 특히 식량의 양에는 본질적으로 상한선이 있었다. 인구가 그 한계선에 닿으면, 궁핍이라는 잔혹한 교정 기구가 작동하면서 인구 수를 다시 끌어내렸다.

인구와 번영 사이의 트레이드오프는 18세기에 좀 약해졌다. 농사 방식이 개선된 덕분일 가능성이 가장 크다. 그러나 전체적으로 보면 암울한 양상에는 변화가 없었다. 예를 들어, 평균적인 영국인은 1200년보다 1700년대에 더 열악한 상황에 놓여 있었다. 클라크는 이렇게 요약했다. "우리는 1200~1800년까지 600년 동안 산업화 이전 사회에 관한 맬서스 모델의 기본 원리 중 하나가 옳았음을 확인할 수 있다."[5]

또 연구자들은 같은 기간에 스웨덴, 이탈리아 등 유럽의 다른 나라들의 인구에서도 맬서스 진동이 나타난다[6]는 것을 알았다. 대다수의 인류사회는 수렵 채집이나 유목 생활에서 정착 농경 생활로 옮겨간 뒤로, 즉 이른바 신석기 혁명이 일어난 뒤로도 기근과 기아에서 벗어나지 못했다.[••] '먹을 입'과 '가용 자원'의 증가율 차이라는 기본 수학은 혹독하고 가차 없이 적용되었고, 그리하여 인구는 계속 진동했다.

[•] 이 책에 실린 그래프들의 데이터 출처는 미주에 적었으며, 데이터 자체는 morefromlessbook.com/data에 실어두었다.

우리 VS 세계

우리 호모 사피엔스가 10만 년 전 아프리카의 요람을 떠난 때[7]부터 18세기 말에 산업시대가 시작되기 전까지, 우리는 맬서스 세계에 살았다. 우리는 지구를 뒤덮었지만, 지구를 정복하지는 못했다.

인류는 영구히 얼어붙은 남극대륙을 제외한 모든 대륙으로 퍼졌고, 지구의 거의 모든 지형과 기후에 적응했다. 우리는 영리했으며 끊임없이 바쁘게 움직였다. 동식물이 우리에게 더 적합해지도록 교배를 통해 유전자를 변형시키면서 길들였다. 또한 대도시를 건설했다. 16세기 아즈텍 제국의 수도 테노치티틀란(지금의 멕시코시티에 있었다)은 넓이가 15제곱킬로미터에 달했고,[8] 런던의 인구는 17세기 말에 50만 명을 넘었다.[9] 그리고 쟁기에서 시멘트와 화약에 이르기까지 환경을 변형시키는 아주 다양한 도구와 기술을 발명했다.

그러나 인구는 결코 많이 늘어난 적이 없었다. 1만 년 전, 지구에는 약 500만 명이 살았다.[10] 새 지역으로 진출하고 기술이 발전함에 따라서 인구는 꾸준히 늘어났지만, 아주 완만한 지수 곡선을 그리면서였다. 서력기원이 시작될 무렵에야 약 1억 9,000만 명에 다다랐다. 농경이 퍼짐에 따라서 기원후에는 인구 증가가 가속되었다.

•• 발굴된 **뼈대**를 살펴보면, 최초의 농민들이 수렵 채집인 조상들보다 키가 눈에 띄게 작았고 영양 상태도 안 좋았음을 알 수 있다. 정착 농경이 이전의 생활양식보다 사람들을 더 건강하게 만들기까지는 놀라울 만치 오랜 시간이 걸렸다.

1800년경, 세계 인구는 약 10억 명 남짓이었다. 엄청난 수처럼 들리지만, 지구의 거주 가능한 지역*과 비교하면, 아주 적어 보이기 시작한다. 1800년의 세계 인구를 거주 가능한 땅에 고루 퍼뜨리면, 1인당 약 6만 5,000제곱미터에 달했을 것이다. 월드컵 축구경기장 아홉 개를 더한 넓이와 비슷하다. 소리를 질러도 서로 듣지 못했을 것이다.

그 기간 내내 인구 증가 속도가 그렇게 느렸던 이유 중 하나는 우리가 오래 살지 못했기 때문이다. 인구통계학자 제임스 라일리James Riley는 "1800년에는 세계의 기대수명이 약 28.5년"[11]이었으며, 당시 기대수명이 35년에 달한 곳은 세계 어디에도 없었다"고 말한다. 우리는 늙을 때까지 살지도 못했을뿐더러 부유해지지도 못했다. 앵거스 매디슨은 이렇게 썼다. "1인당 소득은 굼벵이 같은 속도로 증가했다.[12] 8세기(서기 1000년부터 시작하여)에 걸쳐서 세계의 평균 소득은 겨우 50퍼센트 증가했을 뿐이다." 게다가 대개는 그 전보다 더욱더 느렸다.

한마디로, 우리는 현대 인류 역사의 거의 내내 맬서스 이론의 세계에서 살았다. 수천 년 동안 우리가 지구로부터 더 많은 것을 짜내는 일에 거의 발전이 없었다니, 정말로 놀라운 일이 아닐 수 없다. 그런 의미에서 우리는 끈덕진 동물이며 대단한 끈기를 발휘하지만, 18세기 말 이전까지는 자연을 정복했다고 말하는 건 무리일 것이다. 그때까지만 해도 자연이 우리를 억제하고 있었다.

• 지구에서 인간이 거주 가능한 지역은 산, 사막, 남극대륙을 뺀 땅이다.

2장

인류가 지구를 정복한
산업시대

More from Less

More *from* Less

모든 땅의 모든 사람에게 풍요로움을 제공하려면,
우리의 모든 기술적 생산 수단을
쉴 새 없이 개선해야만 가능할 것이다.

| 윈스턴 처칠, MIT 세기 중반 집회, 1949년 |

자연이 인류 공동체의 크기를 제한했던 온갖 방식들에 관해서 맬서스가 한 말이 옳다면, 왜 그의 이름이 오늘날 경멸적으로 널리 쓰이는 것일까? 이유는 산업혁명으로 모든 것이 바뀌었기 때문이다. 특히 맬서스가 《인구론》을 출판하기 22년 전에 나온 한 기계 때문에, 기근이 만연할 것이라는 그의 예측이 빗나갔다.

세계에서 가장 강력한 개념

1776년*이라는 세상을 뒤흔들게 될 해의 3월에 발명가인 제임스 와트 James Watt 와 투자자인 매튜 볼턴 Matthew Boulton 은 영국 버밍엄 외곽의 블룸필드 탄광에서 자신들이 새로 개발한 증기기관을 시연했다.

증기로 움직이는 기계를 써서 탄광에서 물을 퍼낸다는 착상은 당시 이미 새로운 것이 아니었다. 영국인 토머스 뉴커먼 Thomas Newcomen 이 개발한 기관이 이미 수십 년 전부터 그 용도로 쓰이고 있었다. 사실, 뉴커먼 기관은 석탄을 너무 많이 소비하는 바람에 거의 쓸모가 없었다. 연료인 석탄을 가장 값싸고 풍부하게 공급할 수 있는 탄광 입구에 서만 쓸 수 있었다. 와트가 블룸필드에서 선보인 기관은 뉴커먼의 기관보다 같은 양의 석탄에서 유용한 에너지를 두 배 이상 얻을 수 있었

• 1776년은 미국 독립선언서가 나온 해이자, 스코틀랜드 경제학자 애덤 스미스(Adam Smith)가 기념 비적인 저서 《국부론(The Wealth of Nations)》을 발표한 해이기도 하다(뒤에서 다룰 예정이다).

다.[1] 와트와 볼턴을 비롯한 이들은 곧 효율과 출력이 더 좋은 이 새 증기기관을 다른 여러 가지 용도로도 쓸 수 있다는 사실을 깨달았다.

인류 역사의 그 시점에 이르기까지, 우리가 의지할 수 있는 동력원은 오로지 근육(인간의 근육과 인간이 길들인 동물의 근육), 바람, 떨어지는 물뿐이었다. 와트의 증기기관과 그 뒤로 나온 증기기관들은 이 목록에 석탄 같은 화석연료에 의존하는 기계들을 추가했고, 인간과 지구의 관계를 크게 변화시켰다. 산업혁명은 이러한 새로운 동력기들만으로 이루어진 것이 아니었다. 주식회사, 특허를 비롯한 다양한 지적재산권, 예전에는 대체로 엘리트층의 전유물이었던 과학과 기술, 지식이 사회 전체로 확산하는 등 그 밖의 다양한 혁신들도 필요했다.

하지만 그 동력기들이 없었다면, 혁명이라는 말이 붙을 만한 일은 아예 일어나지 않았을 것이다. 증기력의 역사를 다룬 윌리엄 로슨William Rosen의 책 제목은 정말로 딱 들어맞는다. 그것은 《세계에서 가장 강력한 착상The Most Powerful Idea in the World》[2]이었다.

증기에서 흙으로

증기력은 정확히 어떤 방식으로 맬서스 진동을 끝낼 만큼 강력한 힘을 발휘한 것일까? 석탄에서 대량의 화학 에너지를 추출하여 역학 에너지(바퀴를 돌리거나 물건을 들어 올리는 등의 에너지)로 바꿀 수 있는 기관이 어떻게 인류 역사 내내 지속되어오던 인구 성장과 감소의 주기를 끝장낸 것일까? 언뜻 생각할 때는 증기력으로 움직이는 트랙터가 농장의 생산성을 훨씬 더 높였기 때문이 아닐까 하겠지만, 실제로는 그런 식이 아니었다. 19세기 후반기에 그런 트랙터가 몇 대 생산되기는 했지만, 툭하면 고장 나고 너무 무거워서 실용성이 떨어졌다. 진흙에 빠지면 꼼짝도 못 했는데, 농경지란 본래 땅이 푹푹 빠지는 곳이니까 더욱 그랬다. 사실 증기력은 밭을 가는 데 도움을 줌으로써가 아니라, 밭에 비료를 뿌리는 데 도움을 줌으로써 인류의 경로를 바꾸었다.

농민들은 많은 광물이 좋은 비료가 된다는 것을 수천 년 전부터 알고 있었다. 19세기 초에 칠레의 아타카마 사막에 질산나트륨이 엄청나게 쌓여 있다는 것이 알려지자, 영국의 농업 종사자들과 기업가들은 흥분했다. 질산나트륨은 비료의 주성분이기 때문이다. 또 그들은 바닷새들이 수 세기 전부터 모여들곤 했던 남아메리카 연안의 섬들에 새 배설물인 구아노가 엄청나게 쌓여 있다는 소식에도 흥분했다.

1838년 윌리엄 휠라이트William Wheelwright는 화물선으로 영국과 남아메리카 서해안을 오가는 회사를 차렸다.[3] 그는 풍력을 이용하는 범선 대신에 증기선을 운항했다. 증기선이 나온 지 얼마 안 된 시절이었다. 증기력을 주로 써서 대서양을 횡단하는 데 첫 성공을 거둔 것이 겨우 15년 전[4]이었다. 그러나 증기선들은 이미 세계의 수상 운송 환경을 변화시키고 있었다. 1840년, 휠라이트의 퍼시픽증기해운Pacific Steam Navigation Company은 칠레호와 페루호를 첫 출항시켰다. 곧이어 더 많은 산업시대의 증기선들이 영국에서 석탄을 싣고 남아메리카로 가서 영국 농장의 생산성을 높여줄 광물을 가득 싣고 돌아오기 시작했다.

도살한 동물의 뼈도 좋은 비료였으며, 1840년대에 영국 남동부에 엄청나게 쌓여 있음이 발견된 동물 배설물 화석인 분석糞石도 그랬다.[5] 이 모든 물질들을 비료로 전환하는 과정의 모든 단계에서 핵심적인 역할을 한 것은 바로 증기력이었다. 그런 물질들은 먼저 필요한 곳으로 운반되어야 했다. 시간이 흐르면서, 그 일은 점점 증기선과 기차가 맡게 되었다. 광물을 비료로 전환하는 대규모 화학 반응에는 엄청난 양의 에너지가 필요했다. 석탄은 이 에너지를 공급했고, 석탄을 공급하는 탄광에서는 증기기관을 써서 물을 퍼내고 환기를 했다. 화학 공장의 화로에는 연소를 돕는 공기를 강제로 불어 넣는 장치가 딸려 있었고, 그 공기를 불어 넣는 풀무는 증기력으로 움직였다. 그리고 증기 열차는 공장에서 나오는 비료를 경작지로 운반했다. 한마디로 19세기에 비료를 통해서 토양과 증기는 불가분의 관계를 맺게 되었다.

농민들은 산업시대의 비료를 이용하여 더 많은 식량을 생산했고, 따라서 더 많은 사람을 먹여 살릴 수 있었다. 이 현상은 영국에만 국한된 것이 아니었다. 영국은 산업혁명의 탄생지였지만, 그 혜택을 영국만 본 것은 아니었다. 증기선, 증기기관차, 대량 생산되는 비료 등 산업화의 많은 새로운 산물은 금세 전 세계로 퍼졌다. 기존에 쓰던 것들보다 훨씬 더 나았기 때문이다.

강력한 기술들이 급속히 퍼짐에 따라서, 유럽 본토의 일부 지역들이 영국보다 작물을 더 값싸게 생산할 수 있다는 사실에서 비롯된 오래된 갈등이 다시금 주목을 받게 되었다. 영국의 지주인 귀족들은 더 값싼 작물이 수입되는 꼴을 볼 수가 없었고, 그래서 강력한 정치적 역량을 발휘하여 그 문제를 해결하는 쪽을 택했다. 1815년부터 그들은 '곡물법 Corn Laws'[6]이라는 법적 조처를 했다. 수입한 공물의 판매를 제한하는 법이었다. 하지만 영국의 다른 대다수 사회 집단들은 곡물법을 증오했다. 그 때문에 식량을 더 비싸게 사야 했기 때문이다. 결국, 의회에서 지루한 논쟁이 벌어진 끝에 1846년 곡물법은 폐지되었다.• 하지만 그 뒤의 자유무역은 영국 농업의 약점을 그대로 드러냈다. 경쟁력이 떨어지는 농가들이 몰락하면서, 1870년 무렵에는 영국의 경작지 총면적이 줄어들기 시작했다.

증가하는 소득, 사라지는 병균, 더 나아진 식사

영국에는 다행스럽게도, 자유무역을 통해서 영국의 제조업과 광업이 우위에 있다는 사실도 드러났다. 영국은 세계 교역의 발전소가 되었고, 덕분에 경제가 급속히 성장하고 다양해졌다.•• 1750년경에 영국은 유럽 철 생산량의 약 8퍼센트를 차지했다. 그런데 한 세기 남짓 뒤에는 그 비율이 거의 60퍼센트로 증가했다.[8] 19세기 중반에, 세계 인구의 2퍼센트도 채 안 되는 영국은 세계 면직물 생산량의 절반과 석탄 생산량의 65퍼센트 이상[9]을 맡고 있었다. 1825년 이전까지 상업적

• 곡물법을 둘러싼 논쟁이 계기가 되어서, 자유무역을 옹호한 정치가 제임스 윌슨(James Wilson)은 〈이코노미스트〉를 창간했다. 그 잡지는 지금도 발행되고 있으며, 나 역시 애독하고 있다(발행하는 쪽에서는 잡지가 아니라 신문이라고 부르지만).

으로 운행하는 증기 차량이 한 대도 없었던 나라였는데, 1850년경에는 약 1만 킬로미터[10]에 이르는 철도가 전국에 깔려 있었다. 1850년까지 100년 사이에 특허 건수는 20배 증가했다.[11]

와트와 볼턴 같은 영국의 발명가들과 기업가들로 이루어진 신흥 계층은 산업시대가 발전할 때 놀라울 만치 성공을 거두었다. 그런데 영국의 나머지 시민들은 어떻게 지냈을까? 이 질문에 답하는 한 가지 방법은 그레고리 클라크의 총인구 대 실질 임금 그래프를 연장하는 것이다. 이 그래프는 1800년에 이르기까지 수백 년 동안 맬서스가 말한 그대로 궁핍에 따른 총인구의 진동이 일어났다는 명확한 증거를 제시했다. 그렇다면 1800년 이후에는 어떠했을까?

전혀 다른 일이 일어났다. 너무나 달랐기에, 모든 자료를 다 실으려면 그래프의 두 축(총인구, 평균 임금)을 아주 길게 늘려야 한다. 자료가 이전에 결코 본 적이 없던 궤적을 그리기 때문이다. 인구와 평균 번영(임금)을 연결하는 선은 19세기 초부터 오른쪽 위로 치솟기 시작하며, 그

•• 설령 영국이 농업과 제조업 양쪽에서 유럽 본토보다 생산성이 더 높았다고 할지라도, 제조업에 집중하는 것이 타당했을 수 있다. '비교우위'는 설령 A라는 나라가 B라는 나라보다 두 가지 산물 모두를 더 효율적으로 생산한다고 해도 둘 중 하나만 — 비교우위를 따져서 효율이 더 높은 쪽 — 생산하고, 다른 제품은 B와 교역을 통해 얻는 쪽이 최선의 방법이라는, 직관에 반하는 개념이다. 이 방식이 두 나라의 이익에 부합되고, 양쪽 다 더 나아진다. 비교우위는 영국 정치경제학자 데이비드 리카도(David Ricardo)가 1817년에 제시했다. 노벨상을 받은 경제학자 폴 새뮤얼슨(Paul Samuelson)[7]은 예전에 수학자 스타니슬라프 울람(Stanislaw Ulam)에게 "사회과학을 통틀어서 참이면서 사소하지 않은 명제를 하나만 말해보라"는 요청을 받았다는 일화를 떠올린다. 새뮤얼슨은 여러 해 동안 고심한 끝에야 답을 제시했다. 바로 비교우위였다. 그는 이렇게 설명했다. "그것이 논리적으로 참이라는 사실은 수학자 앞에서 군이 논증할 필요도 없다. 그리고 그것이 사소하지 않다는 점은 중요하면서 지적인 인물들이 결코 그 원리를 스스로 이해할 수도 없었고, 설명을 들은 뒤에도 믿지 않으려 했다는 수많은 사실이 입증한다."

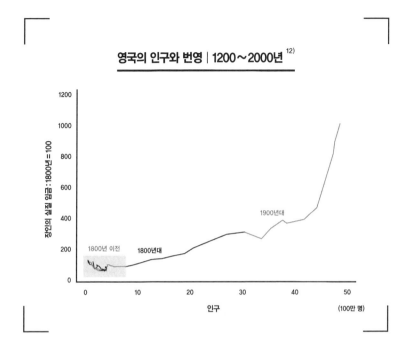

영국의 인구와 번영 | 1200~2000년 [12]

장인의 실질 임금 : 1800년=100

1200
1000
800
600
400
200
0

1800년 이전　　1800년대

1900년대

인구

0　　10　　20　　30　　40　　50

(100만 명)

양상은 그 뒤로 거의 변화가 없었다. 영국의 맬서스 요동과 진동은 과거의 한 작은 구석으로 밀려나서 잘 보이지도 않는다.

산업혁명의 영향을 연구하는 경제사학자들은 평균적인 영국 노동자의 실질 임금이 정확히 언제부터 증가하기 시작했는지를 두고 논쟁을 벌인다. 클라크 같은 사람들은 19세기가 시작될 때라고 결론을 내린다. 반대쪽은 그보다 수십 년 뒤, 노동자들이 고용주들을 상대로 협상하는 능력이 높아진 뒤에야 일어났다고 믿는다. 이 수십 년을 '엥겔스 정체기Engels Pause'라고 한다. 산업시대의 자본주의 사회에서 영국 노동자가 극도로 고생하고 있다고 믿은 독일 철학자(그리고 맨체스터 방직공작 소유주의 아들) 프리드리히 엥겔스Friedrich Engels 의 이름을 땄다. 엥겔스는 1845년에 《영국 노동 계급의 실태 Die Lage der arbeitenden Klasse in England 》를 썼고, 1848년에는 카를 마르크스 Karl Marx 와 공동으로 《공산당 선언 Manifest der Kommunistischen Partei 》을 썼다.

엥겔스 휴지기가 실제로 있었는지, 얼마나 길었는지 여부를 떠나서, 《공산당 선언》이 나왔을 무렵에는 이미 끝나가고 있었다. 그리고 마르크스가 1867년 《자본론 Das Kapital, Kritik der politischen Oeconomie 》에서 "자본이 축적될수록, 임금이 높든지 낮든지 간에 노동자의 상황[13]은 점점 악화할 것이 틀림없다"라고 썼을 당시, 현실에서 일어나던 사건들은 그 말이 항구적으로 틀렸다는 것을 보여주고 있었다.* 인류 역사상 유례없는 수준으로 자본이 축적되고 경제가 성장하고 있었지만, 노동자의 상황은 악화하는 대신에 유례없는 수준으로 개선되고 있었다.**

| 자가 치유하는 도시

산업화로 영국의 크고 작은 도시들이 인구밀도가 높아지면서 곳곳에 질병과 비참함이 가득했다는 이야기를 흔히 들어 알고 있다. 그 이야기는 당시 상황을 꽤 정확하게 묘사하고 있지만, 원인을 기술하는

---

* 나는 마르크스가 "자본주의라는 기계는 노동자의 피로 기름칠을 한다"[14]라는 말도 썼다고 기억하고 있었다. 그런데 그 인용문의 출처를 추적하고 보니, 텔레비전 시리즈 애니메이션 〈심슨 가족(The Simpsons)〉에 주인공으로 등장하는 호머 심슨(Homer Simpson)이 한 말이었다.

** 마르크스는 높은 임금을 받아도 노동자의 상황이 악화할 것이라고 보았다. 상품의 가격이 임금보다 더 올라갈 것으로 생각했기 때문이다. 다시 말해, 그는 실질 임금이 증가하지 않을 것이라고 보았다. 클라크의 그래프가 보여주듯이, 현실은 그의 생각과 다르게 전개되었다.

측면에서는 그렇지 않다. 산업혁명이 시작되기 훨씬 전부터 도시 환경은 이미 시골 환경보다 훨씬 덜 건강한 상태였다. 영국의 크고 작은 도시들은 증기력을 이용하는 공장들이 군데군데 들어서기 훨씬 전부터 인구밀도가 높았고, 위생 상태가 열악했으며, 건강하지 못한 관습들을 많이 갖고 있었다. 그러나 나와 있는 증거들은 산업시대가 발전할수록 도시가 여러 면에서 더 열악해진 것이 아니라, 더 건강해졌음[15]을 시사한다. 도시는 많은 질병을 퍼뜨리는 데 기여하는 한편으로, 역학(질병을 연구하는 학문)과 효과적인 방역 조치도 하기 때문이다.

내가 즐겨 드는 사례는 런던에서 발생한 콜레라 감염을 막으려는 노력이었다. 콜레라는 감염자의 설사가 식수를 오염시킴으로써 퍼지는 지독한 세균 감염병이다. 1832년에 갠지스강 삼각주로부터 런던으로 이 병이 전파된 뒤로,[16] 두 차례 대유행이 일어나면서 1만 5,000명 이상이 사망했다.[17] 어느 정도는 이 감염의 원천이 불분명했기 때문에, 이른바 '콜레라 왕King Cholera'이 있을 것이라는 두려움이 세간에 널리 퍼져 있었다. 당시엔 많은 질병이 미생물 때문에 생긴다는 개념이 아직 없었다. 대중과 마찬가지로 과학자들도 대부분 질병이 썩어가는 동식물에서 나오는 '나쁜 공기miasma'로 퍼진다고 믿었다.

1854년에 일어난 세 번째 콜레라 대유행 때에는 2주 사이에 소호 지역에서 500명 이상이 사망함으로써, 도시 전체에 공포를 불러일으켰다. 이 대유행은 의사인 존 스노John Snow가 콜레라 환자들이 런던 어디에 사는지를 모두 지도에 써넣으면서 비로소 막을 수 있었다.[18] 환자들은 브로드가의 공용 우물 주변에 몰려 있었다. 그 물이 오염되었던 것이다. 스노는 당국을 설득하여 우물을 폐쇄함으로써 대유행을 막았다. 그 뒤로 깨끗한 물을 공급하고 오수를 배출하는 도시 전체의 상하수도망이 갖추어지고, 병균이 콜레라 같은 질병을 일으킨다는 것을 루이 파스퇴르Louis Pasteur가 설득력이 있게 보여주면서, 런던에서는 더 이상 콜레라 대유행이 일어나지 않았다.

콜레라 대유행은 한 가지 중요한 사실을 시사한다. 엥겔스 정체기[19]와 비슷한 무언가가 산업시대 초기에 보건 위생 분야에서 나타났다는 것이다. 즉 보건 위생의 개선은 산업혁명과 동시에 일어난 것이 아니었다. 예를 들어, 도시 유아 사망률[20]은 1800년 이래로 수십 년 동안 증가하다가 19세기 후반에 들어서야 낮아지기 시작했다.* 다음 장에서 살펴보겠지만, 이는 어느 정도는 오염 때문이었다. 도시의 공기는 너무나 심하게 오염되어서 아이들의 생명을 앗아가고 성장을 지체시킬 정도였다. 그러나 시간이 지나면서 상황은 크게 개선되었다.[23]

| 산업혁명이 우리에게 준 선물, 바나나

산업시대에 엘리트 계층이 아닌 사람들의 삶에 일어난 가장 놀라운 변화 중에는 영양과 식단의 개선도 있었다.[24] 이 개선도 산업혁명이 시작되고 나서 정체기를 겪은 뒤에야 널리 나타났다. 1852년 빅토리아 여왕의 수석 요리사였던 찰스 엘메 프란카텔리Charles Elmé Francatelli가

---

* 19세기 영국은 도시와 농촌 모두 충격적일 만치 건강하지 못했다. 예를 들어, 유아 사망률은 신생아 1,000명에 약 100~200명[21]이었다. 반면에 2016년에는 1,000명에 3.8명[22]이었다.

퍼낸 《노동 계급을 위한 쉬운 요리책 A Plain Cookery Book for the Working Classes 》에는 흔한 재료와 극도의 절약을 결합한 요리법들이 실려 있다.

아침 요리는 우유에 밀가루 한 숟가락과 소금을 조금 넣고 끓인 것이다. 아마도 빵이나 감자를 곁들여 먹었을 것이다. 콩을 끓여서 건져낸 뒤, 남은 물에는 오트밀을 넣고 끓이라고 했다. 프란카텔리는 독자에게 행운이 찾아오기를 기원했다. "이따금 늙은 암탉이나 수탉도 먹을 여유가 있기를 바란다." [25]

이윽고 사람들은 그런 여유를 가질 수 있게 되었다. 1935년 영국의 사회 개혁가 벤저민 시봄 라운트리 Benjamin Seebohm Rowntree 는 요크의 노동 계급이나 고용주나 거의 같은 음식을 먹는다[26]는 사실을 알아차렸다. 1899년에 실시했던 설문조사에서 나온 결과와 엄청난 차이를 보였다. 라운트리는 대공황이 극심하던 시기에도 가난한 가정도 매주 한 번씩 훈제 쇠고기와 생선을 먹고, 두 번씩 소시지를 비롯한 동물성 단백질을 먹을 수 있다는 것을 알았다.

그 무렵에 그런 가정에서는 바나나도 먹었을 것이다. 예전에는 상상도 할 수 없었을 사치였다. 찰스 디킨스 Charles John Huffam Dickens 의 1843년 책 《크리스마스 캐럴 A Christmas Carol 》에는 계절 별미로 사과, 배, 오렌지, 레몬이 나오지만, 바나나는 언급되어 있지 않았다. 그러다 냉장 증기선이 등장하여 열대 농장과 북유럽 사이를 오가는 시간과 거리를 단축하면서 상황이 달라졌다. 1898년에는 카나리아제도에서 바나나가 100개까지 달린 송이 다발이 65만 개 넘게 수출[27]되었다.

그렇다면 전체적으로 볼 때, 산업혁명이 일으킨 변화는 얼마나 컸

을까? 증거에 토대를 둔 답은 역사학자 이언 모리스Ian Morris가 제시한
다. 그는 문명의 사회 발달 수준을 정량화하는 많은 지표를 개발해[28]
왔다. 모리스의 지표는 네 가지 특징을 토대로 계산한 것이다. 1인당
에너지 사용량, 정보 기술, 전쟁 능력, 조직화다.

이 지표는 놀라운 변화가 일어났음을 보여준다. 모리스는 이렇게
썼다. "1776년에 서양의• 사회 발달 점수는 빙하기의 수렵 채집인이

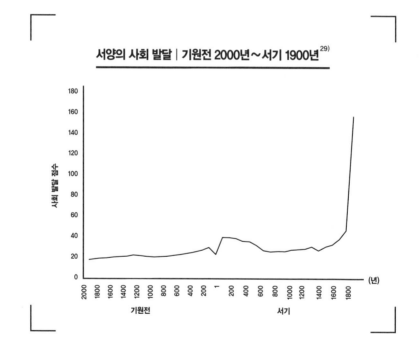

서양의 사회 발달 | 기원전 2000년~서기 1900년[29]

•   모리스는 동양과 서양을 마지막 빙하기 말에 유라시아의 동쪽 끝과 서쪽 끝에서 발달한 사회라
고 정의한다.

식량을 찾아서 툰드라를 헤매던 시대 이래로 겨우 45점 증가했다. 그런데 그 뒤로 100년 사이에는 무려 100점이 증가했다. 믿기 어려운 변화[30]다. 세상이 완전히 바뀌었다."

전기와 연소를 이용하는 두 번째 세기

그러나 그 뒤로 100년 사이에 일어난 변화는 더욱 컸다. 서양에서는 1900년 이전의 한 세기 동안 120점이 상승한 뒤, 그다음 세기에는 170점이 상승했다. 그 뒤에 2000년까지 모리스의 사회 발달 지수는 다시금 무려 736점이 증가했다.

이런 엄청난 상승은 대체로 이 혼합물에 세계를 바꾸는 기술이 세 가지 더 추가됨으로써 이루어졌다. 내연기관, 전기, 실내 배관이다. 앞의 두 가지는 증기기관이 우리에게 주었던 능력을 더욱 확장한 것이다. 대규모로 동력을 생성하고 효과적으로 휘두르는 능력이다. 세 번째 배관은 런던의 콜레라 방역 성공 사례를 확장한 것으로서, 인류가 더 오래 더 건강한 삶을 누릴 수 있도록 도왔다. 전 세계에서 점점 흔해지게 된 인구 밀집 도시들에서 특히 그랬다.

• 동양은 같은 기간에 더 낮은 수준에서 출발하여 2,300점 넘게 상승했다.

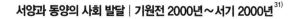

서양과 동양의 사회 발달 | 기원전 2000년~서기 2000년³¹⁾

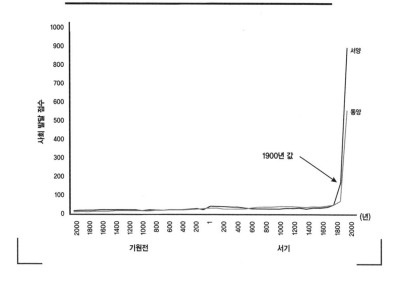

| 내연기관과 전기로 더 많은 힘을

독일의 총기 제조공인 고틀리프 다임러 Gottlieb Daimler 는 초기 내연기
관을 연구하면서 이 새로운 장치가 운송에 적합하다는 것을 알아차렸
다. 내연기관은 비교적 가벼울 뿐 아니라, 휘발유 같은 에너지가 더 풍
부한 연료를 태웠다. 1885년 다임러는 동료인 빌헬름 마이바흐 Wilhelm
Maybach 와 함께 세계 최초의 모터 구동식 이륜차인 페트롤리움 라이트
바겐을 선보였다. 그것은 투박한 모터사이클처럼 생겼는데, 내연기관
으로 움직이는 세계 최초의 차량이었다. 그들의 회사는 차량을 점점
더 많이 만들어냈고, 이윽고 합병 등을 통해서 다임러벤츠, 이어서 메

르세데스벤츠가 되었다.

전력은 작게 시작하여 커졌다가 다시 작아졌다. 1837년 버몬트에 사는 대장장이이자 수리공인 토마스 대븐포트Thomas Davenport는 '자기와 전자기를 통한 추진 기계의 개선'으로 미국 특허를 받았다.[32] 오늘날 우리는 그런 추진 기계를 모터라고 부른다. 대븐포트에게는 안 된 일이었지만, 당시는 축전지가 너무 원시적이어서 그의 장치에 필요한 전력을 공급할 수 없었고, 송전선, 전기 설비, 전력망도 아직 등장하지 않은 상태였다. 대븐포트는 파산한 상태나 다름없는 처지에서 1851년에 사망했다.

대븐포트가 특허를 받은 지 약 반세기 뒤, 토머스 에디슨Thomas Edison과 니콜라 테슬라Nikola Tesla가 전기모터를 거꾸로 사용하는 방법을 개발했다. 즉 모터를 써서 역학 에너지(떨어지는 물이나 팽창하는 증기에서 나오는 에너지)를 전기 에너지로 바꾸었다. 그런 식으로 사용하면 모터는 발전기가 된다. 그렇게 얻은 전기는 전선을 통해 멀리 떨어져 있는 하나 이상의 모터로 보낼 수 있었다. 비효율적으로 들리지만, 그렇지 않았다. 1891년에 공장에 쓰이는 증기력과 전기력을 비교한 논문은 이렇게 결론을 내렸다. "우리는 전기가 가장 단순하면서 아주 적은 손실로 동력을 한 곳에서 다른 곳으로 전달하는 대단히 강력하면서 편리한 수단[33]이라고 봐야 한다."

그때부터 산업의 전기화는 멈출 수 없었다. 처음에 공장들은 단순히 하나의 커다란 증기기관을 하나의 커다란 전기모터로 교체하는 식으로 전기화를 했다. 기존 동력원처럼 새 동력원도 축, 도르래, 벨트로 이루어진 복잡하면서 고장 나기 쉬운 (그리고 안전하지 못한) 시스템을 통해서 공장의 모든 기계와 연결되었다. 벨트는 흔히 가죽으로 만들었는데, 공장에서 워낙 많이 쓰이다 보니 1850년에는 가죽 제조업이 미국의 다섯 번째 산업[34]이었다.

공장의 현황을 다른 관점에서 볼 능력을 지녔던 이들은 마치 쥐의 소굴처럼 얽히고설킨 장비를 전기가 다 걷어낼 수 있다는 사실을 깨달았다. 그들은 하나의 거대한 모터로 공장의 기계들을 다 돌리는 대신에, 기계들을 더 작은 집합으로 나누어서 더 작은 모터를 써서 돌리기 시작했다. 20세기가 깊어짐에 따라서 이윽고 모든 공장에 전기가 설치되었고, 동력을 쓰는 모든 기계에 모터가 장착되었다. 1900년에는 대다수 공장 관계자들에게 터무니없어 보였던 개념[35]이었다.

전기는 제조업에만 영향을 미친 것이 아니다. 가정, 인도, 도로의 불도 밝혔다. 진공청소기, 세탁기, 식기 세척기, 건조기에 동력을 제공함으로써 노동력을 줄였고, 냉장고를 통해 음식을 신선하게 보관할 수 있었다. 고층 건물의 승강기를 움직이는 덕분에 도시가 수직으로 성장할 수 있었고, 그 외에도 무수한 변화가 생겼다. 석유 산물을 역학 에너지로 전환하는 엔진은 자동차에서 항공기와 배, 트랙터, 기계톱에 이르기까지 모든 기계에 빠르게 장착되었다.

| 실내 배관으로 흐름의 증가를

'실내 배관이 과연 전기나 내연과 어깨를 나란히 할 만큼 심오한 혁신일까?' 하고 의구심을 품는 이들도 있을 것이다. 수세식 화장실과 수도꼭지에서 나오는 물은 분명히 편리하지만, 20세기 성장 스토리에 근본적으로 중요한 것일까 하는 의문일 텐데, 확실히 그렇다.

보건 연구자 데이비드 커틀러David Cutler 와 그랜트 밀러Grant Miller 는 깨끗한 물을 이용할 수 있게 된 것이 1900~1936년 사이의 미국 총 사망률 감소의 50퍼센트,[36] 유아 사망률 감소의 75퍼센트를 설명한다고 추정한다. 역사가 하비 그린Harvey Green 은 깨끗한 물을 널리 보급하는 기술의 채택이 "20세기에 이루어진 가장 중요한 공중보건 조치[37]일 것이다"라고 말했다.

배관은 도시뿐 아니라 시골에서도 중요했다. 배관이 등장하기 전, 농사일은 말 그대로 등골을 휘게 만들었다. 매일 먼 우물에서 집까지 필요한 만큼 물을 운반하기 위해 엄청난 노동력이 사용되었으며, 그 일은 여성이 맡을 때가 많았다. 남성은 대개 온종일 바깥에서 일했기 때문이다. 예를 들어, 텍사스의 힐컨트리에는 우물이 대개 집에서 아주 멀리 떨어져 있기에, 1년으로 따지면 물을 긷는 데 500시간이 넘는 약 2,820킬로미터를 걸어야 했다.•

전기와 배관은 이런 끊임없는 노고를 없앴다. 1930년대에 미국 테네시의 한 농부는 산업시대 두 번째 세기의 기술들이 지닌 엄청난 가

• 린든 존슨(Lyndon Johnson) 대통령은 자신이 자란 힐컨트리 지역에 전기로 물을 끌어 올리는 상수도망을 건설하는 정책을 펼쳤다. 그의 전기 작가인 로버트 카로(Robert Caro)는 자료 조사를 위해 그곳을 여행했다. "그 도시의 한 주민은 힐카운티의 윗세대 여성들이 같은 나이의 도시 여성들보다 훨씬 더 눈에 띄게 허리가 구부정하다고 말한다. (…) 이렇게 말하는 구부정한 힐카운티 농가 여성이 한두 명이 아니다. '내가 왜 이렇게 어깨가 굽었는지 알아요? 물을 긷느라 그런 거예요. (…) 물을 긷느라 허리가 다 휘어진 거죠.[38] 난 어릴 때부터 구부정했어요.'"

치를 이렇게 요약했다. "세상에서 가장 위대한 것은 우리 마음에 신의 사랑이 담겨 있다는 것이고, 그다음으로 위대한 것은 가정에 전기가 있다는 것이다."[39]

산업시대의 첫 번째 세기(1770~1870년대까지)에 일어난 변화들은 세계를 완전히 바꾸었다. 경제 성장, 인구, 사회 발전 등 무엇으로 측정하든 간에, 인류 발전의 그래프에 있는 선은 18세기 말 이전까지는 수천 년 동안 수평선에 가까웠다.• 그 뒤로는 마치 로켓이 발사대에서 날아오르듯이 솟구쳤다. 산업시대의 두 번째 세기에 관한 놀라운 사실은 그 로켓이 계속 솟구치고 있었다는 것이다. 창의적인 증기기관과 그 아류들이 촉발한 발전이 계속 유지될 수 있었다는 사실 자체도 믿어지지 않을 정도였지만, 전기, 내연, 배관은 그보다 훨씬 더 엄청난 일을 했다.

세계를 먹여 살리다

내연기관, 전기, 배관은 특히 기하급수적으로 증가하는 인구를 먹여 살리는 일을 떠맡았다. 게다가 비료의 혁신이 중요한 역할을 했다.

산업시대의 첫 세기에, 점점 더 많은 사람을 먹여 살리는 데 핵심적인 역할을 한 비료는 땅에서 얻었다. 그런데 1898년 당시 영국과학진흥협회의 회장이었던 화학자 윌리엄 크룩스William Crookes는 '세계의 빵

• 몇몇 맬서스 진동은 예외다.

먹는 사람들'이 점점 증가하고 있기에 곧 남아메리카의 구아노와 질산염이 고갈될 것이라고 경고했다. 크룩스는 과학과 기술이 구원자로 나서지 않는다면, 전 세계에서 밀이 '전반적으로 부족'해질 것[40]으로 예측했다. 다행히도 그의 말처럼 과학과 기술이 구원자로 나섰다. 물리학자 막스 폰 라우에Max von Laue의 표현을 빌리자면, '공기에서 빵을 얻게'[41] 해준 두 독일 화학자 덕분이었다. 그들은 질소를 고정함으로써 엄청난 문제를 해결했다.

인류는 산소가 잠깐이라도 부족해지면 몹시 안 좋은 상황에 처하므로 산소에 주의를 기울이지만, 질소야말로 지구의 생명에 가장 중요한 원소다. 단백질, DNA, 엽록소 같은 근본적인 생명 분자를 만드는 데 필요[42]하다. 대기에도 풍부하며, 우리가 한 번 들이마시는 숨의 약 80퍼센트를 차지한다. 그러나 대기 질소는 화학적으로 불활성이라서 지구의 대다수 생물에게는 별 쓸모가 없다. 즉 대기의 질소는 다른 원자와 결합하려 하지 않는다. 그래서 식물의 생장에 도움이 되는 비료가 될 수 있으려면, 먼저 수소 같은 원소에 '고정해야' 한다.

20세기 초에 화학자들은 대기 질소를 고정하여 암모니아(질소 원자 1개와 수소 원자 3개로 이루어져 있으며, 우리에게는 유독하지만 식물에는 아주 좋은 비료가 된다)를 만들 수 있다는 것을 보여주었다. 그러나 이런 실험실 규모에서 만들어진 양은 매우 적었고, 실제로 응용하기에는 비용이 너무 많이 들었다. 그때 프리츠 하버Fritz Haber가 생산 규모를 키우는 문제에 달려들었다. 하버의 연구[43]는 당시 세계 최대의 화학회사인 바스프와 일하기 시작하면서 큰 진전을 보였다. 1909년 높이 1미터도 안 되는 실험 모형에서 5시간 동안 액체 암모니아가 생산되었다. 또 한 차례의 큰 진전은 바스프가 카를 보슈Carl Bosch 에게 하버의 연구를 촉진하는 일을 돕도록 함으로써 이루어졌다.

시연에 성공한 지 5년도 지나지 않아서, 바스프는 대규모로 비료를 생산하기 시작했다. 하버는 암모니아를 합성한 공로로 1918년 노벨 화학상을 받았다. 보슈와 동료인 프리드리히 베르기우스Friedrich Bergius 는 '화학적 고압법'을 개발한 업적으로 1931년에 노벨 화학상을 받았다.

에너지 분석가인 라메즈 남Ramez Naam 에 따르면, 오늘날 비료 생산에 쓰이는 하버-보슈법Haber-Bosch Process 은 세계 산업 에너지의 약 1퍼센트[44]를 사용할 만큼 인류에게 필수적인 역할을 하고 있다. 인류와 지구의 관계를 연구하는 학자 바츨라프 스밀Vaclav Smil 은 '세계 인구 중 45퍼센트의 주된 식단'[45]이 하버-보슈법에 의지한다고 추정한다. 작가인 찰스 만Charles Mann 은 이렇게 썼다. "30억 명이 넘는[46] 남녀노소는 20세기 초의 두 독일 화학자 덕분에 살고 있는 것이다."

풍부한 에너지는 우리에게 현대의 비료를 주었고, 이 비료는 산업 시대가 오기 전에 사회를 고달프게 했던 심각한 궁핍에 따른 맬서스 인구 진동으로부터 우리를 해방했다. 이 자유를 유지하려면, 미국 농학자 노먼 볼로그Norman Borlaug 가 촉발한 농업혁명 등의 다른 돌파구들도 필요했다. 볼로그는 실험실에서 힘들여 연구하고 들판에서 허리를 구부리고 열심히 교배하는 일을 결합함으로써 다양한 새로운 작물 품종을 개발했다. 그는 멕시코에서 밀을 연구함으로써 무엇이 가능한

지를 보여주었고, 비슷한 돌파구들이 생길 계기를 마련했다. 후속 돌파구들은 주로 필리핀에 있는 국제벼연구소IRRI에서 이루어졌다. 블로그는 1970년에 노벨 평화상을 받았다.

우리 영역의 달인들

산업시대의 돌파구들(기술적·과학적·제도적·지적)은 인구와 번영을 늘리는 선순환을 일으켰다. 호모 사피엔스의 인구[47]가 10억 명에 이르는 데에는 20만 년 넘게 걸렸다. 거기에서 다시 10억 명이 늘어나는 데 걸린 기간은 125년에 불과했다. 1928년에 그 이정표에 다다랐다. 그리고 10억 명씩 늘어나는 데 걸리는 기간은 점점 짧아져왔다. 31년, 15년, 12년, 11년으로 계속 짧아지고 있다.

영양 상태와 건강이 좋아진 덕분에, 사람들의 수명은 점점 늘어났다.[48] 1770년에 29세에도 못 미쳤던 세계 인류의 기대수명은 2세기 뒤에는 60세로 늘었다. 또 전 세계에서 인류는 점점 부유해졌고, 더 높은 생활수준을 누리게 되었다. 한 예로 1970년까지의 한 세기 동안, 1인당 실질 GDP(국내총생산)[49]는 서유럽과 라틴아메리카에서는 500퍼센트 이상, 중동과 북아프리카에서는 400퍼센트, 동아시아에서는 250퍼센트가 증가했다.

산업시대의 발전들에 힘입어서 우리가 지구를 완전히 지배할 수 있게 되었다고 말하는 것은 옳지 않다. 우리는 여전히 날씨를 바꾸거나 번개, 태풍, 화산, 지진, 조수를 통제할 수 없다. 지구의 지각은 인류 전체의 몸무게보다 4.7조 배 이상 더 무거우며,[50] 우리가 무슨 짓을 하든 상관없이 움직일 지각판들로 이루어져 있다. 따라서 우리는 지구의 주인이 아니다. 하지만 더 이상 땅에서 간신히 먹을 것을 얻으려고 애쓰면서 환경에 맬서스식으로 좌우되는 처지에 놓여 있지도 않다.

사실 그런 상황을 뒤집었다. 오늘날 우리는 자연에 휘둘리는 대신 자연에 압박을 가하고 있다. 아마 이 역전을 보는 가장 확실한 방법은 포유동물의 생물량(전 세계 포유동물의 몸무게) 변화를 살펴보는 것이 아닐까? 서력기원이 시작될 무렵에, 인류의 총 몸무게는 북아메리카 들소 전체 몸무게의 약 3분의 2에 불과했고, 아프리카의 코끼리 총 몸무게의 8분의 1에도 못 미쳤다. 그러나 산업시대에 인구는 폭발적으로 늘었고, 뒤에서 다시 말하겠지만 우리는 산업 규모로 들소와 코끼리를 대학살했다. 그 결과 균형이 크게 옮겨졌다. 현재 우리 인류는 들소와 코끼리의 몸무게를 더한 것보다 350배 이상 무겁다. 지구의 모든 야생 포유류를 더한 것보다 11배 이상 무겁다. 그리고 우리가 길들인 소, 양, 돼지, 말 같은 포유동물들까지 우리 쪽으로 포함한다면, 비교 자체가 불가능한 수준이 된다. 우리와 우리가 길들인 동물들은 현재 지구 포유류 생물량의 97퍼센트를 차지한다.

이 비교는 한 가지 근본적인 요점을 잘 보여준다. 산업시대에 우리 인간은 환경의 제약을 받는 대신에, 우리의 목적에 맞게 환경을 바꾸는 법을 터득했다는 것이다. 그런데 그 일을 현명하게 잘했을까? 여러 방식으로, 그리고 많은 지역에서 우리는 그렇지 못했다.

3장

산업시대가
만들어낸 오류

More *from* Less

당신들은 어쩌면 창조주가
당신들이 옳다고 생각하는 대로
우리를 처분하라며 이곳에 보냈다고
생각할지도 모른다.
만약 내가 창조주께서 당신들을 보낸 거로 생각한다면,
당신들에게 나를 처분할 권리가 있다고
생각하게 될지도 모른다. 부디 내 말을 오해하지 마라.
내가 이 땅에 애정을 품고 있다는 점을 염두에 두고서
제대로 이해하기 바란다.
나는 그 땅이 내가 원하는 대로 쓸 수 있는
내 것이라고 말하려는 게 결코 아니다.
그 땅을 처분할 권리는 땅을 창조한 이에게 있다.

힌마톤-얄락티트(조지프 추장이라고 알려져 있다)
미 정부 대표단에 한 연설, 1876년

산업시대의 변화들이 모두 좋은 쪽이었던 것은 아니다. 이런 문제들에 얼마간 지면을 할애하는 것은 두 가지 이유로 중요하다. 첫째, 우리가 하려는 일에는 솔직함이 필요하기 때문이다. 산업시대가 모든 사람과 환경에 아주 좋았다고 묘사한다면 잘못된 생각이다. 앞장에서 말한 엄청난 이득들은 명확한 것이지만, 불완전한 것이기도 하다. 우리는 인류 역사에 유례가 없었던 그 시대의 어두운 측면도 다루어야 한다.

둘째, 산업시대의 실수와 실패에서 비롯된 다양한 관념들이 오늘날 우리 주변에 널리 퍼져 있기 때문이다. 이것은 우리 인류가 서로를, 또 우리가 사는 행성을 제대로 배려하지 않는다는 개념이다. 우리가 증기기관과 전기 같은 매우 강력한 도구들을 써서 다른 종족들을 지배하고, 지구를 약탈하고, 파괴한다는 것이다. 이 장에서 살펴보겠지만, 산업시대의 역사에는 이러한 관점을 정당화하는 사례들이 많다. 한 가지 흥미로운 질문은 "이 관점이 지금도 여전히 정당한가?"의 여부다. 그 질문은 잠시 뒤에 살펴보기로 하자.

먼저, 그토록 많은 이에게 산업화(한 시대를 정의하는 자본주의와 기술 발전의 조합)가 끔찍할 만치 부정적인 힘이라고 생각하게끔 만든 사건과 행동을 살펴보자. 앞서 말했듯이, 산업시대는 우리 인류가 생산을, 즉 입력을 출력으로 전환하는 일을 워낙 잘하게 되면서, 이전 시대와 급격히 단절되었다. 그 시대의 도덕적 실패를 살펴보는 한 가지 방법은 더 많이 생산하려는 욕망의 오용 사례들을 찾는 것이다.

우리가 저지른 크나큰 실수들은 사람들에게 생산 기구의 일부가 되도록 강요하고(노예제, 아동 노동 착취), 사람들의 땅과 자원을 빼앗아서 투입으로 사용하고(식민주의), 멸종시키거나 멸종 위기로 내몰 만큼 동물들을 무자비하게 투입으로 삼고, 산업적 생산의 부작용으로 생기는 끔찍한 오염에 거의 주의를 기울이지 않은 것이다.

그 시대의 크나큰 실수를 살펴보면, 한 가지 흥미로운 양상이 도출된다. 산업 국가로 발전하고 더 번영함에 따라서, 인간을 더 잘 대우하기 시작했다는 점이다. 사람을 노예로 삼거나 아이들에게 노동을 강요하는 일을 중단했고, 마침내 타국인들의 땅에 대한 권리도 포기했다. 동물들을 더 잘 대우하는 태도도 서서히 나타났다. 불행히도 일부 종을 구하기에는 너무 늦기도 했지만 말이다. 또한, 우리가 사는 행성을 더 잘 대우하려는 태도도 마침내 출현했다.

이제 이 실수와 교정의 양상이 어떻게 펼쳐졌는지 살펴보기로 하자.

재산으로서의 인간

인류 역사 내내 많은 사회에서는 사람이 다른 사람을 소유하는 것이 용납되어왔다. 인종, 종교, 부족이 다를 때에는 더욱더 그러했다. 인지과학자 스티븐 핑커Steven Pinker는 노예제를 대하는 정서가 1700년대 말에 인본주의가 등장하면서 바뀌기 시작했다고 말했다. 인본주의는 "인간이 희로애락을 겪을 보편적인 능력[1]을 지닌다는 사실에 (…) 도덕적 관심을 가지라고 요구하는" 믿음이다. 핑커는《다시 계몽의 시대로Enlightenment Now》에서 이렇게 썼다. "계몽은 때로 인본주의 혁명[2]이라고도 한다. 수천 년 동안 모든 문명에 공통적이었던 야만적인 관습들(노예제)을 폐지했기 때문이다."

이런 인본주의 혁명은 엄청난 성공을 거두었다. 오늘날 세계 인류의 대다수는 에이브러햄 링컨Abraham Lincoln이 편지에 썼듯이, "노예제가 잘못된 것이 아니라면, 세상에 잘못된 것은 없다"[3]라고 믿는다.

노예제에 대한 혐오가 너무나 강하고 너무나 널리 퍼져 있었기에, 그것을 폐지하려는 움직임은 산업시대에도 추진력을 얻었다. 이 시대에는 노동력의 수요가 아주 많았지만(뒤에서 살펴보듯이, 때로 아동이 그 수요를 충족시키곤 했다), 많은 사람과 정부는 이 수요를 충족시키기 위해 사람을 사고팔고 소유하는 행동은 용납할 수 없다고 결론지었다.

영국의 노예제 폐지운동은 1787년에 런던의 한 서점 겸 인쇄소에서 12명이 모임을 하면서 시작되었다. 돌이켜보면, 그 목표가 달성된 속도는 경이로웠다. 1807년에 노예무역 폐지법이 제정되면서 대영제국 전체에서 노예를 거래하는 것이 불법이 되었다. 1838년 8월 1일에는 노예를 소유하는 것도 불법화함으로써, 약 80만 명이 자유를 얻었다. 자메이카에서는 채찍과 사슬을 담은 관을 묻는 것으로 노예제의 종식을 기념했다.

영국과 거의 같은 시기에 유럽과 라틴아메리카의 많은 나라도 노예제를 폐지했다. 미국에서는 더 오래 걸렸다. 미국 남부의 대규모 목화산업은 노예 노동을 토대로 했고, 농장주들과 그들이 뽑은 대표자들은 상황을 바꿀 생각이 없었다. 그리하여 노예제를 종식하기 위해 남북전쟁이 일어났다. 미국 역사상 가장 많은 피를 흘린 전쟁[4]이었다. 링컨 대통령은 아직 전쟁이 한창이던 1863년에 '노예해방선언Emancipation Proclamation'을 발표했고, 1865년에 통과된 13번째 미국 수정헌법에는 "미국에서 노예제도 강제적인 노예 상태도 존재할 수 없다"고 적었다.

노동으로 고통받던 아동들

급성장하는 공장, 제분소, 광산에서 아이들이 대규모로 녹초가 되도록 일하는 양상이 벌어졌다. 가난한 집안, 특히 생계를 유지할 어른을 잃은 가정은 아이를 일터로 보낼 가능성이 높았고, 영국에서 '교구도제' 아이들, 즉 대개 국가의 보호를 받는 고아들에게는 선택의 여지가 아예 없었다.[5]

많은 기업주는 전혀 거리낌 없이 아동의 노동력을 투입했다. 1788년 영국과 스코틀랜드에서 이루어진 설문조사에 따르면, 거의 150곳에 달하는 방직공장에서 일하는 사람 중 약 3분의 2가 아동[6]이었다. 1815년 한 의회 조사 위원회의 청문회에서는 6세 때부터 하루에 13시간씩 일하는 바람에 몸이 기형이 된 여성들이 나와서 증언을 했다.

그런 관습에 점점 분노가 쌓여서 19세기 전반기에 아동을 산업 노동자로 쓸 수 있는 연령을 높이는 법[7]들이 잇달아 제정되었다. 1833년의 공장법은 9세 미만 아동의 고용을 금지하고 14세 미만 아동의 노동 시간을 제한했다. 1842년의 광산법은 10세 미만 아동이 지하에서 일하는 것을 금지했다. 오늘날의 기준으로는 이런 제한도 너무나 미흡해

보이지만, 당시 상황을 바꾸는 데 기여했다. 1901년 빅토리아 여왕이 서거할 무렵에는 의무교육법, 대중의 정서, 공장과 제분소의 자동화와 표준화로 산업에서 아동 노동을 크게 줄였다.

땅에 대한 지독한 욕망

계몽운동 이후에 사람을 재산처럼 취급하는 개념을 향해 분출된 도덕적 분노는 땅과 그 산물을 취하는 것에까지는 확대되지 않았다. 여러 유럽 국가들이 전 세계로 뻗어나가서 주민, 사회, 정부가 있는 영토를 차지하려고, 아니 적어도 통제하려고 한 데에는 산업시대의 엄청난 자원 욕구가 한몫했다.

미국과 중남미 국가들 대부분은 1800년대 중반까지는 독립을 획득했지만, 19세기 내내 그렇지 못한 나라들도 있었다. 남아시아와 동남아시아의 많은 지역은 식민지가 되었고, 남태평양의 많은 섬들도 그랬다.

또 유럽인들은 '아프리카 쟁탈전'에도 뛰어들었다. 20세기 초에 프랑스, 영국, 스페인, 포르투갈, 독일, 이탈리아는 아프리카 대륙의 90퍼센트 이상을 차지하고 있었다. 벨기에의 국왕 레오폴드 2세는 식민지를 확보하는 일에 굳이 정부를 동원할 필요가 없다고 느꼈다. 그냥 국왕 개인이 거의 지금의 콩고민주공화국에 해당하는 아프리카 한가운데의 드넓은 땅인 콩고자유국가의 '소유주'가 되었다.

1542년 아메리카에 처음 정착한 유럽인이자 도미니크회 수사인 스페인인 바르톨로메 데 라스 카사스Bartolomé de las Casas는 당시 식민주의의 서글픈 역사서이자, 향후 고발장 역할을 할 빼어난 글을 썼다.

그는 《인디언 문명 파괴사Short Account of the Destruction of the Indies》에 이렇게 썼다. "스페인인들이 이 각 지역을 침략하여 사람들을 대학살하고 그 땅을 파괴한 구실은[8] (⋯) 그 영토를 스페인 왕가가 지배하도록 한다는 너무나 단순한 것이었다. (⋯) 원주민들이 포기하지 않고 스페인의 지배권 주장이 비합리적이고 비논리적이라고 공개적으로 진실을 밝히려 할 때마다 (⋯) 불법 행위를 저질렀다고 하면서 국왕에 대한 반역죄로 처벌했다. (⋯) 신대륙의 통치에 관여한 이들은 모두 애초에 민권의 대상이 아닌 사람은 법적으로 그 권력에 반역을 저지를 수가 없다는, 법과 정부의 가장 중요한 원리에 담긴 단순한 진리를 외면했다."

약 400년 뒤, 오스트리아 경제학자 루트비히 폰 미제스Ludwig von Mises는 식민주의자들의 세계관을 상술했다. 그는 1944년에 이렇게 썼다. "식민지 정복을 합리화하는 가장 현대적인 핑곗거리[9]는 '원료'라는 구호로 요약된다. 히틀러와 무솔리니는 지구의 천연자원이 공평하게 분포되어 있지 않다는 점을 지적함으로써 자신들의 구상을 정당화하려고 했다. 그들은 가지지 못했기에, 지녀야 하는 것보다 많이 지닌 국가들로부터 공평한 몫을 얻기 위해 애쓰는 것이라고 했다."

식민지 시대는 제2차 세계대전 이후에 마침내 저물었다. 전후 수십 년 사이에 전 세계의 국가들은 대부분 독립을 획득했다. 2018년경에 유엔은 '비자치 영토'로 남아 있는 지역이 16곳에 불과하다고 파악했다.[10] 분쟁이 극심한 서사하라 지역과 15개 섬 지역이다.

얻은 것은 회색 하늘뿐

석탄을 태우면 매연, 검댕, 이산화황을 비롯하여 온갖 오염물질이 많이 뿜어진다. 산업시대에는 이미 가정마다 석탄을 때고 있던 데다가 증기로 움직이는 공장과 제분소가 합류하면서, 공기와 사람들의 건강이 나빠져갔다. 시인이자 화가인 윌리엄 블레이크William Blake는 1804년에 쓴 시에 "시꺼먼 악마 같은 제분소"[11]라고 적었다. 제분소가 실제로 하늘을 어두컴컴하게 만들기 때문에 그런 이미지를 택했다.

20세기 이전에는 영국의 대기오염 수준을 측정하지 않았기 때문에,[12] 산업시대 초기에 오염이 대기에 어떤 영향을 미쳤는지를 직접 평가하기는 어렵다. 그러나 현대 연구자들은 이 영향을 추정하는 탁월한 방법들을 개발해왔다.

그 영향은 상당히 크다. 경제학자 브라이언 비치Brian Beach와 W. 워커 핸런W. Walker Hanlon은 영국 전역의 산업 활동량을 석탄 연소량의 대리 지표로 삼았는데, 석탄 연소량이 1퍼센트 증가할 때 신생아 100명당 사망자 수가 1명씩 늘어났다는 것을 밝혀냈다. "그 시기(1851~1860년)의 도시 사망자 중 약 3분의 1[13]은 산업의 석탄 사용량으로 설명할 수 있다." 1890년대에 태어난 영국인 중에서 전국에서 석탄을 가장 많이 때는 곳에서 자란 사람들은 공기가 가장 깨끗한 곳에서 자란 사람들보다 성인이 되었을 때 키가 평균 약 2.5센티미터 작았다.[14] 화이트칼라 계층의 자녀와 노동자 계층의 자녀 사이에는 이 차이가 두 배까지도 벌어졌다.

우리 인간은 20세기에도 오염을 계속 일으켰고, 그 피해가 직접적이고 무시할 수 없을 지경에 이른 사례도 있었다. 1948년 미국 펜실베이니아의 인구 1만 4,000명인 도시 도노라[15]에는 철강 제련소와 아연 제련소가 있었다. 둘 다 오염물질이 가득한 그 지역산 석탄을 땠다. 그해 10월 말, 도노라 상공을 두꺼운 공기층이 뒤덮더니, 며칠 동안 꿈쩍도 하지 않았다. '대기 역전' 현상이 일어나면서 대기가 뚜껑처럼 도시를 뒤덮었다. 그 밑에서는 도시에서 뿜어내는 오염물질이 계속 땅 가까이에 머문 채로 쌓여갔다.

그 결과 연무가 점점 짙어지면서, 이윽고 낮에 자동차 전조등을 켜도 앞이 잘 보이지 않아[16] 운전하기가 위험할 지경에 이르렀다. 호흡하는 것조차 위험할 정도였다. 날씨가 바뀌면서 오염물질이 흩어지기 전까지 20명이 사망했고, 급성 증후군을 겪은 사람은 수천 명에 달했다. 상당수의 생존자도 수명이 확연히 줄어들었고, 그때 들이마신 오염물질 때문에 후유증에 시달려야 했다.

이런 일들은 곳곳에서 일어났다. 산업시대가 진행됨에 따라서, 사람들은 산업 도시와 자동차로 가득한 도시에서 새로운 유형의 날씨가 자주 나타난다는 것을 알아차렸다. 가시거리가 줄어들고, 눈이 따갑고, 목이 따가운 날이 이어지곤 했다. 일부에서는 그런 날씨를 '런던 안개'라고 불렀다. 이 용어는 1900년대 초에 '스모그'라는 용어로 대체되었다. 스모그는 매연과 안개의 합성어로서, 스모그가 우리 몸속으로 들어오는 것처럼 자연스럽게 우리의 어휘에 들어왔다.[17]

불행한 사냥터

증기, 전기, 내연기관을 점점 더 사용함에 따라서, 우리는 동물의 근력에 점점 덜 의지하게 되었다. 그러나 동물을 먹고 동물의 사체를 생산물로 전환하는 일은 계속했다. 그러면서 산업시대에는 한 가지 뚜렷이 대비되는 현상이 출현했다. 인간이 길들인 동물은 수와 종류가 크게 증가한 반면, 사냥하는 동물 중의 상당수는 수가 급감했다.

한 종의 목표가 대대로 유전자를 물려주면서 수를 더 늘리는 것이라면, 양, 돼지, 소, 염소, 닭 등 우리가 길들인 동물들은 엄청난 성공을 거둔 셈이다. 2장에서 살펴보았듯이, 현재 지구 포유류의 총 몸무게 중 97퍼센트는 우리와 우리가 기르는 동물들이 차지하고 있다.

반면에 산업시대에 호모 사피엔스의 수적 및 기술적 성공은 많은 야생 동물에게 엄청난 위협을 가했고, 때로는 치명적인 결과를 가져왔다. 인류가 일으킨 동물 멸종 사례 중 가장 잘 알려진 것은 아마 여행비둘기의 멸종일 것이다.

여행비둘기는 한때 미국 전역에 엄청나게 많이 날아다녔다. 1813년 자연사학자 존 제임스 오듀본John James Audubon은 한낮의 해를 가릴 만

•   한 종의 성공은 결코 개별 구성원의 삶의 질과 같은 것이 아니다. 역사가 유발 하라리(Yuval Harari)는 이렇게 썼다. "좁은 상자 안에 갇혀서 살을 찌우다가 육즙이 흐르는 스테이크가 되어[18] 짧은 삶을 마감하는 송아지보다는 멸종 위기에 처한 희귀한 야생 코뿔소가 더 만족해할 것이다. (…) 송아지 종이 수적으로 이룬 성공은 개별 개체들이 겪는 고통에 그다지 위안이 되지 못한다."

치 빽빽하게 여행비둘기 무리가 날아가는 광경을 목격했다. 그들이 다 지나가기까지 무려 사흘이 걸렸다. 그러나 여행비둘기는 19세기 후반기에 시작된 삼림 파괴와 대규모 사냥으로 멸종했다.

당시 미국은 인구가 빠르게 증가하다 보니 값싸게 공급할 수 있는 단백질이 필요했고, 전기와 증기는 여행비둘기로 이 수요를 충족시키는 데 기여했다. 전국에 깔린 전신망[19]은 엄청난 무리가 어디에 내려 앉았는지 알려주었고, 사냥꾼들을 가득 태운 기차가 그곳으로 향했다. 사냥꾼들은 식구들을 먹이는 차원을 넘어서, 최대한 많은 비둘기를 잡아서 철도를 이용해 도시의 시장으로 보냈다. 계속된 사냥으로 여행비둘기는 전멸했다. 1900년경에는 오하이오에서 야생 여행비둘기가 딱 한 마리 목격되었다. 여행비둘기는 1914년 신시내티의 한 동물원에서 지내던 마서라는 암컷이 사망하면서 멸종했다.

우리는 식량뿐 아니라 장식을 위해서도 동물을 무자비하게 사냥했다. 북아메리카 서해안에 살던 해달은 19세기 말부터 고급스러운 털가죽을 얻으려는 이들에게 사냥당했다.* 사냥꾼들은 주로 러시아와 미국의 배를 타고 몰려들었다. 1885년쯤에는 해달의 수가 극도로 줄어들어서 런던 모피 시장에서 거래되는 털가죽의 수가 급감했다.[21] 1911년에는 멕시코에서 아시아의 캄차카반도에 이르는 해안에서 겨우 13개 집단만 살아남은 것으로 추정되었다.

털가죽이나 고기 때문에 사냥당해서 멸종 직전에 이른 동물들은

---

* 해달은 사람의 머리털보다 단위 면적당 몸에 털이 더 많이 나 있다.[20]

훨씬 더 많았다. 언론인 짐 스터바Jim Sterba는 저서 《자연 전쟁Nature Wars》에서 이렇게 설명한다. "1894년경에는 미국 동부에서 가장 넓은 야생 숲이 펼쳐져 있던 뉴욕의 애디론댁산맥에 살던 비버들 중에 5마리로 이루어진 한 무리만이 남았다."[22]

스터바는 야생 칠면조, 거위, 흰꼬리사슴, 흑곰에게도 거의 같은 일이 벌어졌음을 보여준다. 이 동물들은 산업시대가 시작될 무렵에만 해도 북아메리카에 상당한 수가 서식했다. 그런데 그 뒤로 거의 멸종 지경에 이르렀다.

| 평원의 대학살

1800년에는 대평원에 3,000만 마리의 들소가 살았던 것으로 추정된다.• 그들은 여름에 짝짓기하기 위해 모여서 엄청난 무리를 이루었다가, 겨울에는 더 작은 무리로 흩어져서 먹이를 찾아 먹었다. 그런데 한 세기가 채 지나기도 전에, 그들의 개체 수는 약 1,000마리로 줄어들었다.

그들이 멸종 지경에 내몰리는 과정은 두 단계에 걸쳐 일어났으며, 증기력이 양쪽에서 중요한 역할을 했다. 처음에는 아메리카 원주민이 가장 주된 들소 사냥꾼이었다. 19세기에 들어설 무렵까지, 대평원의 많은 부족이 말을 타고서 일 년 내내 들소 무리를 쫓아다니는 생활을

• 이 동물을 때로 버펄로(buffalo)라고 부르곤 하는데, 사실 이 용어는 같은 과에 속한 아시아와 아프리카의 대형 초식 포유동물(물소)에만 쓰는 것이 맞다.

했다. 그러다가 활과 화살 대신에 연사가 가능한 소총을 쓰기 시작하면서, 원체 탁월한 사냥꾼이었던 그들은 더욱더 치명적인 존재가 되었다.

1830년대부터 모피 회사의 증기선들이 미주리강을 비롯한 여러 강에 출현하기 시작하자, 이 사냥꾼들은 들소를 잡는 기술을 원하는 새로운 시장이 열렸음을 알았다. 들소 가죽은 동부에서 인기가 있었고, 아메리카 원주민 사냥꾼들과 유럽계-아메리카 상인들은 이 수요를 충족시키는 일에 합류했다. 역사가 앤드루 아이젠버그Andrew Isenberg는 이렇게 썼다. "1840년대에 서부 평원의 원주민들은 증기선으로 10만 벌이 넘는 들소 가죽을 가져오고 있었다."[23]

사냥이 대폭 활기를 띠면서 아메리카 원주민은 해마다 약 50만 마리의 들소를 잡았다. 그 결과 들소 집단은 엄청난 압력을 받게 되었다. 털가죽 사냥이 번식 능력이 정점에 달한 젊은 암컷에게 집중되었기 때문에 더욱더 그러했다. 그들의 가죽이 가장 부드러웠기 때문이다.

아메리카에서 들소 가죽 시장은 증기력을 이용하는 제조업 부문이 발달함에 따라서 19세기 후반기에 크게 확장했고, 가죽의 쓰임새도 다양해졌다. 이 시대엔 공장마다 가죽 띠가 아주 많이 필요했으며, 1850년에 가죽 제조업이 미국의 다섯 번째 산업이었다는 점을 떠올려보라. 들소 가죽은 질겨서 오래갔기에, 모든 공장에서 선호했다. 따라서 미국의 제조업이 성장함에 따라서, 사냥당하는 들소도 늘어났다.

그리고 이제는 아메리카 원주민 부족들이 아니라, 돈벌이를 추구하는 유럽계-아메리카인들이 사냥을 주도하게 되었다. 그들은 수백 미터 떨어진 거리에서 거대한 표적을 확실하게 죽일 수 있는 구경 5밀리의 신형 소총을 들고서 대평원으로 향했다. 총에 맞은 들소가 쓰러지면 그 자리에서 가죽을 벗겼고, 가죽은 1870년대 초에 대평원 한가운데에까지 연장된 철도를 통해 동부로 운반되었다.

가죽 사냥은 곧 엄청난 규모로 성장했고, 지독한 결과를 낳았다. 아이젠버그는 이렇게 설명한다. "1872년 어빙 닷지 대령은 다지시 주변 지역에 들소가 우글거린다고 썼다. 그러나 1873년 가을에는 이렇게 썼다. '전해에 들소들이 가득했던 곳에, 이제는 사체들만 가득하다. 공기는 역겨운 악취로 진동하며, 겨우 12개월 전만 해도 살아 있는 동물들이 우글거렸던 드넓은 평원이 오로지 썩어가는 사체들만 쌓여 있는 사막이 되었다.'"[24] 닷지는 1872~1874년에 철도 노선을 통해 거의 140만 장의 가죽이 동부로 보내졌으며, 늑대에게 찢겼거나 벗기다가 손상되는 것들을 감안하면 쓸 만한 가죽은 죽은 들소 다섯 마리에 한 장꼴이라고 추정했다.•

북아메리카 들소 집단은 19세기 후반기에 완전히 붕괴했다. 1872년에 설립된 옐로스톤 국립공원이 그나마 무자비한 사냥에서 벗어날 명목상의 유일한 피신처였다. 그러나 공원 내에서도 밀렵이 횡행했다. 1894년 무렵에 옐로스톤에는 고작 25마리가 남아 있었다.

• 들소에게서 얻는 최종 산업 제품은 비료였다. 1880년대에 대평원에 쌓여 있던 수백만 점의 들소 뼈들은 모아서 동부로 보내졌다. 이 뼈들을 태우면 비료의 성분인 '골회(bone ash)'가 되었다. 1886년 캔자스 다지시 인근의 철도역에는 적어도 건물 한 층 높이로 뼈가 약 400미터에 걸쳐 죽 쌓여 있었다.

| "레비아단의 머리를 쪼개셨으니"

작살을 든 인간이 나타나기 전까지, 고래는 5,000만 년 동안 포식자를 거의 마주친 적이 없었다. 두려워할 것이 거의 없었으므로, 고래 중에는 아주 거대한 몸으로 느릿느릿 헤엄치는 쪽으로 진화한 종류가 많았다.* 또 전 세계의 대양에 그 수가 많았다.

처음으로 고래를 뒤쫓아 가면서 작살을 던진 사람들은 바이킹과 바스크인이었다.[25] 그러자 영국인, 네덜란드인, 아메리카인 등이 그 뒤를 쫓았다. 그들은 고래를 잡는 기술과 방식을 다듬었지만, 19세기 말까지 고래 사냥의 방법은 바람과 근육에 의지해 매우 끈기를 발휘하면서 위험을 무릅썼다. 예를 들어, 미국의 포경선이 고래를 잡으러 출항할 때마다 사망자가 나왔다.[26]

고래 사냥이 구석기 시대의 기술을 썼다고 할지라도, 그 누적된 영향은 엄청났다. 고래잡이들은 전 세계의 향유고래, 북극고래, 북방혹고래의 개체 수를 심각하게 줄였다.[27] 그러나 고래들에게는 훨씬 더나쁜 앞날이 기다리고 있었다. 대부분의 고래는 범선의 시대가 아니라, 산업시대에 가장 큰 위기에 처했다.

고래 사냥을 산업화하는 데 핵심적인 역할을 한 것은 노르웨이의두 발명품이었다. 첫 번째는 작살포였다. 작살포는 스벤드 포인Svend Foyn이 개량하여 동력선과 추적선의 뱃머리에 장착했다. 인간의 근력

---

* 구약성서의 〈시편〉에서 따온 이 절의 제목은 사람들이 고래를 경외심을 갖고 바라보았음을 보여준다. 신만이 그들을 잡을 만큼 강력했다.

대신에 화약을 써서 폭탄을 담은 작살을 발사하여 고래를 더 빨리 더 확실하게 죽일 수 있었다. 두 번째 발명품은 공선factory ship이었다. 고래잡이인 페테르 쇨레Petter Sørlle가 고안한 배로서, 고래의 사체를 해체하는 거대한 도마 역할을 했다. 이 두 기술 덕분에 대왕고래, 긴수염고래, 혹등고래 같은 긴수염고래류를 사냥하는 일이 훨씬 쉬워졌고 수익도 높아졌다.

긴수염고래류는 산업화 이전 시대의 방법으로는 사냥하기가 어려웠다. 빨리 헤엄치고, 죽으면 가라앉는 경향이 있었기 때문이다. 작살포, 빠른 추적선(처음에는 증기기관, 그 뒤에는 디젤기관으로 움직였다), 선상 해체 기술은 이런 문제들을 해결했고, 여러 국가가 대규모로 전 세계의 고래 집단 대부분을 사냥할 수 있는 길을 열었다.

고래들의 미래가 어찌 될지는 뻔했다. 1900년에 남극해에는 대왕고래 25만 마리가 살았던 것으로 추정된다. 1989년에는 겨우 약 500마리[28]가 남았다. 같은 기간에 긴수염고래는 수가 약 90퍼센트 줄었다. 이 고래들은 주로 마가린, 비누, 윤활유, 폭발물(고래 지방에 있는 글리세린은 니트로글리세린을 만드는 데 쓸 수 있다)을 만드는 데 쓰였다. 모두 고래가 아닌 다른 재료로 쉽게 만들 수 있는 제품들이었다.

제번스와 마셜, 우울한 형제

다음 장에서 살펴보겠지만, 우리는 거의 2세기 동안 줄기차게 달린 뒤에야 산업시대에 수반되는 심각한 문제들을 하나둘 알아차리게 되었다. 매우 단순화시켜 말하자면, 우리가 생활수준을 유지하는 데 필요한 천연자원을 고갈시킬지도 모른다는 걱정이 들기 시작했다. 이런 우려는 1970년 첫 지구의 날 행사가 열릴 무렵에 갑작스럽게 대중의 관심사로 떠올랐다. 그러나 그보다 약 한 세기 전부터 이미 그런 걱정을 한 이들이 있었다. 19세기 영국의 경제학자 윌리엄 제번스William Jevons 와 앨프레드 마셜Alfred Marshall 이었다. 그들의 깨달음을 하나로 모으면, 우울한 미래가 닥칠 수밖에 없어 보였다.

1865년 제번스는 《석탄 문제The Coal Question》라는 일종의 맬서스주의를 담은 책을 펴냈다. 맬서스의 《인구론》처럼 그도 순수 수학을 토대로 논증을 펼쳤지만, 거기에 한 세기가 넘는 역사적 증거도 덧붙였다.

제번스는 자국의 물질적 부가 엄청나게 증가한 것이 풍부한 석탄 매장량과 증기력의 이용 덕분임을 명확히 인식했다. 또한 증기력의 응용 분야가 거의 무한하다는 점도 간파했다. "석탄은 우리가 하는 모든 일에 투입되는 영국의 물질 에너지—보편적인 지원 요소—다. (…) 아마도 우리에게 불가능한 화학적 또는 기계적 작업은 없을 것이다."

1865년에 영국에는 석탄이 절대 부족하지 않았다. 《석탄 문제》에[29] 는 이렇게 적혀 있다. "우리는 수요 증가에도 아직 생산량이 줄어들고 있지 않아 보이는 부의 원천에 의지해 부유해지고, 인구도 늘고 있다." 그러나 그다음에 제번스는 경제학이 왜 '우울한 학문'이라고 불리는지를 보여주었다. 그는 이 행복한 상황이 지속되지 않을 것이라고 경고했다. "그런 성장 속도라면 총공급량을 고려할 때 오래지 않아 석탄이 고갈될 거라는 가슴 아픈 사실을 지적하지 않을 수 없다."[30]

그는 그저 석탄이 무한한 자원도, 재생 가능한 자원도 아니라고 지적하고 있을 뿐이었다. 석탄 소비량이 얼마나 빠르게 증가했는지를 보여주는 자료와 영국의 땅속에 남아 있는 채굴 가능한 석탄 매장량 추정값을 토대로, 제번스는 영국의 석탄이 100년 이내에 고갈될 것이라고 결론지었다.

경제 전체가 석탄을 동력으로 삼고 있음으로, 이는 안 좋은 소식이었다. 더 안 좋은 소식은 그 문제에 대한 해결책이 전혀 없다는 사실이었다. 특히 석탄을 덜 쓰는 증기기관을 개발한다고 해도 도움이 되지 않을 터였다. 제번스가 인구, 기술, 환경을 둘러싼 논쟁에서 가장 항구적인 기여를 한 부분은 천연자원을 더 효율적으로 쓴다고 해서 전반적인 이용도가 더 낮아지는 것이 아니라고 주장했다는 점이다.

제번스는 우리 인간이 더 높아진 효율을 그 자원(석탄)을 덜 쓰면서 동일한 양의 출력(증기력)을 얻기 위해서가 아니라, 점점 더 많은 출력을 얻기 위해서 사용할 것이며, 따라서 자원의 총소비량은 점점 더 늘어날 것이라고 보았다. 증기기관의 효율이 더 높아질수록(석탄을 덜 쓰면서 동일한 출력을 낼수록) 증기기관은 더욱더 많이 쓰이게 된다는 것이다. 효율이 높아지면 증기기관은 탄광과 거대한 제조 공장에서만이 아니라, 배, 기차, 작은 공장에서도 쓰일 것이다.

이 모든 추가 용도들은 석탄의 총소비량을 급증시킬 터였다. 제번스는 이렇게 썼다. "석탄의 경제적 이용을 소비 감소와 동일시하는 것은 둘을 혼동했기 때문이다. 진실은 정반대다. (…) 석탄의 효율을 높이고, 그 이용 비용을 감소시키는 방안이 무엇이든 간에, 곧바로 증기기관의 가치를 높이고, 그 이용 범위를 확장하는 경향을 보인다."

현대의 경제학자는 제번스가 에너지(여기서는 석탄 덩어리에 저장된 에너지) 수요의 가격 탄력성을 논의하고 있다고 말할 것이다. 이 용어는 어렵게 들리지만, 그저 에너지 같은 생산물의 총수요가 가격의 변화에 반응한다는 사실을 가리키는 것일 뿐이다. 대다수의 생산물은 가격이 내려가면 수요가 증가한다. 제번스는 석탄 에너지가 그렇다고 말하고 있는 한편으로, 또 다른 것도 말했다. 총수요의 증가율이 가격 감소율보다 더 클 것이라고 말하고 있었다. 그는 1865년과 가까운 미래에 영국에서 에너지의 가격 탄력성이 1을 넘는다고 말하고 있었다.•

《석탄 문제》의 핵심을 이루는 것은 단순한 논증 사슬이었다. 영국의 석탄 매장량은 유한한데, 석탄의 총수요를 보면 한 세기 안에 그 석탄을 다 쓰게 될 것이고, 증기기관의 효율이 더 높아진다고 해도 그 고갈을 막을 수는 없을 것이라는 논리였다.

그러나 석탄만이 아니라, 모든 상품과 서비스의 총수요가 한꺼번에 줄어든다면 어떻게 될까? 영국 국민이 너무나 부유해져서 소비에 질리고, 해가 지날수록 더욱더 소비하려는 욕구를 느끼지 못하게 된다면? 아무튼 그들은 기껏해야 아주 많이 먹고(바나나 같은 새로운 식품까지 포함하여), 아주 많은 옷을 입고, 아주 많은 집에서 살고, 아주 많은 여행을

• 더 정확히 말하면, 이 탄력성은 사실 -1보다 작다: 가격이 떨어질 때 수요가 증가하기 때문이다. 탄력성을 절대값으로 나타내기 때문에 -1보다 작다를 1보다 크다는 식으로 표현할 뿐이다 - 옮긴이).

할 수 있을 뿐이다. 총소비가 줄어드는 것이 가능할 수도 있지 않을까?

점점 더 많은 것을 얻기 위한 전투

아니, 일은 그렇게 진행되지 않는다고 앨프레드 마셜은 말했다. 근본적으로 우리가 일하는 방식이 그렇지 않기 때문이라는 것이다. 마셜은 경제학계의 거장이다. 그가 1890년에 쓴 《경제학 원리 Principles of Economics》는 경제학의 범위를 확대하고, 경제학을 더 분석적이고 엄밀하게 변모시키고, 많은 중요한 개념을 매우 명쾌하게 정립했다. 또 《경제학 원리》는 제번스의 수요 탄력성 개념을 받아들여서 확고히 정립했지만, 여기서 마셜을 언급하는 이유가 그것 때문은 아니다. 그가 책에서 수요의 본질에 관해 펼친 주장들 때문이다.

그는 이런 유명한 말을 남겼다. "인간이 원하고 욕망하는 것은 무수히 많고 종류도 아주 다양하다.[31] (…) 미개한 사람이 원하는 것은 사실 야수가 원하는 것에 비해 그리 많지 않다. 그러나 발전의 각 단계에서 사람의 욕구는 점점 더 다양해지고 그것들을 충족시키는 방법도 다양해진다. 사람은 늘 소비해왔던 것들을 단순히 더 많이 원하는 것이 아니라, 그런 것들의 질도 더 높아지기를 원한다. 선택의 폭이 더 넓어지기를 원하고, 내면에서 자라는 새로운 욕구들을 충족시킬 것들을 원한다."

마셜은 경제 성장률에 관해 무미건조하게 요점을 정리하기보다는 인간 본성에 관한 심오한 진술을 했다. 우리 인간은 가질수록 더욱더 원한다는 것이다. 우리는 풍요나 소비가 어느 수준에 이르든 간에 만족하지 않는다. 상대적으로 부유해져도 더욱더 많은 것을 계속 원한다. 인간은 자신이 다음에 바라는 것이 정확히 무엇인지 모를 수도 있지만(그런 것들이 바로 '내면에서 자라는 욕구들'이다) 몇몇 영리한 혁신가나 기업가는 우리가 원하는 것이 무엇인지 깨닫도록 도움을 주고, 그 욕구를 충족시킬 것들을 특정한 가격에 제공할 것이다. 그렇게 할 때, 지구의 유한한 천연자원 중 일부가 고갈될 거라는 가정이 적절하다.

제번스와 마셜의 논증을 종합하면 암울해진다. 우리 인간은 한없이 점점 더 많이 원할 것이라고 확신할 수 있다. 반면에 지구의 자원은 유한하다. 따라서 인간은 자원을 고갈시킬 것이다. 자원을 상품과 서비스로 전환하는 데 도움을 주는 기술들의 효율을 더 높인다고 해서, 자원을 보존하는 데 도움이 되지는 않을 것이다. 우리 인간은 높아진 효율을 그저 더욱더 많은 상품과 서비스를 만들어내는 데 사용할 테니말이다. 그만큼 자원의 총소비량은 증가할 것이다.

이 악순환에서 빠져나올 방법은 없을까? 우리는 스스로 산업시대의 대단히 강력한 기술로 역사상 가장 거대한 맬서스주의적 붕괴를 향해 줄달음치도록 방향 설정을 해버린 것일까?

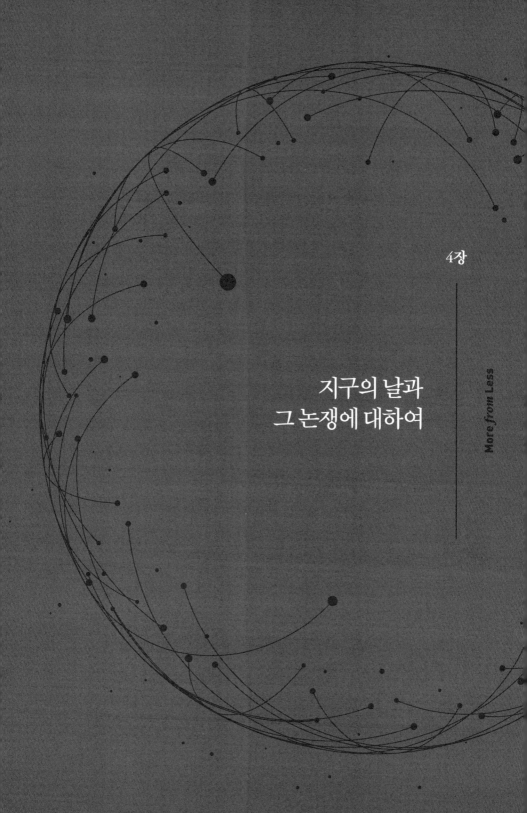

4장

지구의 날과
그 논쟁에 대하여

More from Less

인간이 만물의 지배자는커녕 자연의 일부이며,
다른 모든 생명을 통제하는 동일한
우주적인 힘들의 지배를 받는다는 인식이
여기저기에서 확산되고 있다.
인간의 향후 복지와 아마 생존까지도
그런 힘들과 맞서기보다는 조화를 이루어
살아가는 법을 터득하느냐에 달려 있다.

| 레이첼 카슨, 〈생명과학에 관한 고찰〉, 1958년 |

1970년 4월 22일, 미국에서 첫 지구의 날 행사가 열렸다. 많은 대학 교정을 비롯하여 전국의 수천 곳에서 행사가 열렸고, 몇몇 도시에서는 대규모 행진도 벌어졌다. 〈뉴욕타임스New York Times〉는 행사 소식을 전면 기사로 실었고, 〈CBS 이브닝 뉴스CBS Evening News〉의 월터 크롱카이트Walter Cronkite는 그 행사 소식만을 전하는 특별 방송을 내보냈다. 지구의 날 행사가 워낙 강력한 영향을 미쳤기에, 그로부터 '현대 환경운동의 탄생'[1]이 이루어졌다고 알려지게 되었다.

  그 뒤로 지구의 날 탄생에 영향을 끼친 사상, 사건, 언론 매체가 무엇인지를 놓고 이런저런 의견들이 나왔다. 그 기여 요인 중 가장 아름다운 것은 〈지구돋이Earthrise〉다. 달의 표면 위로 반쯤 그늘지고 구름에 감싸인 파란 행성 지구가 떠오르고 있는 경이로운 모습의 사진에 붙여진 이름이다. 〈지구돋이〉는 1968년 12월 24일에 달 궤도를 돌고 있던 아폴로 8호에 탄 우주비행사 빌 앤더스Bill Anders가 찍었다.

  그 사진은 곧바로 전 세계 사람들을 흥분시켰다. 활기가 뚜렷한 지구와 생명 없는 달 표면이 뚜렷하게 대비된 그 사진은 진정으로 강렬한 인상을 남겼다. 덕분에 많은 이들은 자신이 사는 세계에 더 관심을 두게 되었다. 저술가인 로버트 풀Robert Poole은 이렇게 썼다. "〈지구돋이〉는 우주를 바라보는 인식의 전환점이었다. 우주가 지구에 어떤 의미인가에서, 우주에 지구가 어떤 의미인가로 바뀐 순간이었다."[2]

  아폴로 8호의 승무원이 지구가 떠오르는 첫 사진을 지구로 전송한 다음 날, 시인인 아치볼드 매클리시Archibald MacLeish는 이렇게 썼다. "진정으로 있는 그대로의 지구, 영원한 침묵 속에 떠 있는 작고 파랗고

아름다운 지구를 본다는 것은 우리 자신을 그 지구에 함께 타고 있는 승객으로서, 영원한 추위 속에서 사랑스럽게 빛나는 행성에 함께 사는 동포로서 보는 것[3]이다." 〈지구돋이〉는 모든 인간의 조건이 우리가 함께 살고 있는 행성의 상태와 분리될 수 없다는 점을 깨닫도록 해주었다.

아마도 오염이 문제일까?

다음 해에 일어난 두 사건은 우리가 '사랑스럽게 빛나는 행성'의 좋은 돌보미가 아니라는 점을 여실히 보여주었다. 1969년 1월, 캘리포니아 샌타바버라 해안에 있는 유니언오일 유정이 폭발하면서 11억 리터의 원유가 1개월 동안 누출되어 바다와 해안을 뒤덮었다. 6월에는 오하이오 클리블랜드 도심을 지나는 카이호가강에 불이 붙었다. 그 강은 오랫동안 폐유를 비롯한 산업 폐기물을 버리는 쓰레기장으로 사용되었기에, 강물이 불을 끄는 대신에 오히려 불길을 더욱 타오르게 하는 지경에 이른 상태였다.•

이 사건들은 점차 커지고 있던 환경 문제에 대한 인식을 제고시키는 데 큰 역할을 했다. 20세기 초부터 지구의 날에 이르기까지, 산업사회의 공기 오염은 계속 악화되었다. 예를 들어, 대기의 이산화황(황이 포

• 한 달 뒤, 〈타임〉에 실린 화재 사진은 1952년에 같은 강에서 일어난 화재 사진[4]이었다. 그 강에서 워낙 자주 불이 났기에 1969년경에는 아예 새롭게 사진을 찍을 생각조차 안 했던 것이다.

함된 연료를 태울 때 나오는 오염물질) 농도는 미국에서 1900~1970년 사이에 두 배 이상 증가[5]했다.

지금은 놀라워 보이겠지만, 공기 오염이 사소한 문제가 아니라는 인식은 20세기 중반까지도 널리 퍼져 있지 않았다. 그러다가 펜실베이니아 도노라에서 흘러든 스모그로 많은 사람이 사망하면서, 상황이 바뀌기 시작했다. 이윽고 공중보건청장은 이렇게 발표하기에 이르렀다. "스모그가 단순히 성가신 것이라는 생각을 버려야 합니다."[6] 그리고 공기 오염과 사람의 건강 사이의 관계를 조사할 위원회를 설치했다. 1949년 위원회는 조사 결과 "산업사회의 공기 오염이 실제로 급성 질환을 일으킬 수 있다는 것이 처음으로 밝혀졌다"[7]고 발표했다.

나쁜 번식

오염은 인간 활동의 부산물이었다. 그리하여 1960년대에는 지구가 직면한 가장 근본적인 위협이 우리 인간이 너무 많다는 것이며, 또한 인간이 너무 많은 활동을 하고 있다는 점이라는 결론에 이르는 주장이 많아졌다.

이 견해를 주장하는 인물 중 가장 유명해진 사람은 생물학자 폴 얼리치 Paul Ehrlich 였다. 그는 1968년에 내놓은 베스트셀러《인구 폭탄 The Population Bomb》에서 맬서스를 밝은 낙관론자로 비치게 할 정도의 암울한 시나리오를 전개했다. 그 책의 초기 판본은 이렇게 시작한다. "모든 인류를 먹여 살리려는 전투는 끝났다.[8] 현재 시작된 온갖 요란한 계획들에 상관없이 1970년대에는 수억 명이 굶어 죽을 것이다. 이 늦은 시기에 전 세계에서 사망률이 크게 증가하는 것을 그 무엇으로도 막을 수 없다."

각각 농학자와 외교관이었던 윌리엄 패독William Paddock과 폴 패독Paul Paddock 형제도 대규모 기아 사태를 막기에는 이미 늦었다고 보았다. 그들은 1967년에 펴낸 《기근 1975! 미국의 결정: 누가 살아남을 것인가?Famine 1975! America's Decision: Who Will Survive?》[•]에서 미국처럼 식량이 풍부한 나라들이 세계의 모든 굶주린 입을 먹여 살릴 수 없으므로, 생사를 가르는 결정을 내려야 한다고 주장했다. 패독 형제는 개발도상국을 세 범주로 나누었다.[9] 군이 설명할 필요가 없는 '구할 수 없는 국가', 도움이 없어도 아마 살아남을 '걸을 수 있는 부상자 국가', '도움을 주어야 살아남을 수 있는 국가'였다.

세계가 대규모의 맬서스 재앙으로 치닫고 있다는 개념을 생태학자와 환경론자만 내세운 것이 아니었다. 미국 정부도 진지하게 받아들였다. 1974년 국가안전보장회의NSC의 〈세계 인구 증가가 미국의 안보와 해외 이해관계에 미치는 영향〉이라는 기밀 보고서(비공식적으로 〈키신저 보고서〉라고 불렸다)에는 이렇게 적혀 있었다. "중단기적으로 가장 심각한 결과는 세계의 특정 지역들, 특히 가장 빈곤한 지역들에서 대규모의 기근[10]이 발생할 수 있다는 것이다."

....

•   책 제목에 군이 느낌표를 넣어야 했을까 하는 생각이 든다.

매장량의 고갈

인간이 지구의 모든 식량 생산 능력(모든 육지와 물)을 고갈시키고 있을 뿐 아니라, 다른 모든 풍부한 자원들까지 고갈시키고 있다고 역설하는 목소리들도 있었다. 인구 증가와 번영을 위해 지구로부터 자원을 짜내는 기술을 쓰는 산업시대의 관습 때문에 그런 결과가 나타날 수밖에 없다는 것이다.

다음 페이지의 그래프가 보여주듯이, 비료와 금속 같은 자원의 소비량은 지구의 날에 이르기까지 해마다 기하급수적으로 증가하고 있었다(약 100년 전에 제번스가 사례로 든 석탄과 마찬가지였다). 전반적인 경제 성장률보다 자원 소비량이 더욱 빠르게 증가하는 사례도 많았다. 지구에 이런 자원들의 매장량이 유한하기에, 언젠가는 고갈된다는 것이 논리적이고 불가피한 결론처럼 보였다. 문제는 그때가 언제인가였다.

첫 지구의 날 행사가 열릴 무렵에, 생물물리학자 도넬라 메도스 Donella Meadows 가 이끄는 MIT 컴퓨터 모델 작성가들은 이 의문의 답을 찾으려고 시도했다. 그들은 다섯 가지 핵심 변수를 토대로 세계 경제 전체의 컴퓨터 시뮬레이션을 구축했다. 그들이 택한 변수는 '인구, 식량 생산, 산업화, 오염, 재생 불가능한 천연자원의 소비'였다. 현실 세계에서와 마찬가지로, 시뮬레이션에서도 이 모든 변수는 상호작용하면서 기하급수적으로 증가했다.

MIT 연구진은 이 연구 결과를 1972년에 《성장의 한계 The Limits to

미국 GDP와 자원 소비량 | 1900~1970년[11]

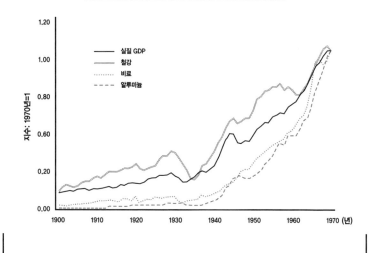

- 실질 GDP
- 철강
- 비료
- 알루미늄

지수: 1970년=1

1.20
1.00
0.80
0.60
0.20
0.00

1900 1910 1920 1930 1940 1950 1960 1970 (년)

Growth 》라는 책으로 펴냈고, 곧 베스트셀러가 되었다. 그들은 자원의 양에 관한 가장 낙관적인 시나리오에서조차도, 인구와 경제가 제약 없이 계속 성장하도록 놔둔다면 알루미늄, 구리, 천연가스, 석유, 금의 전 세계 매장량이 50년 안에 고갈될 것[12]이라고 내다보았다. 그 모델은 자원 이용을 억제하지 않으면 21세기가 저물기 한참 전에 자원이 고갈되고 세계 경제가 멈추면서 인구가 급작스럽게 붕괴할 것이라고 예측했다.

에너지 고갈

앞서 살펴보았듯이, 에너지원은 모든 경제에서 가장 중요한 자원 중 하나다. 일부에서는《성장의 한계》에서 추정한 에너지 보유량 값조차도 너무 낙관적이라고 보았다. 생태학자 케네스 와트Kenneth Watt 는 1970년에 이렇게 예측했다. [13] "현재 추세가 계속된다면, 2000년 무렵이면 원유가 더 이상 남지 않을 속도로 소비하게 될 것이다. 주유소에 차를 몰고 가서 '꽉 채워주세요'라고 말하면, 직원은 이렇게 말할 것이다. '미안합니다, 한 방울도 없어요.'"

한편에서는 에너지가 그렇게 풍부하지 않다는 것이 우리 인류에게 사실상 다행이라고 보는 이들도 있었다. 그들은 에너지가 더 풍부했다면, 인류가 마구 써대면서 인구가 더 빠르게 증가하고, 지구의 자원이 더욱 빨리 고갈될 것이라고 보았다.

1953년 미국 대통령 드와이트 아이젠하워Dwight Eisenhower 는 뉴욕의 유엔 본부에서 〈평화를 위한 원자〉라는 제목의 연설을 했다. 그는 핵기술을 무기에만 쓰지 말고, "인류의 평화로운 일에 기여하는" 쪽으로 쓰자고 주장했다. "전문가들이 원자력을 농업, 의학 등 평화로운 활동에 필요한 에너지를 제공하는 쪽으로 응용할 방안을 찾아낼 겁니다. 세계의 전력이 부족한 지역들에 풍부한 전기 에너지를 제공하는 것도 한 가지 구체적인 목표가 될 겁니다." [14]

그 연설은 유엔에서 열렬한 박수 세례를 받았다. 하지만 '평화를 위한 원자'가 끔찍한 생각이 될 것이라고 느낀 이들도 있었다. 물리학자 애머리 로빈스Amory Lovins는 1977년에 이렇게 말했다. "깨끗하고 값싸고 풍부한 에너지를 발견한다는 것이 우리에게는 재앙이나 다름없다. 우리가 그 에너지로 하게 될 것들 때문이다."[15] 폴 얼리치도 1975년에 같은 견해를 내놓았다. "이 시점에서 사회에 값싸고 풍부한 에너지를 제공한다는 것은 바보 아이에게 기관총을 주는 것과 다를 바 없다. 값싸고 풍부한 에너지로 지구의 구석구석까지[16] 포장도로를 내고, 개발하고, 산업화하고, 착취하려는 시도를 할 게 뻔하다."

에너지를 둘러싼 논쟁은 에너지가 성장에 얼마나 근본적인 역할을 하는지를 보여준다. 1800~1970년, 거의 산업혁명이 시작된 시기부터 지구의 날 행사가 열린 시기까지에 해당하는 기간에 미국의 GDP와 에너지 소비량의 그래프는 150년이 넘는 세월 동안 둘이 본질적으로 나란히 걸어왔음을 보여준다.

경제 규모와 에너지 소비량이 유달리 긴밀한 관계를 보였기에, 많은 연구자는 둘이 본질적으로 동일하다고 생각하기에 이르렀다. 즉 한 사회가 쓰는 에너지의 양을 측정할 수 있다면, 그 사회가 얼마나 크고 번영하고 발전했는지를 잘 알 수 있다는 것이었다. 이런 연구 흐름은 1971년 〈사이언티픽 아메리칸Scientific American〉에 지질학자 얼 쿡Earl Cook의 〈산업사회에서의 에너지 흐름〉을 비롯한 글들이 실리면서 시

• 　2장에서 살펴본 이언 모리스의 사회 발전 지수는 에너지 사용량을 사회가 얼마나 발전했는지를 측정하는 네 가지 척도 중 하나로 쓴다.

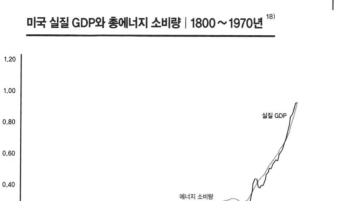

미국 실질 GDP와 총에너지 소비량 | 1800~1970년 [18)]

실질 GDP

에너지 소비량

지수: 1970년=1

(년)

작되었다. [17)] •

약 한 세기 전의 제번스처럼, 쿡도 에너지 소비량과 경제의 규모가
계속 기하급수적으로 증가했음을 규명했다. 그리고 제번스처럼 그도
무한정 그럴 수 없다고 경고했다. 그는 이렇게 결론을 맺었다. "인류
집단처럼 에너지 소비량도 무한정 증가할 수 없다." 그러나 쿡은 이 성
장을 억제할 수 있다고 낙관하지 않았다. "변화를 일으키려면 어려운
정치적 결단이 필요하지만, 민주 사회는 장기적인 관점에서 결정을 내
릴 능력 면에서는 뛰어나지 않다."

긴급 성명 발표

비관론을 펼친 사람이 쿡만은 아니다. 첫 지구의 날 행사 이후에 성년이 된 사람들로서는 당시에 그런 우려들이 극도로 폭넓게 깊이 퍼져 있었으며, 지구에 관한 논의의 주된 흐름이 경고와 파국 사이의 어딘가에 놓인 극도로 암울한 어조였다는 사실을 실감하기가 어렵다.

지금의 기후 변화 논의도 때때로 같은 어조를 띠곤 하지만, 다루는 시간의 규모가 전혀 다르다. 오늘날 우리는 21세기 말에 기후 변화가 어떤 문제를 일으킬 수 있는지 우려한다. 첫 지구의 날 행사가 열릴 무렵에는, 20세기에 우리 인간이 살아남지 못할 수도 있을 것 같았다.

지구의 날 무렵에 주류 환경운동의 주된 분위기, 신념, 예측이 어떠했는지 감을 잡을 수 있도록, 1970년의 견해를 대표한다고 여겨지는 인용문들을 몇 개 뽑았다. •

게일로드 넬슨Gaylord Nelson 상원의원은 〈룩Look〉 잡지에 이렇게 썼다. "스미소니언협회의 사무국장 S. 딜런 리플리S. Dillon Ripley 박사[19]는 25년 안에 모든 생물 종의 75~80퍼센트가 사라질 것이라고 믿는다."

• 이 인용문들은 과학 기고가인 로널드 베일리(Ronald Bailey)가 〈리즌〉 잡지에 2000년에 쓴 글과 경제학자 마크 페리(Mark Perry)가 2018년 미국기업연구소(American Enterprise Institute)의 블로그에 쓴 글에서 골랐다. 둘 다 보수적인 입장을 취하지만, 그렇다고 해서 지구의 날 당시의 분위기를 잘못 전하고 있는 건 아니다.

노스텍사스 주립대학교의 피터 건터Pete Gunter 교수는 이렇게 썼다. "인구통계학자들은 다음의 우울한 시간표에 거의 만장일치의 견해를 보인다.[20] 1975년경에 인도에서 기근이 만연하기 시작할 것이다. 1990년경에는 인도, 파키스탄, 중국, 근동(터키, 이란), 아프리카의 전역으로 확산될 것이다. 2000년경이나 아마 그보다 더 일찍, 남아메리카와 중앙아메리카도 기근 상태에 놓일 것이다. (…) 지금으로부터 30년 뒤인 2000년에는 서유럽, 북아메리카, 호주를 제외한 전 세계가 기근에 빠질 것이다."

〈라이프Life〉 잡지에는 이런 기사가 실렸다. "과학자들은 다음 예측을 (…) 뒷받침하는 확고한 실험 증거와 이론 증거를 지니고 있다.[21] 10년 안에 도시 거주자들은 공기 오염에서 살아남기 위해 가스 마스크를 써야 할 것이다. (…) 1985년경에는 공기 오염으로 지상에 도달하는 햇빛의 양이 절반으로 줄어들 것이다."

생물학자이자 노벨상 수상자인 조지 월드George Wald는 이렇게 추정했다. "인류가 직면한 문제들에 맞서서 즉시 행동을 취하지 않는다면, 15~30년 안에 문명은 종말을 고할 것[22]이다."

시에라클럽 회장 마틴 리턴Martin Litton은 〈타임Time〉의 '환경 보도' 특별호에서 이렇게 경고했다. "우리는 자원이 밑바닥을 드러낼 것이라고 예상하며,[23] 새로운 것들을 찾아내는 것보다 훨씬 더 빠른 속도로 재생 불가능한 것들을 써버리고 있다."

첫 지구의 날 행사가 열린 다음 날, 〈뉴욕타임스〉는 사설에서 이렇게 경고했다. "인류는 삶의 질을 높이는 차원에서만이 아니라, 견딜 수 없는 쇠퇴와 멸종으로부터 인류를 구하기 위해서라도 오염을 중단하고 자원을 보존해야 한다."

1971년 폴 얼리치와 물리학자 존 홀드런John Holdren 은 〈사이언스 Science〉에 $I=PxF$라는 방정식을 제시했다. I는 한 사회가 환경에 미치는 부정적인 총 영향Impact, P는 인구Population 크기, F는 1인당 요인Factor 을 뜻했다. 나중에 F는 풍요Affluence(1인당 GDP)와 기술Technology (다양한 방식으로 측정되는 기술)의 곱으로 대체되었다. 따라서 방정식은 $I=PxAxT$ 가 되었고, IPAT 모델이라고 불리게 되었다. 이 모델은 인구와 풍요가 언제나 환경에는 나쁜 소식이라는 의미를 담고 있었다. 기술은 (태양력처럼) 좋을 수도 있고 (석탄 발전소처럼) 나쁠 수도 있지만, 얼리치와 홀드런은 기술이 좋을 때는 "느리고, 비싸고, 규모 면에서 비효율적인 경향을 띤다"[24]고 했다.

IPAT은 첫 지구의 날 행사 무렵에 세계의 현황과 그 미래를 암울하게 바라보는 주류 견해에 방정식을 선사했다. 비록 '수학적 선전 활동'[25]이라고 비판받았지만, 환경에 미치는 영향을 추정하는 모델이자, 어떤 대책을 수립할 수 있을지 알려주는 지침 역할을 했다.

CRIB이냐 무덤이냐

기근, 치명적인 오염, 자원 고갈, 인구와 사회 붕괴, 이런 문제들이 명백히 엄청난 것이기에, 갓 태어난 환경운동 진영에서는 행동이 필요하다는 공감대가 형성되었다. 또 이런 행동들이 어떠해야 한다는 데에도 합의가 이루어졌다. 첫 지구의 날 행사가 열릴 무렵에 나돌던 주된 제안들과 권고들을 읽고 있자니, 'CRIB'이라는 약어가 떠올랐다. 지구적인 문제들의 해결책이 덜 소비하고Consume less, 재활용하고Recycle, 제약을 가하고Impose limits, 귀농하는Back to the land 것이라고 말하고 있었다.

이 해결책 중 앞의 두 가지는 마셜이 파악한 줄달음치는 소비 증가의 문제에 대처하는 것을 목표로 삼고 있었다. 바로 IPAT에서 A다. 마지막 해결책은 제번스가 강조한, 기술이 점점 더 고도화하고 있는 사회에서 살아갈 때의 위험에 대처한다는 의미를 지니고 있었다. 제약을 가하기는 인구(IPAT의 P)를 적게 유지함으로써 마셜과 제번스의 우려를 둘 다 해소할 수 있었다.

| 덜 소비하다 : C

자원 고갈과 오염이라는 문제의 가장 명백한 해답은 그저 물건들을 덜 만들고 덜 구매하는 것이다. 한 나라의 경제는 대체로 국민들의 지출 결정을 토대로 형성되므로, 아마도 줄달음치는 경제 성장에 따른 생태적 문제들을 사람들이 인식한다면, 지구를 덜 짓밟기 위해 소비를 덜 하게 되지 않을까? 어쩌면 환경에 대한 우려에 힘입어서 마셜이 틀렸다는 것이 입증될지도 몰랐다. 지구가 무한하지 않으므로 인류의 욕망도 무한할 수 없다는 합의를 도출할 수도 있었다.

그러나 그렇게 하려면, 아마 산업시대의 많은 기본 가정과 관습에서 벗어나고, 마셜이 정의하는 데 기여한 시장 기반의 경제적 사고방식도 버려야 할 터였다.

오스트리아계 프랑스 철학자 앙드레 고르André Gorz는 1972년에 '탈성장degrowth'이라는 용어를 도입했다. 이런 질문을 함으로써다. "물질생산의 무성장(더 나아가 탈성장)이 필요 조건인 지구의 균형 상태가 자본주의 체제의 생존과 양립 가능할까?"[26] 추측할 수 있겠지만, 고르의 답은 '아니오'였다.

고르는 1975년 저서 《정치학으로서의 생태학Ecology as Politics》에서, 소비 증가율을 낮추는 것만으로는 부족하다는 믿음을 명확히 드러냈다. 소비를 적극적으로 줄여야 한다는 것이다. "설령 성장률이 0이라고 해도, 희소 자원은 계속 소비됨으로써 결국 필연적으로 완전히 고갈될 것이다. 요점은 소비를 점점 더 늘리지 않도록 삼가자는 것이 아니라, 소비를 점점 줄여나가자는 것이다. 미래 세대를 위해 가용 매장량을 보존할 방법은 이것뿐이다."[27] 고르를 비롯한 이들이 시작한 '탈성장운동'은 목표를 달성하려면 무수한 장애물을 넘어야 했지만, 단순하면서 순수하고 명쾌한 논리를 지닌다는 것이 장점이었다. 우리 모두가 덜 소비한다면, 실제로 자원을 덜 쓰게 될 것이 분명했다.

그건 아마도 몇 가지만 덜 쓰면 될 수도 있었다. 생물학자 베리 카머너Barry Commoner는 1971년 베스트셀러 《원은 닫혀야 한다The Closing Circle: Technology, Nature and Man》에서 같은 견해를 피력했다. "현재의 생산 체계는 자기 파괴적이며, 현재 인류 문명은 자살을 향해 가고 있다."[28]

그러나 그는 풍요를 완전히 배척할 필요는 없다고 보았다. 오염물질을 내뿜는 거대 공장에서 화학물질이 가득한 제품을 만드는 일을 그만두기만 하면 된다고 했다. IPAT에서 T야말로 진짜로 문제였다. 우리 생산 수단이 규모가 더 작아지고, 자연에 더 가까워지고, 더 유기적이 된다면, 더 지속 가능해지지 않겠는가? (카머너는 이 개념을 널리 퍼뜨리는 데에도 기여했다.) 그는 이렇게 썼다. "유용한 상품들의 현재 이용 가능한 수준을 심각하게 떨어뜨리지 않으면서, 필요한 생산 개혁을 이룰 수 있다."

| 재활용하다 : R

재활용은 소비를 줄일 뿐 아니라, 자원 고갈의 명백한 해결책 중 하나다. 신문, 종이 상자, 플라스틱 페트병과 유리병, 알루미늄 캔 등은 한 번 쓴 뒤에, 애초에 그것을 만든 바로 그 제조 공정에 다시 투입할 수 있다. 그런 식으로 추가 원료를 쓰지 않으면서 이 모든 것들을 더 많이 생산할 수 있다.

경제학자 케네스 볼딩Kenneth Boulding은 1966년 '우주선 지구Spaceship Earth'라는 생생한 이미지를 통해서 재활용운동을 장려했다. 지구가 유한한 양의 자원을 싣고서 장거리 우주 항해를 하는 우주선과 같다는 것이다. 그는 이 장거리 여행에 성공하려면, "인류가 물질을 지속해서 재생산할 수 있는 순환형 생태계의 일부가 되어야 한다"[29]고 썼다. 인류는 오래전부터 비용을 줄이려고 도구, 옷 등 많은 물품을 재사용해 왔다. '우주선 지구' 양식의 재활용은 달랐다. 자신의 이익이 동기가 아니라, 지구를 잘 돌보려는 욕망이 동기가 되었다.

"줄이고Reduce, 재사용하고Reuse, 재활용하자Recycle"라는 슬로건은 1970년대 중반 미국의 어휘 사전에 등록되었다. 1980년 필라델피아의 교외 지역인 뉴저지 우드베리는 쓰레기 트럭의 뒤에 재활용 가능한 가정 폐기물을 담는 트레일러를 매달고 다니도록 함으로써 미국 최초로 재활용 정책을 편 도시다. 그 개념은 곧 확산되었다. 1995년경에는 미국의 고형 폐기물의 약 25퍼센트가 재활용[30]되고 있었다.

| 제약을 가하다 : I

환경운동 진영의 권고 중 가장 논쟁을 불러일으킨 것은 제약을 가하자는 주장이었다. 그 중 가장 논란이 많았던 제안은 자녀의 수를 제한하자는 것이었다. 맬서스주의적 수학은 너무나 명백했다. 그는 《인구 폭탄》에 이렇게 썼다. "우리는 성장률을 0으로 떨어뜨리고 더 나아가 역전시킴으로써 세계 인구를 서둘러 억제해야 한다. 인구를 의식적으로 조절해야 한다."[31]

MIT 컴퓨터 모델 연구자들은 《성장의 한계》에서 인구뿐 아니라, 산업에도 제약을 가하는 문제를 논의했다. 기업들이 소비자의 수요를 이끌어내고 만족시키는 일에 몰두하면서 세계의 자원을 다 써버리고 있다면, 소비를 중단시키거나 적어도 방향을 돌릴 필요가 있다는 것이 제약을 가해야 한다는 주장 측의 논리다. 법으로 규제하거나 세금과 보조금으로 유도함으로써, 기업이 새로 광산을 파거나 공장을 더 짓거나 무게 2.5톤이 넘는 1972년형 캐딜락 75 승용차 같은 자원을 많이 쓰는 제품을 내놓는 일을 그만두게 할 수 있다는 것이다.

《성장의 한계》의 저자들은 그런 제안들이 중앙집권적 경제 체제를 갖고 있지 않은 미국 같은 나라들에서 인기가 없으리라는 것을 알고 있었지만, 선택의 여지가 거의 없다고 보았다. 그들은 이렇게 썼다. "어떤 수단을 써서 실행한다고 해도, 출생률을 낮추고[32] 물질 상품의 생산에 들어갈 자본을 딴 데로 돌리려는 정책 같은 것들은 부자연스럽고 상상할 수도 없어 보인다. (…) 사실, 현재의 제한 없는 성장 패턴이 미래에도 지속 가능하다고 느낀다면, 현대 사회의 기능에 관한 근본적인 변화를 논의하는 것 자체가 별 의미가 없다."

그러나 그들의 시뮬레이션은 지속 불가능하다는 것을 명확히 보여 주었다. 그 책의 중심에 놓인 컴퓨터 모델은 지구와 인류사회의 장기적인 건강과 자유시장 경제 사이에서 결연하게 하나를 선택해야 한다고 제시했다. 선택의 여지가 거의 없어 보였다.

기업이 진입할 수 있는 시장이 아니라, 기업 활동의 안 좋은 부수적 효과에 제약을 가하면 어떨까 하는 쪽으로도 논의가 이루어졌다. 즉 오염 배출에 제약을 가하고자 한 것이다. 많은 이가 이미 펜실베이니아의 도노라 스모그 사건을 비롯한 지나치게 오염된 지역들에서 나온 증거들을 보고서 오염이 '단지 성가신' 차원을 넘어서 '치명적'이라고 확신하고 있었다. 오염은 인간의 삶에 위험을 끼치는 것이 분명했다.

리처드 닉슨Richard Nixon 대통령은 1970년 미국 환경보호청EPA을 설립했고, 그런 연방 기관들에 다양한 오염물질의 배출 기준을 설정하고 지키게 할 권한을 폭넓게 부여하는 일련의 법을 제정했다. 청정공기법은 1970년(그리고 1977년과 1990년)에 대폭 개정하여 강화[33]되었고, 1972년에는 수질환경법, 1974년에는 안전음용수법, 1976년에는 유해물질관리법이 제정되었다.

그러자 오염을 줄이려는 노력이 경제 발전을 저해할 것이라고 우려하는 이들도 나타났다. 전직 하원의원인 폴 로저스Paul Rogers는 1990년에 이렇게 회고했다.[34] "(청정공기법) 수정안을 놓고 의회에서 논쟁이 벌어질 때, 한 동료 의원이 어느 소도시의 시장이 한 말을 인용했다. 그 시장은 (환경 보호와 경제 성장이 양립될 수 없다는 기존 상식을 그대로 드러내면서) 이렇게 말했다고 한다. '우리 도시가 성장하기를 바란다면, 악취가 풍기도록 해야 합니다.'" 그러나 대중은 곧 악취 풍기는 곳을 견딜 수가 없었고, 1980년 의회는 미국에서 가장 오염된 지역들을 정화하기 위해 '수퍼펀드superfund'를 조성했다.

| 귀농하다 : B

환경과 사회의 황폐화를 막기 위한 네 가지 주된 전략 중 마지막은 개인, 가족, 공동체가 산업시대로부터 등을 돌려서 땅으로 돌아가는 것이었다. 이 접근법의 옹호자들은 제번스의 논리를 진지하게 받아들였다. 즉 기술 발전이 자원 총사용량의 증가로 이어진다면, 이 발전을 외면하고 대신에 전통적인 기술 및 방법을 쓰는 것이 자원을 덜 쓰고 지구를 더 가볍게 디딘다는 의미가 될 수 있다는 것이다.

1960~1970년대에 추진력을 얻었던 땅으로 돌아가기 운동의 구성원들은 대부분 비교적 부유하고 교육 수준이 높았다. 그들은 도시나 교외 지역 출신이었다. 그래서 땅으로 돌아가기 전에 땅에서 뭔가를 길러보았거나, 농촌에서 자족적인 삶을 살아본 경험이 거의 없었다. 이들이 농촌 생활에 성공하려면 관련 지식과 도구가 둘 다 필요했다.

이 운동의 상징이 된 저술가이자 기업가이자 조직가인 스튜어트 브랜드Stewart Brand는 양쪽을 다 제공하기로 마음먹었다. 그는 1968년에 닷지 트럭에 '전 지구 트럭 상점Whole Earth Truck Store'이라고 써 붙인 뒤, 땅으로 돌아가려는 사람들에게 밭을 갈고, 우물을 파는 등의 중요한 일을 하는 데 필요한 최상의 도구와 기술을 알려주는 '공동체 장거리 여행'에 나섰다. 또 그는 편람도 출간했다. 그 편람의 첫 호는 표지에 〈지구돋이〉 사진을 실었다. 〈전 지구 카탈로그Whole Earth Catalog〉는 나오자마자 날개 돋친 듯 팔렸다. 몇몇 호는 두께가 2.5센티미터를 넘었고, 1971년엔 시사 분야의 전미 도서상을 받았다.[35]

폭스파이어Foxfire 책들도 비슷한 열기를 불러일으켰다. 이 책들은 원래 조지아주의 한 고등학교 학생들이 나이 든 친척들과 동네 어른들을 만나서 애팔래치아 지역의 전통과 공예품에 관해 알아보는 과제로 시작되었다. 인터뷰 내용은 곧 잡지 기사 형태로 실리게 되었고, 이윽고 그 기사들을 모아서 1972년에 첫 책이 나왔다.* 폭스파이어 첫 책

---

* '폭스파이어'는 썩어가는 나무에 자라는 곰팡이가 내뿜는 생물발광을 가리키는 용어다.

은 900만 부 넘게 팔렸다.[36] 더 단순하면서 더 우월한 삶이라고 여기는 것에 많은 이가 끌린 것이 분명했다. 자연을 착취하기보다는 자연과 조화를 이루면서 사는 삶에 말이다.

정말로 그렇게 나쁠까?

환경에 관한 주류 논의가 점점 공황 상태에 빠지고 긴박한 심정을 점점 강하게 드러내는 와중에, 그 중 일부에서는 상황이 그렇게 끔찍하지 않을 수도 있다고 반론을 펼치는 집단이 등장했다. 경제학자들이 많이 포함된 이 비교적 낙관주의자들은 한 가지 포괄적인 신념과 증거를 토대로 두 가지 관찰 결과를 내놓았다.

그들이 증거를 토대로 펼친 첫 번째 주장은 환경운동 진영에서 자신만만하게 예측한 나쁜 일들 중 상당수—만연한 식량 부족과 기근, 돌이킬 수 없는 생태계 붕괴, 많은 종의 멸종, 천연자원의 고갈 등—가 계속 일어나고 있지 않다는 것이었다. 또한 나빠진다고 여겨졌던 것들 중에서 일부는 점차 나아지고 있다는 주장이었다.

그 예로, 전 세계에서 전보다 더 많은 식량을 얻는 이들이 해마다 점점 더 늘어나고 있었다. 아직 굶주리는 이들이 있지만—동정심 많은 이들의 눈에는 너무나 많았다—영양 부족에 시달리는 이들은 전반적으로 줄어들고 있었다. 그리고 경제학자 아마르티아 센Amartya Sen이 1981년에 쓴 《빈곤과 기근Poverty and Famines》에서 지적했듯이, 산업시대에 일어난 기근들은 주로 식량 생산의 감소에 따른 것이 아니었다. 그보다는 사람들의 '권리' 박탈, 즉 식량을 얻는 정상적인 수단을 빼앗는 급격한 정치적 및 사회적 변동 탓이었다. 첫 지구의 날 행사가 열릴 무렵에는 오염 때문에 물고기가 대규모로 죽어 떠오르거나, 물 같은 자원을 놓고 전쟁이 벌어지거나, 빈곤으로 난민 위기가 생기는 등의 일어나리라 예측했던 파국들이 아직은 전혀 일어나지 않고 있었다.

경제학자 줄리안 사이먼Julian Simon은 1981년 저서《궁극적 자원The Ultimate Resource》에서 이렇게 썼다. "우리는 현재 '결핍의 시대로 들어가고' 있는가?[37] 수정구슬 속에서는 원하는 건 무엇이든 볼 수 있다. 그러나 거의 예외 없이, 최고의 자료들은 (…) 정반대임을 시사한다."

그가 처음부터 이런 입장이었던 것은 아니다. 1960년대 말에 사이먼은 얼리치처럼 억제되지 않은 인구 성장의 위험을 지적하는 글을 썼었다. 그러나 인류의 생활수준이 계속 나아지고 예상되던 환경 파국이 실현되지 않자 생각을 바꾸었다.

사이먼은 이윽고 자신이 지닌 신념 때문에 강경한 낙관주의자가 되었다. 신의 섭리가 아니라, 인간의 창의성을 믿었기 때문이다. 인구와 경제 성장에는 이런저런 문제들이 수반되긴 하지만, 사이먼은 사람들이 그런 문제들에 사실상 아주 잘 대처한다고 주장했다.

사이먼과 그의 동료 낙관주의자들은 제번스와 마셜이 언급한 현상들을 잘 알고 있었지만, 그런 현상들이 파국으로 이어질 것이라고 보지 않았다. 대신에 그 낙관주의자들은 인류가 인구와 경제의 성장에 수반되는 문제들에 대처할 방법을 찾아낼 것이라고 말했다.

지구의 날 무렵에 두드러지게 큰 목소리를 낸 이들 중 상당수는 인류가 성장하고 혁신하면서 끔찍한 궁지로 빠져들고 있다고 생각했다. 그러나 정반대로 낙관주의자들은 인간 스스로 성장하고 혁신함으로써 그런 궁지에서 빠져나올 길을 찾아낼 거라고 보았다.

사이먼은 자신을 비롯하여 연구자들이 그동안 모아놓은 산업시대 내내 인류의 번영과 건강 측면에서 꾸준히 개선이 이루어졌음을 보여주는 자료들을 주장의 증거로 제시했다. 또한 그는 두 번째 유형의 설득력 있는 증거도 찾아냈다. 자신의 주장을 놓고 큰 내기를 공개적으로 제안할 만큼, 그에겐 강력한 증거였다.

지구를 놓고 내기를 하다

사이먼은 천연자원의 가용성에 관한 증거를 조사한 뒤, 조만간 천연자원이 고갈될 위험이 전혀 없다고 결론지었다. 그의 추론은 경제학의 가장 기본 개념 중 하나에서 출발했다. 희소해지면 가격이 올라간다는 점이다. 비료든, 금속이든, 석탄이든, 다른 어떤 자원이든 간에 희소해질수록 점점 더 비싸진다.

그러나 사이먼은 이것이 이야기의 끝이 아니라고 보았다. 그다음에는 가격 급상승이 인간의 탐욕을 부추기고, 그 탐욕이 창의성과 결합하는 일이 일어난다고 했다. 이 이기심과 혁신의 조합은 두 가지 현상을 낳는다. 더 많은 자원을 찾으려는 폭넓은 탐색과 열심히 대체물을 찾으려는 탐색이다. 사이먼은 이 두 가지 탐색 중에 하나가 성공할 때 희소성은 완화되고, 그 자원의 가격은 내려갈 것이라고 추론했다.

가장 극단적이면서 흥미로운 사례는 그 자원의 대체물이 전혀 없을 때다. 건축가이자 발명가인 R. 버크민스터 풀러Richard Buckminster Fuller는 1968년 저서 《유토피아 또는 망각Utopia or Oblivion》에 이렇게 썼다. "이렇게 저렇게 계산을 많이 해보았는데,[38] 우리가 아주 적은 것을 갖고서 모든 이들을 돌볼 수 있을 만큼 많은 일을 하는 것이 실현 가능하다는 사실이 점점 명확해지는 듯했다. 1927년에 나는 이 전체 과정을 '효율 극대화Ephemeralization'라고 했다." 그는 그 단어를 물질세계로부터 자원을 덜 쓰면서 인간의 소비욕을 충족시킨다는 의미로 썼다.

풀러가 개발하여 널리 알린 지오데식 돔geodesic dome은 이 현상의 좋은 사례다. 같은 크기의 기존 건물보다 더 적은 재료를 써서 만든 이 돔은 훨씬 더 가볍지만, 더 많은 무게를 지탱할 수 있다. 풀러는 이렇게 썼다. "효율 극대화는 (…) 세계 인류에겐 최고의 경제적 경이다.[39]" 나중에 혁신, 기술 발전, 자원 이용을 논의하는 분야에서 그 단어는 '탈물질화dematerialization'라는 동의어로 대체되었다.

사이먼은 영국에서 새로운 대규모 석탄 매장량의 발견부터 19세기 중반에 가정의 등불을 밝히는 고래기름을 대체하는 등유의 발견에 이르기까지, 자원 희소성이 영구적인 조건이 아닌 사례들을 많이 보았다. 그는 자원의 가격이 전반적으로 하락하는 양상이 지구의 날 이후에 세계 인구와 풍요가 전보다 훨씬 더 빠르게 증가하는 와중에도 계속될 것이라고 확신하게 되었다.

반면, 폴 얼리치는 정반대라고 굳게 믿었다. 《성장의 한계》의 저자들을 비롯한 많은 이처럼, 그도 급속히 성장하는 대규모 인구가 유례없는 수준으로 충족되지 않은 자원 갈망을 일으킬 것이고, 자원이 항구적으로 희귀한 상태로 유지될 것이라고 믿었다. 이는 가격이 계속 올라가리라는 것을 의미했다.

두 논객은 지구의 날 이래로 10년 동안 자신의 입장을 공개적으로 천명하면서 다퉜다. 그러다가 자신이 주장하는 쪽에 돈을 걸기로 했다. 1980년 줄리안 사이먼과 폴 얼리치는 역사상 가장 유명한 내기 중 하나를 했다.

사이먼은 다음과 같은 조건을 제시했다. 얼리치는 좋아하는 어떤 자원이든 고르고, 적어도 1년 이상이기만 하다면 원하는 어떤 기간이든 정하라고 했다. 그 기간이 끝나는 날 자원의 실질 가격이 올라갔으면 사이먼이 그 차액만큼 얼리치에게 지불하고, 가격이 내려갔다면 그 차액을 얼리치가 사이먼에게 줘야 한다는 것이었다.

얼리치는 받아들였다. 그는 기간을 10년으로 정하고 다섯 가지 천연자원을 골랐다. 구리, 크롬, 니켈, 주석, 텅스텐이었다. 그는 1980년 9월 29일에 각 자원을 200달러씩 가상으로 '매입'한 뒤, 10년 동안 가격이 오르기를 기다렸다.

그런데 가격이 오르지 않았다. 이 다섯 가지 금속의 실질 가격은 1990년 9월 말에 모두 하락해 있었다.[40] 크롬은 파운드(450그램)당 3.90달러에서 3.70달러로 조금 떨어졌을 뿐이지만, 다른 금속들은 훨씬 더 가격이 떨어졌다. 한 예로, 주석은 파운드당 8.72달러에서 3.88달러로 떨어졌다. 얼리치가 산 1,000달러어치의 금속은 전체적으로 절반 이상 가격이 하락했다. 1990년 10월에 그는 사이먼에게 576.06달러의 수표를 우편으로 보냈다.•

예측은 여전히 암울하다

사이먼-얼리치 내기의 결과는 낙관주의자들의 결정적인 승리와는 거리가 멀었다. 투자자이자 저술가인 폴 케드로스키Paul Kedrosky의 표현을 빌리자면, 그 내기를 분석한 많은 이는 사이먼이 "영리했지만, 운도 좋았다[41]"고 결론을 내렸다. 자원의 가격이 높으면 어떻게든 떨어지는 경향이 있다는 사실을 간파했다는 점에서 영리했고, 얼리치가 고른 내기 기간이 그 금속들의 가격이 유달리 가파르게 내려가던 시기였다는 점에서 운이 좋았다는 것이다.

다른 시기였다면, 사이먼에게 그렇게 유리하지 않았을 것이다. 케드로스키는 이렇게 썼다. "내기의 시점을 1980년대의 어느 해로 잡아서 10년의 기한을 설정했다면, 사이먼이 여덟 번 이겼을 것이다. 그러나 1990년대에는 상황이 달랐다. 어느 해에 시작했느냐에 따라서 사이먼은 네 번을 이기고, 얼리치가 여섯 번을 이겼을 것이다 (…) 그리고 내기를 현재의 10년으로 확장한다면, 2000년대에는 어느 해에 시작하

• 아무런 글 없이 수표만 보냈다.

든 간에 얼리치가 이겼다." 인구와 경제가 빠르게 성장하는 세계에서는 상품의 가격이 내려갈 것이라고 보장할 수 없는 듯하다.

그러나 탈물질화는 명백히 그렇지 않았다. 지구의 날 이래로 점점 물질을 덜 소비하는 제품들의 사례를 많이 볼 수 있었다. 예를 들어, 미국산 자동차는 1973년 아랍의 석유 금수 조치 이후로 전반적으로 더 가벼워졌다. 그렇지만 제번스가 석탄에서 처음 관찰한 양상이 반복되어 나타났다. 즉 효율이 높아진다고 해서 자원의 총사용량이 감소하는 것이 아니라 더욱 늘어났다. 이 양상이 너무나 일관성이 있었기에 나름의 이름까지 붙었다. 바로 반등 효과rebound effect다.

이 효과를 조사하니, 곳곳에 사례가 만연해 있다는 것이 드러났다. 2017년 기술 연구자 크리스토퍼 매기Christopher Magee와 테살레노 데베자스Tessaleno Devezas는 "기술 개선이 '자동으로' 탈물질화로 이어지지 않았음[42]을 명백히 시사하는 사례가 57건이 있다"는 연구 결과를 내놓았다. 그들은 이렇게 예측했다. "앞으로 이 추세가 역전될 가능성은 크지 않다."

인간의 한없는 욕구와 뛰어난 기술은 해가 갈수록 세계의 자원을 점점 더 고갈시키는 원인이었다.

5장

탈물질화의
놀라운 업적

More from Less

More from Less

음… 상황이 변하면 나는 생각을 바꾼다.
여러분은 어떻게 하는지?

| 폴 새뮤얼슨, 〈밋 더 프레스〉, 1970년 |

- 이 말을 누가 했는지를 놓고 많은 주장들이 나와 있는데, 경제학자 존 메이너드 케인스가 했다는 주장이 가장 우세하다. 그러나 '인용문조사관(Quote Investigator)' 웹사이트를 보면, 폴 새뮤얼슨보다 더 먼저 이 말을 한 사람은 없다.[1)]

줄리안 사이먼이나 폴 얼리치와 달리, 환경과학자 제시 오스벨은 자원 가격 문제에 그다지 관심을 갖고 있지 않았다. 그러나 사이먼-얼리치 내기의 기한이 다할 무렵에, 그는 자원의 양에 매우 흥미를 갖기 시작했다. 우리 인류가 경제와 삶을 꾸려나가면서 다양한 종류의 물질을 얼마나 쓰는지 말이다.

오스벨의 기억에 따르면,[2] 관심의 폭이 아주 넓은 물리학자인 친구이자 동료 로버트 허먼Robert Herman이 1987년의 어느 날 밤 함께 식사를 할 때 이렇게 물었다고 한다. "건물은 점점 가벼워지고 있을까?" 단순해 보이는 그 질문은 건물의 무게뿐 아니라, 다른 많은 것들의 '물질 집중도' 등 다양한 조사로 이어졌다. 그는 토목공학자 시아마크 아르데카니Siamak Ardekani와 함께 1989년 첫 연구 결과를 담은 〈탈물질화〉라는 단순한 제목의 논문을 내놓으면서, 연구 의제를 제시했다. "종합해볼 때 (…) 힘들이 사회를 물질화 쪽으로 또는 탈물질화 쪽으로 내모는지"[3] 더 많은 연구가 필요하다고 결론지었다.

가벼워짐을 의식하지 못한 채

오스벨은 그 뒤로 "물질화인가 탈물질화인가?"라는 문제를 계속 연구해왔다. 그가 2015년에 쓴 글의 제목 〈자연의 귀환: 기술은 어떻게 환경을 해방시키는가〉는 그의 답이 무엇인지를 시사한다. 오스벨은 미국인들이 1인당 자원을 점점 덜 소비할 뿐 아니라, 철강, 구리, 비료,

목재, 종이 등 경제의 가장 중요한 기본 요소들 중 일부에서도—총량을 볼 때—소비를 덜하고 있다는 증거를 꽤 많이 얻었다. 미국에서 이 모든 자원들의 연간 총소비량은 지구의 날 행사가 열릴 즈음까지는 빠르게 증가했다. 그러나 그 뒤에 소비는 정점에 달했다가 감소해왔다.

온건하게 표현하자면, 이는 뜻밖의 상황이었다. 오스벨은 이렇게 썼다. "몇몇 물질의 이런 사용량 역전에 너무 놀라서,[4] 나는 이도 워닉Iddo Wernick, 폴 왜거너Paul Waggoner와 함께 미국의 100가지 상품들의 사용량을 1900~2010년에 걸쳐서 상세히 조사했다. (…) 우리는 100가지 상품 중에서 36가지는 절대 사용량이 이미 정점에 달했다는 것을 알았다. (…) 다른 53가지 상품은 비록 아직 절대 사용량까지는 아니지만, 경제 규모에 비해서는 이미 정점에 도달했다. 현재 대부분은 사용량이 줄어들고 있는 듯하다."

그보다 몇 년 전 크리스 구달Chris Goodall은 영국에서 비슷한 일이 일어나고 있음을 간파했다. 환경과 에너지 문제에 관한 연구자이자 저술가인 구달은 영국의 물질 흐름 계정Material Flow Accounts에서 한 가지 흥미로운 양상을 발견했다. 〈가디언Guardian〉의 표현에 따르면,[5] 이 계정은 "국가통계국이 연간 발표하는 무미건조하면서 대체로 외면당하는 자료의 집합"이다. 구달은 2011년에 〈물질 정점': 지난 10년의 초기에 영국은 물질 자원의 이용량이 최대에 도달한 것일까?〉[6]라는 논문으로 자신의 연구 결과를 발표했다.

구달 스스로 내놓은 답은 본질적으로 "그렇다"이다.

"이 논문에 제시된 증거들은 영국이 지난 10년간의 초기에, 즉 경기 후퇴가 시작된 2008년보다 한참 전부터 물질 자원의 소비량이 줄어들기 시작했다는 가설을 뒷받침한다. 이 결론은 물, 건축재, 종이 등 아주 다양한 물질 상품에 적용되며, 해외에서 수입되는 물품들의 영향도 포함한 것이다. 경제에 들어오는 상품들의 무게와 최종적으로 폐기물로 나오는 양 모두 아마도 2001~2003년의 어느 시점부터 떨어지기 시작했을 것이다."

구달은 미국이나 영국에서 나타난 탈물질화의 중요성을 설명한다. "옳다면, 이 발견은 중요하다. 한 성숙한 경제에서 경제가 더 성장한다고 해서 천연자원 매장량과 그 물질적 환경에 가하는 압력이 반드시 증가하지는 않는다는 것을 시사한다. 선진국은 경제 성장과 물질 상품의 소비량 증가를 분리시킬 수 있을지도 모른다. 지속 가능한 경제가 반드시 무성장 경제일 필요는 없다."

나는 경제 전체 규모의 탈물질화가 중요한 의미를 지닌다는 구달의 견해에 동의했다. 영국과 미국이 산업시대의 경제를 주도하는 국가들이었기 때문에 더욱 그랬다. 앞서 살펴보았듯이, 산업시대는 천연자원의 이용과 그 밖의 환경 착취가 유례없이 급증한 것으로 정의되는 시대였다. 이 두 나라가 역행하여 상당히 탈물질화를 이룰 수 있다면 흥미로우면서 바람직한 발전이 될 것이다.

또한 그 역행 추세가 맞는다면, 성장이 어떻게 이루어지는가에 관한 주류 견해에 무언가 근본적으로 잘못된 부분이 있음을 시사한다는 점에서도 놀라운 의미를 지닐 것이다. 우리 대다수는 앨프레드 마셜과 윌리엄 제번스의 개념을 결합한 암묵적이거나 노골적인 성장관을 지니고 있다. 우리 인류가 언제나 더 많은 것을 소비하기를 원하며, 이런 욕망을 충족시키기 위해 해마다 더욱 많은 자원을 사용할 것이라는 견해다. 그리고 자원을 더 효율적으로 이용할 수 있게 하는 기술들은 자원을 보존하게 해주지 않을 것이다. 우리가 그 기술을 써서 더욱 많은 자원을 소비할 것이기 때문이다. 더욱더 많이 씀으로써 자원 총소비량은 계속 증가할 것이다. 마셜과 제번스의 시대부터 첫 지구의 날 행사가 열리는 날까지는 분명히 이 양상이 죽 이어졌다. 그렇다면 무엇이 변화를 일으킬 수 있었을까?

나는 이것이 중요한 질문이라고 생각했기에 오스벨, 구달을 비롯한 이들을 따라서 탈물질화를 연구하기로 결심했다. 그리고 절대적인 탈물질화가 실제로 일어나는 지속 가능한 현상임이 드러난다면, 나는 그 원인을 파악하고, 그것의 의미를 논의하고, 그것의 미래에 대해 검증 가능한 예측을 하고, 그것을 촉진하고 확산시키는 데 도움을 줄 방안(개인, 공동체, 정부가 할 수 있는 변화들)을 제안하고 싶었다.

대역전

탈물질화에 관심이 있는 사람들에게는 다행스럽게도, 미국의 시기별 자원 소비량에 관한 질 좋은 증거들이 많이 있다. 그 중 상당수는 미국 지질조사국USGS에서 내놓았다. 지질조사국은 의회 입법으로 1879년에 설립되어 '공공용지의 분류, 지질 구조, 광물 자원, 국유 산물의 조사'를 맡은 연방 기관이다.

'광물 자원의 조사'는 탈물질화에 관심이 있는 모든 이들에게 유용하다. 20세기에 들어선 이래로 미국 지질조사국은 미국 대륙에서 경제적으로 가장 중요한 광물들을 이용한 양상에 관한 자료를 모아왔다. 특히 관심의 대상이 된 것은 각 광물의 연간 '명목 소비량apparent consumption' 추정값이다.

이 소비량은 해당 자원의 국내 생산량만이 아니라, 수출입량까지 고려한다. 예를 들어, 2015년 미국에서 구리의 명목 총소비량을 계산할 때, 지질조사국은 그해에 구리의 국내 생산량에 구리 수입량을 더하고 구리 총수출량을 뺄 것이다.[*]

지질조사국의 자료는 흥미로운 이야기를 들려준다. 이 이야기를 이해하기 위해서, 모든 경제에서 명백히 가장 중요한 물질 중 하나인 금속을 예로 들어보자. 그래프는 1900~2015년 동안 미국에서 가장 중요한 5대 금속의 연간 총소비량이다.[**] 한 가지 주의할 점은 이것이 미국

---

[*] 미국 지질조사국은 최종 산물에 든 자원의 수출입량은 추적하지 않는다. 따라서 2015년에 미국으로 수입된 컴퓨터와 스마트폰에 들어 있는 구리는 그 해의 명목 총소비량에 포함되지 않는다. 설령 그런 산물들에 든 구리를 비롯한 자원들까지 추적할 수 있다고 할지라도, 탈물질화에 관한 전반적인 결론에는 별 영향이 없을 것이다. 자원을 많이 지닌 최종 산물의 순수입량이 미국 경제 전체에서 차지하는 비율이 낮기 때문이다. 4퍼센트도 안 된다.

[**] 가장 중요한 금속은 2000~2015년에 미국이 가장 많은 돈을 쓴 금속들이라고 정의한다.

인 1인당 연간 소비량이 아니라는 것이다. 모든 미국인들의 연간 소비량이다. 즉 한 해에 이 금속을 총 몇 톤이나 쓰느냐.

이 금속들은 모두 미국에서 '정점 이후post-peak' 단계에 이르렀다. 즉 몇 년 전에 최대 소비량에 도달했고, 그 뒤로 소비량이 전반적으로 서서히 줄어드는 추세에 있다는 뜻이다. 이 탈물질화는 엄청난 규모다. 2015년(지질조사국에서 내놓은 가장 최신 자료다) 미국의 철강 총사용량은 최고점을 찍었던 2000년보다 15퍼센트 넘게 줄어들었다. 최고점을 찍었을 때보다 알루미늄 소비량은 32퍼센트 넘게, 구리 소비량은 40퍼센트 넘게 줄었다.

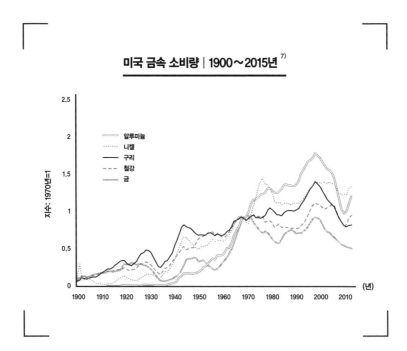

미국 금속 소비량 | 1900~2015년 [7]

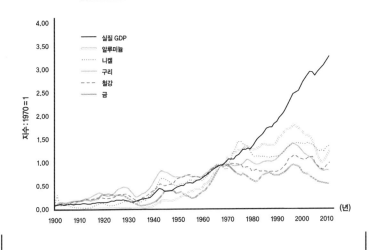

미국 GDP와 금속 소비량 | 1900 ~ 2015년 [8]

실질 GDP
알루미늄
니켈
구리
철강
금

지수:1970=1

(년)

미국의 자원 소비량을 경제 성장률과 비교하면, 이 탈물질화가 더욱 인상적으로 다가온다. 위의 그래프는 앞의 그래프에 선을 하나 더 추가한 것이다. 미국의 실질 GDP다.

이 그래프는 엄청난 분리가 일어났음을 뚜렷이 보여준다. 첫 지구의 날 행사가 열릴 무렵까지 20세기 내내, 미국에서 금속 소비량은 전반적인 경제 성장률에 발맞추어서 증가했다. 그런데 지구의 날 이후에 경제는 꽤 꾸준히 성장을 계속한 반면, 금속의 소비량은 방향을 바꾸었고 지금은 줄어들고 있다.

현재 우리는 해가 갈수록 금속을 덜 쓰면서 '경제'를 더 성장시키고 있다. 다른 많은 자원에서도 비슷하게 엄청난 사용량 추세 역전의 사례를 볼 수 있다.

미국은 주요 농업국이다. 콩과 옥수수의 세계 최대 생산국이며, 밀 생산량은 세계 4위다. 앞서 살펴보았듯이, 비료는 작물 생산에 필요하다.

따라서 아래 그래프에서 보듯이, 미국의 비료, 물, 작물의 총소비량은 시간이 흐르면서 증가했다. 여기서는 GDP 대신에 미국 작물의 총 톤수를 표시했다.

여기서도 산출(작물 톤수)은 투입(물, 비료)과 밀접하게 관련되어 있었다.

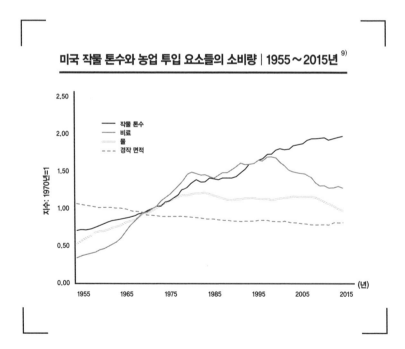

미국 작물 톤수와 농업 투입 요소들의 소비량 | 1955~2015년[9]

그러나 이 관계는 그 뒤로 바뀌었으며, 현재 우리는 점점 덜 소비하면서 더 많이 얻고 있다.

비료는 1999년 정점에 달했을 때보다 약 25퍼센트를 덜 쓰고 있고, 2014년에 관개용수의 총사용량은 정점에 달했던 1984년보다 22퍼센트 넘게 덜 쓰고 있다. 경작지 총면적도 20세기의 가장 적었던 수준까지 떨어졌다.

건축물과 기반 시설은 많은 자원을 필요로 한다. 미국 지질조사국이 가장 중요한 건축재라고 파악한 것들의 총소비량을 자세히 살펴보자.

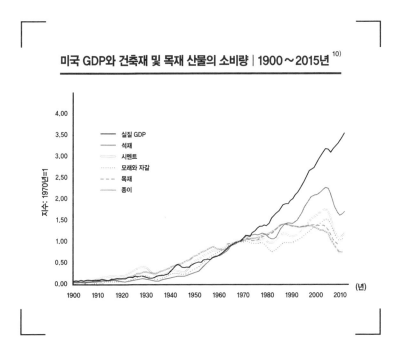

미국 GDP와 건축재 및 목재 산물의 소비량 | 1900~2015년 [10]

여기에 미국 농무부의 목재 사용량 자료와 목재처럼 삼림 생산물이 므로 좋은 척도가 되는 종이 사용량도 추가해보자.

여기서는 두 가지 다른 이야기가 보인다. 첫 번째는 건축재, 즉 시멘트, 모래와 자갈, 석재에 관한 이야기다. 이 물질들의 소비량은 2007년에 정점에 달했다가 그 뒤로 급감해왔다. 그러나 이 급감은 대침체 때문에 일어난 것이 확실하다. 건설업이 유달리 타격을 받았다. 건설 경기가 회복됨에 따라서 이 물질들은 정점 이후 단계에 있지 않음을 보여주는 듯하다.

그러나 나는 목재와 종이의 소비 측면에서는 정점 이후 단계에 확실히 들어섰다고 예측하련다. 1990년에 정점을 찍은 이래로, 목재 총소비량은 3분의 1이, 종이 총소비량은 거의 절반이 줄어들었다.

이런 그래프가 미국 경제 전체에서 무슨 일이 일어나는지를 대변할까? 그렇다. 지질조사국이 추적한 알루미늄과 안티몬에서 질석과 아연에 이르기까지, 72가지 자원 중에서 여섯 가지만 아직 정점 이후에 다다르지 않았다.* 그 중 하나는 보석으로서, 우리가 다른 물질들보다 월등히 가장 많이 소비하고 있다. 미국인의 몸을 치장하려는 갈망에는 끝이 없는 듯하다. 반짝거리는 보석들을 이 분석에서 제외한다면, 2015년 미국에서 소비한 자원의 90퍼센트 이상은 정점 이후 단계에

---

* 해가 갈수록 여전히 더 많이 쓰이는 있는 미국의 6대 자원은 규조토(조류 껍데기 화석)와 산업용 석류석(둘 다 연마제와 여과제로 쓰인다), 보석, 소금, 은, 바나듐(철과 합금을 이루어서 절삭기부터 원자로에 이르기까지 모든 물품에 쓰이는 금속)이다.

들어섰다.

지질조사국이 추적하지 않는 물질인 플라스틱의 미국 소비량은 전반적인 탈물질화 추세의 예외 사례다. 경기 후퇴 때를 제외하고, 미국은 쓰레기 봉지, 물병, 식품 포장지, 장난감, 실외 가구 등 무수한 제품들의 형태로 해가 갈수록 플라스틱을 점점 더 많이 소비한다. 그러나 최근 몇 년 사이에 이 추세가 약해지는 중요한 흐름이 나타났다.

플라스틱 산업무역협회에 따르면, 1970년에서 대침체가 시작된 2007년까지 미국의 플라스틱 사용량은 연간 약 5.2퍼센트의 비율로 증가했다고 한다. 같은 기간에 미국의 GDP 성장률보다 60퍼센트 이상 빠른 성장률이었다.

그러나 대침체가 끝난 뒤로는 전혀 다른 양상이 출현했다. 플라스틱 소비의 증가율이 급감한 것이다. 2009~2015년에는 연간 성장률이 2.0퍼센트에 못 미쳤다. 같은 기간의 GDP 성장률보다 약 14퍼센트 낮다. 따라서 미국의 플라스틱 사용량은 아직 정점 이후 단계에 들어서지 않았지만, 그 이정표에 빠르게 다가가고 있다.

마지막으로, 에너지 총소비량을 온실가스 배출량과 결부시켜서 살펴보자. 온실가스는 화석연료를 태워서 에너지를 생산할 때 나오는 가장 해로운 부산물이다.•

•   이 그래프의 'CO$_2$ 배출량'은 지구탄소계획(Global Carbon Project)[11]의 계산값이다. 미국 바깥(중국을 비롯한 나라들)에서 생산되지만, 소비는 미국인들이 하는 제품들에서 나오는 탄소도 고려한 것이다.

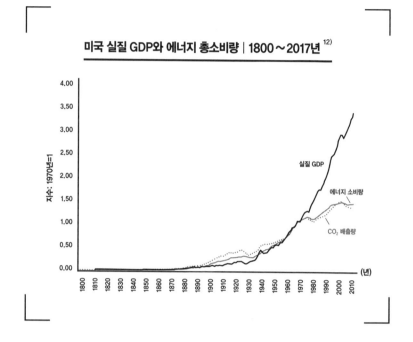

미국 실질 GDP와 에너지 총소비량 | 1800~2017간 [12]

지수: 1970년=1

실질 GDP

에너지 소비량

CO_2 배출량

(년)

나는 2017년 미국의 에너지 총사용량이 2008년 정점에 달했을 때
보다 거의 2퍼센트 줄었다는 것을 알고 놀랐다. 그 기간에 우리 경제
가 15퍼센트 이상 성장했다는 점을 생각하면 더욱 그렇다. 나는 성장
하는 경제가 해가 갈수록 에너지를 더 많이 쓸 것이 틀림없다는 검증
되지 않은 가정을 품고 있었다. 그런데 더 이상 그렇지 않다는 것이 드
러나고 있으며, 이는 심오한 변화다. 앞장에서 살펴보았듯이, 에너지
사용량은 1800~1970년까지 170여 년 동안 미국에서 경제 성장과 발
맞추어서 증가했다. 그 뒤로 이 에너지 사용량 증가 속도는 느려졌고,
이윽고 감소 추세로 돌아섰다. 경제가 계속 성장하고 있었음에도 그

렇다. 지난 10년 동안, 우리는 에너지를 점점 덜 쓰면서 경제적으로 더 많이 생산해왔다.

온실가스 배출량은 에너지 총사용량보다 더욱 빠르게 줄어들어갔다. 이는 대체로 최근 들어 미국의 발전소들이 석탄을 덜 쓰고 천연가스를 더 써왔기 때문이다(이 전환은 7장에서 살펴볼 것이다). 천연가스는 석탄보다 킬로와트시 kWh 당 탄소를 50~60퍼센트 덜 내뿜는다.[13]

이 그래프들로부터 나오는 결론은 명확하다. 산업시대의 습관을 뒤집는 거대한 역전이 일어나고 있다는 것이다. 현재 미국 경제는 폭넓게 그리고 때로는 깊게 절대적인 탈물질화를 겪고 있다. 더 나아가 세계 전체가 탈물질화하고 있는 것은 아닐까? 이는 명확히 답하기가 어려운 질문이다. 미국 이외의 다른 나라들에서는 지질조사국의 자료 같은 상세하면서 포괄적인 자료들이 없기 때문이다.

그러나 다른 고도 산업 국가들도 현재 덜 쓰면서 더 많이 얻고 있다는 증거들이 있다. 이 장의 앞부분에서 말했듯이, 크리스 구달은 영국이 현재 '물질 정점'을 지났다는 것을 밝혀냈다. 그리고 유럽연합통계국 Eurostat 의 자료는 독일, 프랑스, 이탈리아를 비롯한 국가들에서 최근 들어 전반적으로 금속, 화학물질, 비료의 총소비량이 정체 상태이거나 줄어들고 있음을 보여준다.

개발도상국, 특히 인도와 중국처럼 빠르게 성장하는 나라들은 아마 아직 탈물질화 단계에 들어서지 않았을 것이다. 그러나 나는 그 나라들에서도 머지않아 적어도 몇몇 자원들에서 덜 쓰면서 더 많이 얻는 추세가 나타나기 시작할 것이라고 내다본다.

뒤의 장들에서 나는 왜 그렇게 믿는지 이유를 설명하고, 미국을 비롯한 부유한 국가들에서 대규모 탈물질화가 이미 어떻게, 왜 일어나고 있는지를 보여줄 것이다. 그러나 먼저 1970년 첫 지구의 날 행사가 열릴 무렵에 제시된 지구를 구하는 방법들로 돌아가서, 그 뒤로 우리가 그 지침서를 얼마나 충실히 따랐는지를 살펴보기로 하자.

6장

CRIB 보완 설명

More from Less

More from Less

인류의 모든 문제에는 반드시
잘 알려진 해결책이 있기 마련이다.
산뜻하고 그럴 듯하면서
틀린 해결책이다.

| H. L. 멩켄, 〈신의 섭리〉, 1917년 |

미국 경제의 폭넓으면서 깊은 탈물질화의 배후에는 무엇이 있을까? 그렇게 많은 자원을 소비하는 우리가 왜 정점 이후 단계에 와 있는 것일까? 다음 장들에서는 탈물질화의 원인을 설명할 것이다. 그러나 그 전에 원인이 아닌 것들이 무엇인지를 짧게 설명하고 싶다.

특히, 첫 지구의 날 무렵에 탄생하여 그 뒤로 우리의 지구 발자국을 줄이는 방안으로서 널리 제시된 CRIB 전략들(덜 소비하고, 재활용하고, 제약을 가하고, 귀농하는)이 앞서 살펴본 탈물질화의 중요한 기여자가 아니었다는 점을 보여주고 싶다.

지구의 날 이래로, 소비를 대규모로 줄이거나 대규모로 귀농한 사례는 찾아볼 수 없다. 재활용은 많이 늘었지만, 재활용은 탈물질화와 무관하다. 둘은 별개의 현상이기 때문이다. 재활용보다 훨씬 더 관련 깊은 것은 우리가 두 영역에 가한 제약이다. 이런 제약의 역사는 매우 시사적이다. 탁월한 개념(오염과 동물 사냥에 가하는 제약)과 진정으로 끔찍한 개념(가족 규모에 가하는 제약)을 구별하는 데 도움을 주기 때문이다.

모두가 소비하다

CRIB 전략의 C(지구를 위해 소비를 줄이자는 청원)는 대체로 외면을 받았다. 이 점을 알아보기 위해서, 미국의 실질 GDP에 일어난 변화를 자세히 살펴보자.[1]

제2차 세계대전이 끝났을 때부터 첫 지구의 날을 맞이할 때까지 미

국의 실질 GDP는 연간 평균 3.2퍼센트씩 성장했다. 1971~2017년까지
는 연평균 2.8퍼센트씩 성장했다. 전후 베이비붐 이후에는 인구 증가
도 느려졌지만,[2] 증가 추세는 유지되었다. 미국 인구는 1946~1970년
에는 연간 평균 1.5퍼센트, 1971~2016년에는 연간 1퍼센트씩 증가했
다. 따라서 어느 정도 느려지긴 했지만, 인구나 소비가 탈성장에 가까
이 다가선 것은 분명히 아니었다.

그러나 미국 경제는 지구의 날 이래로 상당히 변해왔으며, 무언가
를 만들고, 건설하는 일을 상대적으로 덜 지향하게 되었다. 지금은 이
발에서 보험과 음악회에 이르기까지 서비스업이 1970년보다 경제의
훨씬 더 많은 비중을 차지하고 있다. 미국의 1인당 서비스 소비량[3]은
1970년에는 GDP의 30퍼센트였지만, 2017년에는 47퍼센트로 늘었
다. 그렇다면 자원 소비량의 감소는 우리가 예전처럼 많은 제품을 만
들거나 소비하지 않기 때문이 아닐까?

그렇지 않다. 서비스업과 비교하여 상대적으로 볼 때(다시 말해, GDP의
비율로 따질 때) 제품 생산이 줄어들어온 것은 맞지만, 생산물의 총소비량
은 절댓값으로 보면 여전히 증가하고 있다. 따라서 우리의 산업 생산
량, 즉 미국에서 만들어지는 것의 총량도 마찬가지다. 게다가 미국은
최근에 '중공업'에서 멀어져온 것도 아니다.[4] 우리는 예전과 마찬가지
로 여전히 차량, 기계 등 거대한 물건들을 많이 만들고 있다.

그러나 우리는 그것들을 예전과 똑같은 방식으로 만들고 있는 것
이 아니다. 지금은 더 적은 자원을 써서 만들고 있다. 이 점을 이해하
기 위해, 앞에서 보았던 GDP와 금속 총소비량의 그래프에 미국 산업

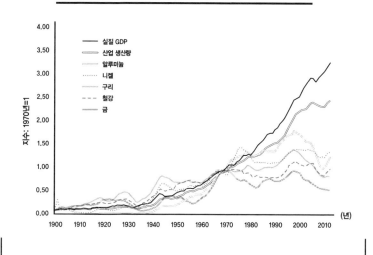

미국 GDP, 산업 생산량, 금속 소비량 | 1900 ~ 2015년 [5]

생산량을 보여주는 곡선을 하나 추가하자. 이 수정된 그래프는 미국이 물건들을 생산하는 일을 멈추지 않았음을 명확히 보여준다. 대신에 미국 제조사들은 금속을 덜 쓰면서 더 많이 생산하는 법을 터득해왔다.

따라서 요약하자면, 소비 증가는 최근 들어 몇몇 사례들에서는 느려져왔다. 그런데 자원 이용의 증가는 느려지는 차원을 훨씬 넘어섰다. 증가 추세가 역전되어서 지금은 전반적으로 줄어들고 있다. 우리 사회 자체는 아직 탈성장을 받아들이지 않았다. 대신에 우리는 훨씬 더 기이하고 더 심오한 일을 해왔다. 자원 이용과 성장―소비, 부, 경제―을 분리해온 것이다.

산업시대 초기인 1835년에 프랑스 외교관 알렉시 드 토크빌Alexis de Tocqueville은 《미국의 민주주의Democracy in America》를 펴냈다. 당시엔 처음으로 아직 젊은 나라인 미국의 특징을 깊이 조사한 연구서 중 하나로 평가받았고, 지금도 최고의 저서 중 하나로 남아 있다.˙ 토크빌은 미국인들이 자신의 물건을 갖는 것을 좋아한다는 사실을 거의 2세기 전에 간파했다. "미국에서는 전반적으로 (…) 물질적 행복을 열망한다. (…) 사람들은 보편적으로 몸의 모든 욕구를 충족시키고 삶의 소소한 편의를 도모하는 데 몰두한다."[6]

새로운 점은 지금은 우리의 욕구와 편의를 제공하는 데 물질이 더 많이가 아니라 덜 필요하다는 것이다.

탈물질화와는 무관한 재활용

재활용은 규모가 큰 산업이다. 2015년에 미국에서 소비된 알루미늄, 구리, 납, 철과 철강의 총톤수 중 각각 47, 33, 68, 49퍼센트[7]는 땅에서 캐낸 광석이 아니라 금속 폐기물에서 나왔다. 마찬가지로 소비된 종이의 약 65퍼센트는 나무를 베어서가 아니라 신문, 피자 상자 등을 재활용하여 만든 것[8]이다.

˙ 미국에 관한 '진지한' 책에는 반드시 토크빌의 인용문이 하나 정도는 들어가야 한다는 불문율이 있는 것 같다. 그래서 나는 이 책에 두 개를 넣었다.

그러나 재활용은 탈물질화와 무관하다. 재활용은 자원을 생산하는 공장에 투입되는 요소를 어떻게 얻느냐 하는 문제인 반면, 탈물질화는 산출의 총수요에 일어나는 일에 관한 것이기 때문이다.

예를 들어, 제지공장은 주로 두 가지 원천에서 원료를 얻는다. 재활용 센터와 숲에서다. 모든 제지공장에서 생산되는 종이를 더한 미국의 총소비량은 1990년 이래로 줄어들어왔다. 이 감소는 오로지 종이의 총수요가 얼마나 되느냐의 문제다. 재활용이 얼마나 이루어지는가와는 아무런 직접적인 관계가 없다.

그렇지만 간접적인 관계는 있지 않을까? 재활용이 없다면 종이나 철강 같은 자원의 총소비량이 얼마나 바뀔까? 확실하게 대답하기는 불가능하지만, 나는 재활용이 없다면 알루미늄, 구리, 철과 철강 같은 자원의 총소비량이 훨씬 더 빠르게 떨어지지 않을까 추측한다.

이러한 생각은 직관에 반하는 것처럼 보인다. 이 결론은 단순한 추론 사슬에서 도출된다. 금속 재활용은 광석을 캐서 가공하는 것보다 폐물을 녹여서 재사용하는 편이 훨씬 더 저렴하기 때문에 경제적으로 타당하다. 이런 폐기물이 없다면, 다른 조건들이 모두 동일하다고 해도 금속의 톤당 가격은 아마 더 비쌀 것이다. 그리고 대체로 우리는 더 비쌀수록 물건을 덜 쓴다. 따라서 내가 보기에는 금속 폐기물의 재활용에 열심인 현실 경제보다 재활용이 0 zero인 가상의 경제가 전반적으로 금속을 덜 쓸 가능성이 높다.

그렇다고 해서 금속 재활용이 나쁘다는 말은 결코 아니다. 나는 아주 좋은 일이라고 생각한다. 우리에게 금속 제품을 더 값싸게 공급하며 온실가스 총배출량을 줄이기 때문이다(광석보다 폐기물에서 금속을 얻을 때 에너지가 훨씬 덜 들어가므로). 그러나 장점이 무엇이든 간에, 재활용은 탈물질화 이야기의 일부가 아니다. 전혀 다른 이야기다.

귀농은 땅에 안 좋다

제프리 제이콥Jeffrey Jacob이 《새로운 선구자들New Pioneers》에서 규명했듯이, 미국에서 귀농운동은 1960년대 중반에 시작되어 다음 10년 동안 이어졌다. 1970년대 말까지 귀농하여 작은 농가에서 살아가고 있던 북아메리카인은 약 100만 명[9]이었다는 추정값이 나와 있다. 그러나 이 인구는 도시 성장이라는 강력한 조류를 거스르는 약한 흐름에 불과했다. 1970~1980년에 미국의 도시 거주자 수는 1,700만 명이 넘게 증가했다.[10] 귀농이 폭넓게 논의되었을지는 몰라도, 그 일을 실천한 사람은 비교적 드물었다.

우리는 그 사실에 감사해야 한다. 귀농은 두 가지 이유로 환경에 그다지 좋지 않기 때문이다. 첫째, 소규모 경작은 산업화, 기계화한 대규모 영농보다 자원 이용의 효율이 떨어진다. 같은 양의 농작물을 수확하기 위해서 자영농은 '공장식 산업농'보다 땅, 물, 비료를 더 쓴다. 예를 들어, 40헥타르 미만의 땅을 경작하는 농민은 400헥타르 이상의 땅을 경작하는 농민보다 단위 면적당 옥수수 수확량이 15퍼센트 적다.[11] 그리고 큰 농장일수록 수확량 증가율도 더 높다. 1982~2012년에[12]

40헥타르 미만의 농가는 총요소 생산성이 15퍼센트 증가한 반면, 400 헥타르 이상의 농가는 51퍼센트가 증가했다. 따라서 자영농이 더 많아질수록 물과 비료 등을 더 많이 쓰고 경작 효율이 더 낮은 땅이 늘어난다는 뜻이다.

둘째, 시골생활은 도시나 교외생활보다 덜 환경친화적이다. 도시는 인구밀도가 높고 에너지 효율적인 아파트 같은 공동 주택에 살며, 업무나 잡일을 하기 위해 짧은 거리만 돌아다니고, 대중교통을 자주 이용한다. 이 중 어느 것도 시골생활에는 맞지 않다. 경제학자 에드워드 글레이저Edward Glaeser는 이렇게 요약한다. "환경에 좋기를 원한다면, 환경에서 멀리 떨어져라. 콘크리트로 둘러싸인 고층 아파트로 이사하라. (…) 시골에 사는 것은 지구를 배려하는 옳은 방법이 아니다. 지구를 위해 할 수 있는 최선의 일은 고층건물을 더 많이 짓는 것[13]이다."

그리고 자영농이 글레이저의 조언을 무시하기로 하고 더 나아가 현대 문물까지 기피하고서 석탄이나 장작으로 난방하는 쪽을 택한다면, 환경에 더욱 피해를 끼치게 된다. 가정용 석탄 난로는 다른 유형의 연료보다 대기 오염물질을 훨씬 더 많이 배출한다. 한 예로, 현재 유럽에서 석탄을 때는 가정의 80퍼센트는 폴란드에 있으며, 유럽 대륙에서 가장 오염된 50대 도시 중 33곳이 폴란드에 있다.[14] 그리고 장작을 땐다는 것은 나무를 벤다는 뜻이다. 그것도 많이 베야 한다. 영국이 16세기 중반에 가정 난방 연료를 석탄으로 바꾼 것은 너무나 많이 베어서 나무가 줄어들면서[15] 장작 가격이 급증했기 때문임이 거의 확실하다.

2018년 〈네이처 서스테이너빌리티Nature Sustainability〉에 실린 한 포괄적인 검토 논문[16]은 이렇게 결론을 내렸다. "자료를 볼 때, (고수확) 영농 체계가 전반적으로 환경 비용이 더 많이 든다고 말할 수 없다. (…) 그보다는 고수확, 효율적인 토지 이용 체계가 다른 방면들에서도 비용이 더 적게 들기 때문에, 환경 비용과 긍정적인 관계를 보이는 사례가 더 흔하다."

제약을 가하는 법

CRIB 전략의 네 요소 중, 제약을 가하려는 충동은 월등히 더 파란만장한 역사를 지닌다. 가장 해로운 전략과 가장 유용한 전략을 둘 다 낳았다.

| 인구 폭발

1979년에 중국 정부는 새로운 가족계획 정책을 발표했다. 이 정책은 곧 '한 자녀 정책'이라고 알려지게 된다. 이 정책이 수립된 1970년대에는 중국의 출생률이 꾸준히 낮아지고 있는 상태였다. 그러나 미사일 과학자 쏭지엔宋健[17]은 억제되지 않은 인구 팽창의 위험을 암울하게 제시한《성장의 한계》,《생존을 위한 청사진A Blueprint for Survival》같은 책들을 읽은 뒤, 성장률을 더욱 빨리 줄일 필요가 있다고 믿게 되었다. 그는 새 정책의 입안자가 되었고, 그 정책의 주된 목표는 한족 가정이 자녀를 한 명만 갖도록 제한하는 것이었다. 첫아이가 딸일 때에는 둘째도 낳을 권리를 주는 등 예외 조항이 있긴 했지만, 한 자녀 정책은 곧 중국 가정생활의 핵심에 놓이게 되었다.

이 정책은 긍정적으로 보기가 어렵다. 2015년 말에 이 정책이 공식 폐지된 뒤, 언론인 바바라 데믹Barbara Demick은 그 부고를 알리는 적나라한 기사를 썼다.[18] "가족계획은 강력한 관료주의 체제로 편입되어, 공무원들이 부모에게 공포를 안겨주는 양상을 띠었다. 공무원들은 가족계획 법규를 위반한 사람들의 집을 때려 부수고 불태웠다. 그들은 더 낳은 딸을 엄마의 품에서 빼앗아서 고아원으로 보냈고, 고아원은 3,000달러의 '기부금'을 받고 아기를 입양 보냈다."

중국 정부는 한 자녀 정책으로 인구 증가를 약 4억 명 억제했다는 입장을 고수하지만, 이 수치는 아마 크게 과장되었을 것이다. 경제학자 아마르티아 센은 이렇게 지적한다. "중국에서 출산율을 줄이려는 강압적 조처가 얼마나 추가 기여를 했는지[19]는 불분명하다. 이미 출생률이 줄어들고 있는 사회에 강제력이 겹쳐졌기 때문이다."

2013년에 인구통계학자 왕펭王丰, 용카이蔡泳, 바오창 구顾宝昌는 〈역사는 중국의 한 자녀 정책을 어떻게 평가할까?〉[20]라는 논문에서, 그 거슬리는 정책을 중국이 20세기에 겪은 가장 큰 격변 두 가지와 비교했다. 문화대혁명과 대약진운동이다. 연구진은 이렇게 썼다. "둘 다 수백만 명의 목숨을 앗아간 엄청난 실수였지만, 그 해악은 비교적 단기적이었고 빠르게 복구되었다. 반면에 한 자녀 정책은 가족과 친족 구조가 심하게 훼손된 사회를 만드는 역할을 함으로써 그 격변들보다 훨씬 더 큰 여파를 미칠 것이며, 노인들과 그 자녀들의 세대 전체가 몹시 위

태로워질 것이다." 한마디로, 역사는 가족의 규모에 정부가 가한 이 제약을 혹독하게 심판할 것이다.•

| 합리적인 제한

가족 규모에 제약을 가한다는 것은 실용성과 도덕성 양쪽 측면에서 모두 끔찍한 생각이다. 그러나 오염에 제약을 가한다는 것은 탁월한 생각이며, 일부 동물을 사냥하여 그 사체에서 얻은 산물들을 파는 행위에 제약을 두는 것도 좋은 방법이다. 그런 제약은 미국을 비롯한 여러 나라들의 보전 노력과 환경운동이 거둔 크나큰 업적이다.

1970년, 첫 지구의 날 행사가 열린 바로 그해에, 미국은 연방환경보호청EPA을 설립하고, 1963년의 청정공기법을 대폭 개정했다. 그 뒤로 오염을 비롯한 환경 위해를 줄이기 위한 법규들이 잇달아 제정되거나 개정되었다. 이 법규들은 놀라울 만치 잘 작동했다. 예를 들어, 미국의 대기 이산화황 농도는 20세기에 들어선 이래로 유례없는 수준까지 떨어졌고, 다른 대기 오염물질들의 농도도 급감했다. 1980~2015년에, 여섯 가지 주된 대기오염물질의 총배출량은 65퍼센트 감소했다.[22]

페인트와 휘발유에 납 사용이 금지됨에 따라, 1976~1999년 사이에 청소년의 혈중 납 농도는 80퍼센트 이상 떨어졌다. 납은 청소년의 뇌

• 그런데 서양에서도 이 대규모 강압 정책을 지지하는 이들을 일부 찾아볼 수 있다. 여성을 향한 무수한 강제 낙태와 불임 수술 등의 야만적인 행위들을 수반한, 국가 차원에서 이루어진 대체로 불필요했던 정책이었는데 말이다. 중국이 2015년 말에 한 자녀 정책을 공식적으로 폐지한다고 발표했을 때, 폴 얼리치는 이렇게 트윗을 날렸다.[21] "중국이 한 자녀 정책을 종료하여, 한 가정에 두 자녀를 허용한단다. (…) 과연 제정신인가. 한없이 불어나는 패거리다."

발달에 지장을 주므로, 납 농도 감소는 대단히 중요하다. 한 연구에 따르면, 1999년의 미국 아이들은 혈중 납 농도가 1970년 수준일 때보다 IQ가 평균 2.2~4.7점 높았다.[23] 오염물질에 가해진 제약 덕분에 미국의 흙, 공기, 물은 첫 지구의 날 때보다 훨씬 더 깨끗해졌다.

자연보호주의자들은 여행비둘기의 충격적인 멸종에 자극을 받아서 행동에 나섰다. 그렇게 많았던 새가 멸종할 수 있다는 사실에 충격을 받은 많은 사람이 동물성 제품의 거래를 제안하는 법을 제정하라고 촉구했다. 그런 법 중에서 첫 번째는 레이시법Lacey Act이었다. 1900년에 의회에서 통과되었으며, 공화당의 아이오와 하원의원인 존 레이시John Lacey의 이름을 땄다. 그는 법안 토의 때 이렇게 말했다.[24] "예전에 수백만 마리씩 떼지어다녔던 야생 비둘기가 지상에서 완전히 사라졌습니다. 우리는 끔찍한 살육과 파괴의 광경을 펼쳐왔습니다. 이는 모든 인류에게 경고 역할을 할 수 있을 겁니다. 이제 자연의 선물 중에서 남아 있는 것들을 현명하게 보존한 사례를 보여줍시다."

레이시법과 그 뒤의 법들은 동물을 잡고 소비하는 일에 세 종류의 제약을 가했다. 첫째, 일부 동물의 사냥은 전면 금지되었다. 1911년 국제 포획 금지 조치로 보호를 받은 해달, 1913년 윅스매클레인로법Weeks-McLean Law Act이 통과될 때까지 멋진 깃털 때문에 무자비하게 사냥당했던 쇠백로,[25] 1972년 해양포유류보호법이 제정되면서 보호받게 된 돌고래류와 바다소류 같은 종들이 거기에 포함되었다.

둘째, 동물을 언제 어디에서 사냥할 수 있는지에도 많은 제약이 가해졌다. 예를 들어, 대부분의 국립공원에서는 오락이나 식량을 얻기 위한 사냥은 불법이며 오리, 곰, 사슴 등의 동물들은 정해진 시기에만 사냥할 수 있다.

셋째, 많은 동물성 제품들의 거래에 금지 조치가 가해졌다. 그 중 가장 포괄적인 것은 아마 사냥한 고기의 거래를 전국적으로 금지하는 조치일 것이다. 미국의 정육점에는 차림표에 사슴 고기나 들소 고기도 적혀 있지만, 이 고기들은 사냥물이 아니라 목장으로부터 들어온 것이다.

이런 제약들은 많은 동물을 멸종 위기에서 구했다. 현재 북아메리카에는 들소가 50만 마리가 넘으며,[26] 북부 캘리포니아 해안에는 해달이 3,000마리 넘게 산다.[27] 멸종 위험에 처했던 몇몇 동물들은 현재 너무 많이 불어나서 유해 동물이라고 여겨질 정도다. 미국의 여러 지역에서는 흰꼬리사슴, 캐나다기러기, 비버가 너무 많다고 느낀다.

탈물질화 이야기는 CRIB 전략을 따른다는 이야기가 아니다. 오염을 일으키고 동물을 사냥하는 데 제약을 가한다는 탁월한 개념을 제외하고, CRIB 전략들은 무시되거나(탈성장을 받아들이고 소비를 중단하지 않았다), 포기하거나(귀농을 중단했다), 무관하거나(탈물질화는 재활용과 무관하다), 몹시 오도되어 있었다(가족의 규모를 제약하려는 중국의 시도는 엄청난 실수였다).

그렇다면 우리는 어떻게 덜 쓰면서 더 얻기 시작한 것일까? 그토록 많은 자원의 이용량이 어떻게 정점 이후 단계에 도달한 것일까? 앞으로 이 중요한 질문을 다루어보자.

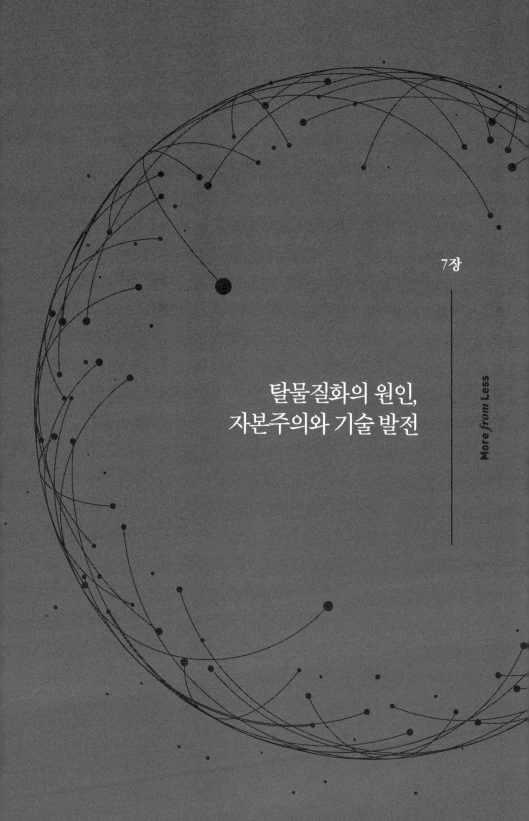

7장

탈물질화의 원인,
자본주의와 기술 발전

More from Less

More *from* Less

산업 기술이 거둔 성공은
가장 호의적인 옹호자들이 희망할 수 있었던 것보다
더 문명의 대의를 발전시킬 것이다.

| 찰스 배비지, 《1851년 박람회; 또는 영국의 산업, 과학, 정부의 관점들》(1851) |

CRIB 전략들이 미국 경제의 대규모 탈물질화를 일으킨 것이 아니라면, 무엇이 일으켰을까? 어떻게 우리는 덜 소비하면서 더 얻게 된 것일까? 나는 네 가지 주된 힘이 일으켰다고 믿는데, 그것들은 둘씩 짝지어서 생각하는 편이 도움이 된다. 이 장에서는 첫 번째 쌍을 살펴보고, 두 번째 쌍은 9장에서 다루기로 하자.

자본주의와 기술 발전은 탈물질화를 추진하는 첫 번째 쌍이다. 이 말은 많은 사람에게 놀랍게 여겨질 것이며, 그럴 만도 하다. 아무튼 산업시대 내내 우리의 자원 소비량을 대폭 증가시킨 원인이 바로 이 조합이었으니까. 3장에서 살펴보았듯이, 윌리엄 제번스와 앨프레드 마셜의 개념은 자본주의와 기술 발전이 언제나 더 많이 써서 더 많이 얻는 것으로 이어진다는 심란한 결론으로 이어진다. 경제가 성장할수록 자원 소비량도 증가한다는 것이다.

그렇다면 무엇이 변화를 불러온 것일까? 어떻게 지금은 덜 소비하면서 더 얻고 있는 것일까? 이런 중요한 질문들에 답을 얻기 위해서 탈물질화의 최근 사례 몇 가지를 살펴보자.

비옥한 농장

미국은 오래전부터 주요 농업국이었다. 곡물 가격이 꾸준히 증가한 데 힘입기도 해서 10여 년 동안 경작 면적이 꾸준히 증가했기에, 1982년 미국의 경작지 총면적은 약 1억 5,000만 헥타르에 달했다.[1] 그러나 그 뒤로 10년 사이에 늘어난 면적 만큼 거의 다 줄어들었다. 농민들이 경작을 포기하여 자연 상태로 돌아간 경작지가 너무나 많아지는 바람에, 1992년에는 경작지 면적이 거의 25년 전으로 돌아갔다. 이 감소는 곡물 가격 하락, 심한 경기 후퇴, 빚을 지나치게 많이 진 농민들, 국제 경쟁 심화 등 여러 가지 이유가 원인으로 나타났다.

그러나 결정적인 요인은 동일한 면적, 동일한 양의 비료와 농약과 물을 써서 점점 더 많은 옥수수, 밀, 콩 같은 작물을 수확하는 능력 때문이었다. 5장에서 살펴보았듯이, 미국에서 농업의 물질 생산성은 최근 수십 년 사이에 대폭 향상되었다. 1982~2015년에 1,800만 헥타르(미국의 워싱턴주만 한 면적)[2]가 넘는 경작지가 자연으로 돌아갔다. 같은 시기에 칼륨, 인산염, 질소(3대 비료)의 절대 사용량도 감소했다. 반면에 미국에서 생산되는 작물의 총톤수는 35퍼센트가 증가했다.

이 결과는 그 자체로도 인상적이지만, 미국 젖소의 생산성 증가에 비하면 아무것도 아니다. 1950년에는 2,200만 마리의 젖소에서 5,300만 톤의 우유가 생산되었다. 2015년에는 겨우 900만 마리의 젖소에서 9,500만 톤의 우유가 생산되었다. 따라서 이 기간에 젖소의 평균 생산성은 330퍼센트 이상 향상[3]되었다.

얇은 캔

주석 캔은 사실 강철에 잘 녹슬지 않도록 주석을 얇게 입힌 것이다.

19세기부터 식품을 저장하는 데 쓰였다. 1930년대부터, 맥주와 청량음료를 담는 데 쓰이기 시작했다.•

1959년에 쿠어스는 알루미늄 맥주 캔을 내놓았다. 알루미늄은 강철보다 훨씬 가볍고 덜 부식된다. 5년 뒤 로열크라운콜라는 탄산음료용 알루미늄 캔을 내놓았다. 바츨라프 스밀Vaclav Smil은 이렇게 썼다. "10년 뒤 강철 캔은 퇴출되었고,[4] 맥주에는 1994년부터, 청량음료에는 1996년부터 전혀 쓰이지 않았다. (…) 최초의 알루미늄 캔은 무게가 85그램으로 놀라울 만치 무거웠다. 1972년경에는 캔의 무게가 21그램 미만으로 줄었고, 1988년에는 16그램 미만, 10년 뒤에는 평균 13.6그램, 2011년 무렵에는 12.75그램으로 줄었다."

제조업체들은 알루미늄 캔의 두께를 더 줄이고, 옆과 바닥을 하나의 금속판으로 만들어서 비교적 무거운 접합 부위를 한 곳으로 줄임으로써(뚜껑이 나머지 부위와 연결되게) 무게 절감을 이루었다. 스밀은 2010년에 쓰인 모든 음료 캔을 1980년 방식으로 만들었다면 알루미늄이 58만 톤 더 필요했을 것이라고 말한다. 이후로 알루미늄 캔은 점점 더 가벼워졌다. 2012년 포장업체 볼은 유럽 시장에 미국 표준 캔보다 용량이 7.5퍼센트 적지만, 무게는 25퍼센트가 더 줄어든 9.5그램인 330밀리리터의 캔을 내놓았다.

• 초기에 사용된 캔에는 따는 부위가 따로 제작되어 있지 않아서 상쾌한 음료를 마시고 싶은 사람은 캔 따개를 사용해야 했다.

사라진 장치들

2014년, NY 버펄로에 사는 작가이자 역사가이자 은퇴한 라디오 취재 기자인 스티브 치콘Steve Cichon은 1991년 초 몇 달 동안 발행된 〈버펄로뉴스Baffalo News〉 신문 한 묶음을 3달러를 주고 샀다. 2월 16일 토요일자 신문의 뒷면에는 전자제품 소매업체 라디오색 Radio Shack 의 광고가 실려 있었다. 치콘은 그 광고에서 한 가지 놀라운 점을 알아차렸다.[5] "이 지면에는 15가지의 전자제품이 실려 있다. (…) 그 15가지 중에서 13가지는 오늘날 모두의 옷 주머니 안에 늘 들어 있다."

치콘의 주머니에 든, '아이폰 속으로 사라진 전자제품' 중에는 계산기, 캠코더, 시계, 라디오, 휴대전화, 테이프 녹음기가 있었다. 그 광고에는 나침반, 카메라, 기압계, 고도계, 가속도계, GPS 장치가 실려 있지 않았지만, 그런 장치들도 아이폰 같은 스마트폰 속으로 사라졌다. 무수한 지도책과 CD도 마찬가지였다.

아이폰의 성공은 거의 완전히 예상외의 일이었다. 2007년 11월 〈포브스Fortune〉의 한 호[6]에는 핀란드 휴대전화 제조사 노키아가 전 세계에 10억 명이 넘는 고객을 확보하고 있다고 호평하면서 이렇게 물었다. "이 휴대전화의 왕을 과연 누가 따라잡을 수 있겠는가?"

머지않아 잡을 수 있었다. 애플은 2007년 6월에 아이폰을 내놓은 지 10년 만에 10억 대를 넘게 팔면서, 역사상 가장 시가총액이 많은 상장기업이 되었다. 한편 노키아는 휴대전화 사업을 2013년 마이크로소프트에 72억 달러에 매각했다. 당시 노키아의 CEO 스티븐 엘롭-Stephen Elop[7]은 그 거래를 "진정으로 소비자에게 다가가기 위해 더 복합적인 능력"을 확보하기 위해서라고 말했다.

그 전략은 먹히지 않았다. 마이크로소프트는 노키아의 휴대전화 사업 중 남은 부분과 브랜드[8]를 2016년 5월 대만의 전자제품 제조업체 폭스콘의 자회사에 3억 5,000만 달러에 매각했다. 라디오색은 2015년에 파산 신청했다가 간신히 구제되었지만, 2017년에 다시금 파산 신청을 했다.[9]

석유 생산량 정점에서 다시 정점으로

2007년 미국의 석탄 소비량[10]은 10억 2,800만 톤에 달했으며, 그 중 90퍼센트 이상은 발전용 연료로 쓰였다. 석탄 총소비량은 1990년 이래로 35퍼센트 넘게 증가[11]했으며, 미국 에너지정보청 EIA (미국 정부의 공식 에너지 통계 담당 기관)은 2030년까지 65퍼센트가 더 증가할 것이라고 예측[12]한다.

또한 '의회의 감시인'이라고 불리는 연방정부 기관인 정부감사원 Government Accountability Office, GAO 은 2007년에 제목만 보고도 무슨 내용인지 알 수 있는 감탄할 만한 제목의 보고서[13]를 냈다. 〈원유: 장래의 원유 공급량이 불확실하므로 원유 생산량의 정점과 감소에 대처할 전략을 개발하는 것이 중요하다〉라는 제목이었다. 보고서는 '석유 정점peak oil[•] 개념을 진지하게 고찰했다. 이 용어는 셸Shell에서 일하던 지질학자 M. 킹 허버트Marion King Hubbert가 1956년에 창안했다. 석유 정점은 원래 인류 전체의 수요를 충족시키기 위해서 연간 생산할 수 있는 원유 최대량을 가리켰다.

최초의 유정은 지표면에 가장 가까이 있거나 해서 가장 쉽게 구할 수 있는 원유를 퍼 올렸다. 그 유정들이 마르자, 기업들은 육지와 바다 양쪽에서 바닥을 점점 더 깊이 파 들어가야 했다. 세계 경제가 계속 성장함에 따라서 석유의 총수요도 증가했고, 그 결과 석유를 채굴하기가 점점 어려워졌다. 석유 정점이라는 용어는 결국 해가 갈수록 지구에서 뽑아낼 수 있는 양이 점점 줄어들기만 하는 날이 올 것이라는 개념을 담고 있었다. GAO 보고서에 요약된 추정값들은 대부분 2040년 이내에 석유 정점에 이를 것이라고 했다.

그 보고서에는 프래킹fracking이 언급되어 있지 않다. 돌이켜보면 심각한 누락처럼 보인다. 프래킹은 '수압 파쇄hydraulic fracturing'의 줄임말로서, 지하 깊숙이 있는 암석층에서 석유와 천연가스를 추출하는 기술 중 하나다. 고압의 액체를 주입하여 암석을 부수어서, 그 안에 갇힌 석유와 가스가 흐를 수 있도록 하여 빼내는 방법이다.

미국을 비롯한 나라들은 깊은 암석층에 엄청난 양의 탄수화물이 매장되어 있다는 것을 오래전부터 알고 있었다. 그런 암석을 셰일shale이

라고 한다. 기업들은 20세기 중반부터 프래킹으로 그런 매장물을 채굴하는 실험을 했지만, 별 진전이 없었다. 2000년에 프래킹은 미국 원유 생산량의 겨우 2퍼센트를 차지했다.[14]

이 비율은 GAO 보고서가 나올 무렵부터 급격히 증가하기 시작했다. 어느 한 가지 돌파구 때문이 아니라, 프래킹이 수익이 생길 수 있을 만큼 다양한 도구와 기술이 충분히 개선되었기 때문이다. 그 뒤로 셰일 석유와 가스가 쏟아지기 시작했다. 프래킹 덕분에 미국의 원유 생산량은 2007~2017년에 거의 두 배로 늘었다. 2017년에는 하루에 1,000만 배럴이라는 이정표에 접근했다. 2018년 9월 무렵에 미국은 사우디아라비아를 넘어서[15] 세계 최대의 석유 생산국이 되어 있었다. 미국의 천연가스 생산량은 1970년대 중반부터 일정한 수준을 유지하다가, 2007~2017년 사이에 거의 43퍼센트나 증가[16]했다.

프래킹이 활기를 띠면서 미국은 석유 정점이 아니라 석탄 정점에 다다랐다. 그리고 석탄 생산량의 정점은 연간 총공급량에서 나타난 것이 아니라, 수요 쪽에서 나타났다. 프래킹으로 천연가스의 가격이 떨어지면서 발전용으로 석탄보다 천연가스를 선호하게 되었기 때문이다. 2017년에 미국의 석탄 소비량은 2007년의 정점 때보다 36퍼센트 줄었다.[17]

석유 정점이라는 말이 여전히 회자되긴 하지만, 석탄의 사례에서와 마찬가지로 이제는 대개 공급을 가리키는 의미로 쓰이지 않는다. 2017년 〈블룸버그Bloomberg〉에는 "석유 정점을 기억하는가? 공급보다 수요가 먼저 정점에 도달할 수도 있다"[18]라는 제목의 기사가 실렸다.

프래킹으로 공급량이 늘어난 것이 석유와 가스의 가격이 떨어지는 데 기여하긴 했지만, 현재 많은 이들은 태양, 바람, 우라늄 원자핵 등 다른 원천들에서 나오는 에너지가 점점 빠르게 저렴해지고 훨씬 더 널리 이용될 것이라고 믿고 있다. 그렇기에 2018년 〈포천 Forture〉에 석유의 미래를 이렇게 내다본 기사가 실리기도 했다.[19] "매번 떨어졌다가 다시 올라가곤 하는 친숙한 롤러코스터 곡선을 그리는 석유 가격의 주기는 다시 나타나지 않을 것이다. 지금이 석유시대가 수십 년에 걸쳐 저무는 것을 보여주는 출발점일 수 있다. 석유 가격이 '지속적으로 떨어지는' 유례없는 세상이 올지 모른다." 석유 정점이라는 말을 탄생시킨 기업인 셸의 분석가들은 현재 세계의 석유 정점 수요가 이르면 2028년에 올 수도 있다고 추정한다.

철도 차량 살피기

내 친구인 보 커터 Bo Cutter는 1968년에 노스웨스트인더스트리스에서 일하면서 경력을 쌓기 시작했다.[20] 시카고앤노스웨스턴철도 CNW를 소유한 대기업이었다. 그가 처음 맡은 업무 중 하나는 CNW의 기동차들이 어디에 있는지를 파악하는 일이었다.

이 차량은 무게가 30톤을 넘는 거대한 금속 집합물이다. 1960년대 말 CNW는 기동차 수천 대를 소유했다. 물품과 돈 양쪽으로 엄청나게 투자를 했다는 뜻이었다. 당시 철도업계에서는 한 기업이 소유한 전체

기동차 중에서 하루에 움직이는 차량이 약 5퍼센트인 것이 경험 법칙이었다. 나머지 95퍼센트가 쉴 필요가 있기 때문이 아니었다. 기동차가 어디에 가 있는지 모르기 때문이었다.

CNW는 시카고에서 멀리 떨어진 노스다코타와 와이오밍까지 노선 길이가 수천 킬로미터에 달하는 철도를 소유했다. 또 철도 차량(기관차와 기동차를 총괄하는 용어)은 다른 기업들이 소유한 철도로도 갈 수 있었다. 따라서 CNW의 차량들은 전국의 거의 어디에든 가 있을 수 있었다.

기동차는 움직이지 않을 때는 조차장에 들어가 있었다. 커터가 일을 시작했을 당시에는 조차장들이 어느 철도 차량이 들어와 쉬고 있는지를 시시때때로 파악하여 최신 자료로 갱신하는 일에 별 신경을 쓰지 않았다. 디지털 컴퓨터, 센서, 네트워크가 널리 쓰이기 전이었기에, 각 차량의 위치를 파악하거나 통신으로 알릴 비용과 효과적인 방법이 전혀 없었기 때문이다. 그래서 CNW 같은 철도 기업들은 가장 중요한 자산 항목을 체계적으로 추적하기가 불가능했다. 추적한다면 기업의 회계 결산에 대단히 도움이 될 텐데도 그러했다. 예를 들어, 커터 팀은 매일 움직이는 차량의 비율을 5퍼센트에서 10퍼센트로 높일 수 있다면, 보유 차량의 수를 절반으로 줄여도 된다는 것을 알고 있었다. 화차 이용률을 단 1퍼센트만 높여도 엄청난 경제적 이득을 얻을 터였다.

커터가 업무를 시작했을 때, CNW를 비롯한 모든 철도 기업은 검사원을 고용했다. 조차장을 방문하고 지나가는 열차를 지켜본 뒤, 전신으로 본부에 보고하는 일을 하는 사람들이었다. 다른 철도 회사들도 자사의 철로와 조차장을 이용하는 CNW 차량에 매기는 사용료를 받기 위해서 비슷한 정보를 수집했다.

커터 팀은 이런 방법들을 더 효율적이고 체계화함으로써 개선했다. 기동차가 어디에 있는지를 파악하는 더 나은 검사 기준을 만들고, 더 많은 검사원을 고용하고, 더 쉽게 알아볼 수 있도록 CNW 차량을 다른 색으로 칠하고, 새로 등장한 첨단 도구를 어떻게 하면 사업에 더 많이 활용할지 방안을 모색했다. 바로, 디지털 컴퓨터 말이다.

컴퓨터와 관련 도구들은 현재 철도 산업에 널리 쓰인다. 예를 들어 1990년대 초에는 각 철도 차량에 무선 인식표를 장착하기 시작했다.[21] 철도 옆에 설치된 센서는 이 인식표를 읽어서 자동으로 검출을 했다. 지금은 매일 미국 철도망 전역에서 기동차의 상태와 위치에 관한 500만 건이 넘는 메시지가 생성되어 전송[22]되며, 전국의 450개가 넘는 철도 회사들은 자사의 모든 철도 차량들을 거의 실시간으로 파악하고 있다.

희토류 위협이 실패한 이유

2010년 9월 일본 정부는 중국과 일본 양쪽이 자국 영토라고 주장하는 동중국해의 무인도 인근에서 일본 순찰선과 충돌한 중국 어선의 선장을 억류했다. 그러자 중국은 희토류 원소의 일본 수출을 금지하는 조치를 내렸다.[23] 일본이 거의 즉시 꼬리를 내리고 선장을 풀어주었지만, 전 세계는 공포에 질렸다. 미국 지질조사국 과학자 대니얼 코디어Daniel Cordier 의 표현을 빌리자면, 희토류가 '화학의 비타민'[24]이기 때문이다. "모든 것의 기능 향상을 도우며, 나름의 독특한 특징들을 지닌다. 자성, 온도 저항성, 부식 저항성 측면에서 특히 그렇다."

2010년경에 중국은 세계 희토류의 90퍼센트 이상을 생산했다. 해상 사건 직후에 중국이 취한 행동을 본 많은 이들은 중국이 이런 중요한 물질의 흐름을 일방적으로 통제할 수 있고 그렇게 할 것임을 확신했고, 곧바로 미친 듯이 마구 사들이기 시작했다(마구 날뛰는 억측을 하면서). 2010년 초에 1만 달러도 안 하던 희토류가 2011년 4월에는 4만 2,000달러를 넘었다.[25] 그해 9월에 미국 하원은 '중국의 희토류 독점: 미국 외교 안보 정책에 지닌 의미'라는 청문회를 열었다.

중국이 세계 희토류 생산을 거의 독점하고 있는 것은 중국이 전 세계 매장량의 90퍼센트를 차지해서가 아니다. 사실 희토류는 전혀 희귀하지 않다(그 중 하나인 세륨은 지각에 구리만큼 흔하다).[26] 그러나 희토류는 광석에서 추출하기가 어렵다. 추출하려면 산을 엄청나게 많이 써야 하며, 많은 염과 쇄석이 부산물로 나온다. 대다수 국가는 이 추출 과정에 수반되는 환경 부담을 지고 싶지 않았기에, 그 시장을 중국에 맡겼다.

그런데 금수 조치를 겪자, 그런 방식이 나쁘다는 생각을 하게 되었다. 하원의원 브래드 서먼Brad Sherman은 청문회 때 이렇게 표현했다.[27] "중국은 희토류를 통제함으로써 우리가 중국에 엎드려 절해야 한다는 논거를 하나 더 지닌 겁니다." 그러나 엎드려 절할 일은 결코 일어나지 않았다. 청문회가 열릴 즈음, 희토류의 가격은 이미 급락했기 때문이다.

이유가 무엇일까? 아주 꽉 움켜쥐고 있는 것처럼 보였던 중국의 희토류 통제에 어떤 일이 일어난 것일까? 다른 공급원의 이용과 수출 금지 조치의 허점 등 몇 가지 요인이 상황을 완화시키는 데 기여하긴 했다. 그러나 정책학 교수 유진 골즈Eugene Gholz는 그 '위기'를 다룬 2014년 보고서[28]에서, 많은 희토류 사용자가 단순히 혁신을 통해 그 문제에서 빠져나왔다고 했다. "희토류 자석을 만드는 히타치메탈스 (그리고 노스캐롤라이나에 있는 자회사) 같은 기업들은 희토류를 더 적게 쓴 합금으로 동일한 성능의 자석을 만드는 방법을 찾아냈다. (…) 한편, 일부 사용자는 굳이 고성능의 특수한 희토류 자석을 쓸 필요가 없다는 것을 떠올렸다. 적어도 2010년 사건이 일어나기 전까지는 희토류 자석이 비교적 값이 싸고 편리했기 때문에 쓰고 있었을 뿐이다."

전반적으로 희토류를 쓰던 기업들은 저렴하면서 편리한 다른 여러 대안들을 찾아냈다. 2011년에 4만 2,000달러를 넘었던 희토류의 가격은 2017년 말에는 약 1,000달러로 떨어졌다.

무슨 일이 일어나고 있는가?

탈물질화의 사례는 결코 부족하지 않다. 이 장에서 제시하는 사례들은 경영, 경제, 혁신, 우리가 지구에 미치는 영향이 교차하는 지점의 기본 원리 집합을 잘 보여주기 때문에 선택했을 뿐이다. 다음과 같은 것들이다.

우리는 늘 더 많은 것을 원하지만, 늘 더 많은 자원을 원하지는 않는

다. 앨프레드 마셜은 옳았지만, 윌리엄 제번스는 틀렸다. 우리의 욕망은 한없이 계속 늘어나고 있으며, 우리 경제도 그렇다. 그러나 지구 자원의 사용량은 그렇지 않다. 우리는 더 다양한 종류의 음료를 원하지만, 음료 캔에 알루미늄을 계속 더 많이 쓰기를 원하지는 않는다. 우리는 통신하고 계산하고 음악을 듣기를 원하지만, 갖가지 기기들을 다 원하는 것은 아니다. 스마트폰 한 대로 만족한다. 인구가 증가할수록 더 많은 식품을 원하지만, 작물을 기르기 위해 더 많은 비료와 땅을 쓰고 싶어 하지는 않는다.

제번스가 증기기관의 효율이 훨씬 더 높아진다고 해도 영국의 석탄 총수요가 계속 증가하고 있다고 썼을 당시에는 옳았다. 다시 말해, 석탄 공급 능력에 대한 수요의 가격 탄력성이 1860년대에는 1보다 크다고 본 점에서 옳았다. 그러나 그런 상황이 영구히 이어질 것이라고 결론을 내린 점에서는 틀렸다. 수요의 탄력성은 몇 가지 이유로 시간이 흐르면서 변할 수 있다. 가장 근본적인 이유는 기술 변화다. 석탄은 그 점을 잘 보여주는 명확한 사례. 프래킹으로 천연가스의 가격이 크게 하락하자, 미국에서 석탄의 총수요는 석탄 가격이 떨어졌음에도 줄어들었다. •

미국을 비롯한 부유한 국가들에서 경제 성장(우리가 돈을 써서 얻고자 하는 모든 것들의 성장)은 혁신과 신기술에 힘입어서 자원 소비량과 분리되어왔다. 이는 최근에 이루어진 심오한 발전이다.

물질은 경쟁에 시달리는 기업들이 지출하지 않았으면 하는 비용을 발

....

• 　2018년까지의 10년 동안, 중부 애팔래치아의 석탄 가격은 반 토막 넘게 떨어졌다.[29]

생시킨다. 제번스가 실수한 근본 원인은 단순하면서 뻔한 것이다. 자원이 비용을 발생시킨다는 것이다. 물론 그도 그 사실을 알고 있었다. 그가 제대로 깨닫지 못한 점은 경쟁 시장에서 기업이 자원에 들어갈 지출을 줄임으로써 좀 더 이익을 짜내려는 동기가 대단히 강하다는 것이었다. 어쨌거나 한 푼을 아끼면, 한 푼을 버는 셈이다.

독점 기업은 소비자에게 비용을 그냥 떠넘길 수 있지만, 경쟁업체가 많은 기업은 그럴 수 없다. 따라서 서로(그리고 타국에 있는 경쟁자들과도 점점 힘겹게) 경쟁하는 미국 농민들은 땅, 물, 비료에 들어가는 비용을 줄이기 위해 매우 애쓴다. 맥주와 청량음료 기업은 알루미늄 구매량을 최소화하려 애쓴다. 자석과 첨단 기기 생산업체들은 희토류 가격이 치솟기 시작하자마자 희토류 구입량을 줄였다. 미국에서는 1980년 스태거스철도법Staggers Rail Act 으로 화물 철도에 주던 정부 지원이 중단되면서, 철도 회사들도 경쟁에 뛰어들어야 했고,[30] 값비싼 기동차를 놀리지 않을 방법을 찾고 비용을 절감하기 위해 노력해야 했다. 경쟁이 탈물질화를 자극하는 이런 사례들은 무수히 많다.

탈물질화로 나아가는 길은 여러 가지다. 이익을 추구하는 기업은 자원 이용량을 더 줄일 방법을 찾을 때, 주로 네 가지 경로를 택한다. 첫째, 그들은 해당 물질을 덜 쓰는 방법을 찾을 수 있다. 음료회사와 캔을 공급하는 회사가 힘을 모아서 알루미늄을 덜 쓸 방법을 모색했을 때 바로 그런 일이 일어났다. 땅, 물, 비료를 점점 덜 쓰면서 수확량을 계속 늘려온 미국 농민들의 이야기도 그렇다. 자석 제조업체들은 희토류를 덜 쓰는 방법을 찾아냈다.

둘째, 때로는 한 자원을 다른 자원으로 대체하는 것이 가능해진다. 미국의 석탄 총소비량은 2007년 프래킹으로 천연가스의 가격이 하락하면서 줄어들기 시작했다. 미국에서 원자력이 더 널리 쓰이게 된다면(이 주제는 15장에서 다룰 것이다), 석탄과 천연가스를 둘 다 덜 쓰면서 훨씬 더 적은 양의 물질로 발전을 할 수 있을 것이다. 우라늄-235 연료 1킬로그램은 같은 양의 석탄이나 석유보다 약 200~300만 배 더 많은 에너지를 낸다.[31] 우라늄 연료 겨우 7,000톤이면 인류가 한 해에 소비하는 에너지의 총량을 공급할 수 있다는 추정값도 나와 있다.[32]

셋째, 기업은 이미 소유하고 있는 물질을 더 효율적으로 이용함으로써 전체적으로 물질의 사용량을 절약할 수 있다. CNW의 기동차 이용률을 5퍼센트에서 10퍼센트로 높이면 이 30톤짜리 거대 기계의 보유량을 절반으로 줄일 수 있다는 의미가 된다. 고가의 물질 자산을 소유한 기업은 가능한 한 그것을 많이 이용하기 위해 혈안이 되는 경향이 있다. 경제적으로 볼 때 이유가 명확하기 때문이다. 예를 들어, 전 세계 민영 항공사들의 탑승률(본질적으로 비행 때 채워지는 좌석의 비율)은 1971년에는 56퍼센트[33]였는데 2018년에는 81퍼센트 이상으로 높아졌다.[34]

마지막으로, 아예 없어지는 것도 있다. 전화기, 캠코더, 테이프 녹음기가 저마다 별개의 기기였을 땐 총 세 개의 마이크가 필요했다. 그 기기들이 모두 스마트폰 안으로 들어가자, 마이크는 하나만 있으면 되었다. 아이폰과 그 후속 기기들은 탈물질화의 세계 챔피언에 속한다. 덕분에 금속, 플라스틱, 유리, 실리콘을 훨씬 덜 쓰며 종이, 디스크, 테이프, 필름 같은 매체도 필요하지 않게 되었다.

재생 에너지를 더 많이 쓸수록, 우리는 석탄, 천연가스, 석유, 우라늄을 태양의 광자(태양력)와 공기의 운동(풍력), 물(수력)로 대체하게 될 것이다. 이 세 가지 힘은 탈물질화의 챔피언이기도 하다. 본질적으로 쓴다고 해서 고갈될 자원이 아니기 때문이다.

나는 탈물질화의 이 네 경로를 줄이고slim, 교환하고swap, 최적화하고optimize, 증발시키다evaporate라고 부른다. 이것들은 상호 배타적이지 않다. 기업은 네 경로를 동시에 추구할 수 있고, 네 경로 모두를 명백하거나 미묘한 방식으로 줄곧 추구하고 있다.

혁신은 예측하기 어렵다. 프래킹 혁명도 아이폰이 세계를 변모시킨 충격도 미리 예측할 수 없었던 것들이다. 둘 다 출현한 초반기엔 과소평가되었다. 2007년 6월 아이폰이 등장했을 때만 해도 애플과 스티브 잡스는 엄청나게 광고를 했으나 몇 달 뒤〈포브스〉 표지에는 "과연 누가 노키아를 따라잡을 수 있겠는가?"고 묻는 기사 제목이 실려 있었다.

혁신은 달의 궤도나 정기예금에 쌓이는 이자처럼 꾸준하면서 예측 가능한 것이 아니다. 어디에서 튀어나올지도 모르고, 어디로 튈지도 모르고, 본질적으로 무작위적이다. 에릭 브린욜프슨Erik Brynjolfsson과 내가 함께 쓴 《제2의 기계시대The Second Machine Age》에서 말했듯이, 조합적이기도 하다. 우리는 신기술을 비롯한 혁신들이 대부분 기존 요소들을 조합하거나 재조합한 것이라고 주장했다.

아이폰은 '그저' 휴대전화기에 다양한 센서, 터치스크린, 운영체제와 갖가지 프로그램인 앱을 덧붙인 것이었다. 이 모든 요소들은 2007년보다 한참 전부터 이미 있었다. 거기에 조합했을 때 무엇이 될 수 있을지 보겠다는 스티브 잡스의 선견지명이 결합되었을 뿐이다. 프래킹도 여러 능력의 조합이었다. 깊은 암석층 어디에 탄화수소가 들어 있을지를 '알아보는' 능력, 액체를 고압으로 뿜어서 암석을 부수는 능력, 부서진 암석에서 흘러나온 석유와 천연가스를 퍼 올리는 능력 등의 조합이었다. 마찬가지로 이 능력들 중 새로운 것은 없었다. 세계의 에너지 상황을 바꾼 건 그 모든 것들의 효과적인 조합이었다.

에릭과 나는 특정 시점에 이용할 수 있는 혁신과 기술의 집합을 창의적인 사람들이 조합하고 재조합하여 유용한 새 구성물을 만들 수 있는 기본 구성단위라고 했다. 그런 새 구성물은 이후의 혁신가들이 쓸 수 있는 또 다른 구성단위 역할을 한다. 조합적 혁신은 예측 불가능하기 때문에 흥분을 자아낸다. 강력한 새로운 조합이 언제 또는 어디에서 나타날지, 누가 내놓을지를 예측하기란 쉽지 않다. 그러나 기본 구성단위와 혁신가의 수가 증가할수록, 스마트폰과 프래킹 같은 돌파구들이 더 많이 일어날 것이라고 우리는 확신할 수 있다. 혁신은 고도로 분산적이고 대체로 제멋대로 나타난다. 복잡하면서 서로 뒤얽혀 있는 사회적·기술적·경제적 체계들 사이의 상호작용의 산물로서 나타난다. 그래서 혁신은 계속 우리를 놀라게 할 것이다.

제2의 기계시대가 발전하면서 탈물질화도 가속된다. 에릭과 나는 산업시대와 대비시키기 위해서 '제2의 기계시대'라는 말을 창안했다. 산업시대는 근력의 한계를 극복할 수 있도록 함으로써 지구를 변모시켰다. 컴퓨터와 관련된 모든 것들을 통해서 엄청난 발전이 이루어지고 있는 현 시대는 인간의 정신적 능력의 한계를 극복하게 함으로써 다른 방식으로 세상을 변화시키고 있다. 해가 갈수록 지구로부터 더욱 많은 것을 추출하는 산업시대의 나쁜 습관을 뒤엎을 수 있게 해준다.

포장업체의 기술자들은 CAD 도구를 써서 더욱더 가벼운 알루미늄 캔을 디자인한다. 프래킹은 석유와 가스 탐사업체들이 깊은 지하에 있는 암석층의 정확한 컴퓨터 모델을 구축하는 법을 터득함으로써 이루어졌다. 탄화수소가 어디에 있을지를 예측하는 모델이다.

스마트폰은 서로 별개였던 여러 가지 기기들을 대체했다. GPS 장치 역할도 하므로 지도를 인쇄할 필요성을 크게 줄였고, 그리하여 종이를 덜 쓰는 현행 추세에도 기여했다. 1960년대의 펀치 카드에서 1980년대의 도트 프린터 용지에 이르기까지, 컴퓨터 종이의 세대들을 죽 훑어보면, 제2의 기계시대가 점점 더 많은 나무를 베도록 만들었다고 결론을 내리기가 쉽다. 그러나 미국에서 종이 소비량이 정점에 달한 해는 1990년이었다. 기기들이 점점 유능해지고 상호 연결되며 언제나 지니고 다닐 수 있는 것으로 변모하면서, 우리는 종이로부터 빠르게 멀어졌다. 인류 전체의 종이 소비량이 정점에 달한 것은 아마 2013년일 것[35]이다.

이런 사례들이 시사하듯이, 컴퓨터와 관련 기기들은 탈물질화의 네 경로를 모두 써서 우리를 돕고 있다. 하드웨어, 소프트웨어, 네트워크 모두 우리가 줄이고, 교환하고, 최적화하고, 증발시킬 수 있게 해준다. 나는 그것들이 우리가 지구를 더 가볍게 디딜 수 있도록 하기 위해 발명한 도구 중 최고라고 주장하련다. 이 모든 원리들은 기술 발전과 자본주의의 조합에서 나온다.

기술, 인간과 물질세계 사이의 인터페이스

내가 좋아하는 기술의 정의 중 하나는 철학자 이매뉴얼 메슨 Emmanuel Mesthene이 내린 것이다. 그는 기술을 "실용적인 목적을 달성하기 위한 지식의 조직화"[36]라고 했다. 때로 그 지식은 망치나 아이폰 같은 산물로 구체화되고, 때로는 프래킹이나 정밀농업 같은 기술 형태로 존재한다.

지식 자체처럼 기술도 쌓인다. 우리는 제2의 기계시대에도 지렛대, 쟁기, 증기기관을 잊지 않았으며, 클라우드 컴퓨팅이나 드론을 쓰기 위해 그것들을 버려야 하는 것도 아니다. 혁신 자체처럼, 기술도 조합적이다. 즉 대부분 기존 기술들을 조합하거나 재조합한 산물이다. 이는 가용 기본 구성단위들의 수가 시간이 흐를수록 늘어나므로, 강력한 신기술들도 증가한다는 의미다.

이런 사실들은 우리가 탈물질화를 더 일찍 시작하지 않은 이유를 이해하는 데 도움이 된다. 그저 대규모 탈물질화를 할 수 있을 만큼 적절한 기술들, 즉 기본 구성단위들을 지니고 있지 않았기 때문일 수 있다. 우리 인간은 지구로부터 점점 더 많은 것(더욱더 많은 금속, 연료, 물, 비료 등)을 채취함으로써 성장을 실현 가능하고 수지가 맞게 하는 기술들을 지녔지만, 점점 덜 쓰면서 이익이 남는 성장을 가능하게 할 기술은 지니고 있지 않았다. 그러나 제2의 기계시대에 들어오면서 상황이 바뀌었다.

내가 선호하는 또 하나의 기술의 정의는 위대한 SF 작가 어슐러 르 귄Ursula K. Le Guin의 것이다. "기술은 물질세계와의 사이에 놓인 인간의 능동적인 인터페이스다.[37] 기술은 사회가 물리적 현실에 대처하는 방식이다. 사람들이 어떻게 식품을 구하고 보관하고 요리하는지, 어떻게 옷을 해 입는지, 동력원은 무엇인지(동물? 인간? 물? 바람? 전기? 다른 무엇?), 무엇을 써서 무엇을 짓는지, 의약품은 무엇인지 등등. 아마 아주 고고한 이들은 이런 세속적이고 물질적인 것들에 관심이 없겠지만, 나는 그런 것들에 매료된다."

나도 그렇다. 이런 '세속적인 것들'이 세계를 두 번이나 재편했기 때문이다. 첫 번째는 기술 발전으로 지구로부터 더 많은 것을 취함으로써 번영할 수 있었던 산업시대 때, 두 번째는 마침내 덜 취하면서 번영하는 법을 깨달은 제2의 기계시대인 지금이다.

생산 수단으로의 자본주의

자본주의와 종교는 거의 누구나 한마디 하겠다고 나설 두 가지 주제다. 사람들은 이 두 주제에 나름의 '매우' 확고한 견해를 지니고 있으며, 어떤 증거와 논증을 접한들 마음을 바꾸는 일이 거의 없다. 이렇게 비타협적인 양상이 역사적으로 명확히 드러남에도, 여러 사상가들과 저술가들은 두 주제에 관한 자신의 견해를 남들에게 설득하려고 애써 왔다. 그리고 대부분 실패했다.

나는 자본주의를 옹호하는 주장을 폄으로써 이 기나긴 서글픈 행렬에 동참하고자 한다. 그러나 먼저 내가 말하려고 하는 것을 정의하고 싶다. '자본주의'는 '기술'보다도 더 명확한 정의를 내리는 것이 중요하다. 그만큼 많은 논쟁을 촉발하는 단어이기 때문이다. 심리학자 조너선 하이트Jonathan Haidt가 지적[38]했듯이, 어떤 이들은 그 단어를 '해방'의 동의어라고 보고, 어떤 이들은 '착취'의 동의어라고 본다.

그러나 동의어 사전을 찾아보기 전에 먼저 일반 사전부터 찾아보자. 자본주의가 어떠하다고 주장하기 전에, 자본주의가 무엇인지 정의를 제시해보자. 우리 목적상, 자본주의는 상품과 서비스를 찾아내어 사람들에게 제공하는 한 가지 방법이다. 사람들이 굶어죽거나 위험에 노출되어 죽기를 바라지 않는 모든 사회는 그 일을 이루어야 한다. 자본주의는 그저 그 일을 하는 한 가지 접근법이다. 이 접근법은 몇 가지 중요한 특징을 지닌다.

이익을 추구하는 기업. 자본주의에서는 비영리 기관, 정부, 개인보다는 영리 추구 기업이 상품과 서비스의 대부분을 생산한다. 기업은 소수가 소유하거나(법무회사의 파트너들 같은) 아주 많은 이들이 소유할(전 세계의 주주들이 소유한 상장기업) 수 있고, 계속 존속할 것이라고 가정된다. 즉 어느 시점에 문을 닫을 것이라고 예정되어 있지 않다.

자유시장 진입과 경쟁. 기업들은 서로의 시장과 소비자를 빼앗을 수 있다. 보호를 받고 있는 독점 기업은 설령 있다고 할지라도 매우 드물다. 경쟁자의 특허 제품을 똑같이 베끼는 행위는 불법일지 몰라도, 더 나은 제품을 내놓으려고 시도하는 것은 완전히 합법적이다. 경제학계의 표현을 빌리자면, 시장에서는 경쟁이 벌어진다. 그와 비슷하게, 사람들은 한 시장에서 쓰는 기술을 다른 시장에 적용할 수 있다. 그런 기술은 지리적 위치나 일자리에 얽매여 있지 않다.

강력한 재산권과 계약 이행. 특허는 일종의 지적 재산권이다. 다른 유형의 재산(땅, 집, 자동차 등)처럼 사고 팔 수 있다. 법과 법원은 이런 재산 유형들 중 어느 것도 훔치거나 훼손하지 못하게 보장한다. 설령 그런 짓을 억만장자, 대기업, 정부 같은 크고 강력한 행위자가 해도 그렇다. 또 작은 기업과 큰 기업이 협력하기로 계약을 맺으면, 어느 쪽이든 간에 일방적으로 계약을 어길 경우 고소를 당한다.

중앙의 계획, 통제, 가격 설정의 부재. 사람들에게 어떤 상품과 서비스가 필요한지, 그것을 어느 기업이 생산하도록 허용해야 할지를 정부가 결정하지 않는다. 그 어떤 중앙 조직도 스마트폰, 카페인 함유 음료, 철근 등의 양과 종류가 '충분한지'를 결정하지 않는다. 대다수의 상품과 서비스의 가격은 어떤 중앙 기관이 미리 정하거나 상황에 맞추어 조정하는 것이 아니라, 수요와 공급의 균형을 토대로 변동하도록 허용된다.

대부분의 것들이 민간 소유. 스마트폰, 커피, 철근 등 대부분의 제품은 그것을 산 개인이나 기업이 소유한다. 이런 제품을 생산하는 기업도 개인들이 소유한다. 애플, 스타벅스, 유에스스틸 같은 상장 기업들의 주식 중에는 뮤추얼펀드, 연금펀드, 헤지펀드가 지닌 것도 많지만, 이 모든 펀드들은 궁극적으로 개인들이 소유하고 있다. 대부분의 집, 차, 땅, 금, 비트코인 같은 자산들도 정부가 아니라 개인이 소유한다.

자발적인 교환. 자본주의와 가장 밀접한 관련이 있는 말은 자발적 교환이다. 사람들에게 특정한 제품을 사거나, 특정한 직업을 갖거나, 다른 지역으로 이주하라고 강제할 수 없다. 기업은 스스로 원하는 경우가 아니면 사업체를 매각할 필요가 없다. 또 특정 제품만을 만들거나, 특정한 시장에만 머물러야 할 필요도 없다. 내가 사는 매사추세츠주에는 아침식사를 파는 와플하우스 지점이 들어와 있지 않지만, 주 의회에서 막고 있기 때문이 아니다. 보스턴 의회는 그럴 권한을 갖고 있지 않다.

나는 이 정의에 관해서 두 가지를 강조하고 싶다. 첫째, 자본주의가 감시를 받지 않는 것은 아니다. 자본주의에서 정부는 법을 정하고 논쟁을 해소하는(세율을 정하고, 통화량을 조절하는 등 경제적으로 매우 중요한 일들을 한다) 데 중요한 역할을 맡고 있다. 다음 두 장에서 살펴보겠지만, 모든 분별 있는 자본주의 옹호자들은 자발적 교환과 자유시장 진입이 탁월한 것이긴 해도, 유토피아를 만들지는 않는다는 점을 인정한다. 몇몇 중요한 '시장 실패' 사례는 정부의 활동을 통해 바로잡아야 한다.

두 번째로 내가 지적하고 싶은 것은 '오늘날의 부유한 국가들이 모두 자본주의 국가'라는 것이다. 모든 자본주의 국가가 똑같다고 말하는 것이 아니다. 덴마크, 한국, 미국은 전혀 다른 나라다. 무역 정책, 세제, 사회안전망, 산업 구조 등이 다르다. 그러나 모두 위에 나열한 것들을 다 지닌, 본질적으로 자본주의 국가다. 덴마크 경제는 코펜하겐에서 계획하고 통제하지 않으며, 한국인들은 자신의 집과 가구를 소유하며, ˙미국에서 계약은 전반적으로 존중되고 이행이 보장된다.

정반대로, 오늘날의 더 가난한 나라들은 위에 나열한 모든 것들을 믿을 만하게 지니고 있지 않다. 부유한 국가들에서 민간 기업이 운영하고 있는 항공사와 통신망 같은 것들을 그들의 정부가 운영하는 경향이 있다. 대개 덜 부유한 국가들에서는 창업하기가 훨씬 더 어려우므로, 자유시장 진입과 경쟁이 제약되어 있다. 세계은행에 따르면, 2017년에 미국, 덴마크, 싱가포르, 호주, 캐나다에서는 창업하는 데 6일이 안 걸린 반면,[39] 소말리아, 브라질, 캄보디아에서는 70일이 넘게 걸렸다고 한다. 창업 경화증의 세계 최고는 베네수엘라(다음 장에서 더 상세히 다룰 것이다)다. 230일이 걸렸다. 또한 가난한 나라에서는 누가 무엇을 소유하고 있는지도 불분명할 때가 많다. 주택을 비롯한 재산들을 토지대장 등에 명확히 기록하는 등 부유한 나라에서 당연시되는 것들이 여러 개발도상국에서는 불분명하다.

부국과 빈국의 가장 큰 차이는 법이 명확하고 일관적으로 집행되는지의 여부이다. 가난한 나라라고 해서 법이 없는 것은 아니다. 때로 아주 세세하게 법 조항들이 나열되어 있기도 하다. 그들에게 부족한 것은 공정한 사법제도다. 공무원들은 부패해 있고, 엘리트 계층은 특별대우를 받으며, 법정에서 지는 일이 거의 없다. 경찰, 단속 담당자, 조사관 모두 뇌물을 기대한다. 경쟁시장, 재산권, 자발적 교환은 온갖 방식으로 제약을 받는다. 부유한 국가들이라고 해서 이런 직권 남용이 없는 것은 아니지만, 훨씬 덜하다.

• 빌린 것이 아니라면

한계를 극복하다

자본주의와 기술 발전이 결합할 때 어떤 일이 일어나는지 알아보는 좋은 방법 중 하나는 4장에서 다룬 1972년에 나온 《성장의 한계》를 되돌아보는 것이다.

이 책은 두 가지 이유에서 흥미로운 자료다. 첫째, 맬서스 이후에 나온 가장 맬서스주의적인 책에 속한다. 제번스가 내놓은 모든 주장들보다도 훨씬 더 암울하다. 《성장의 한계》의 배경이 된 연구진은 기하급수적으로 성장하는 세계 경제의 미래를 모델에 담으려고 시도했으며, 이런 결론을 내렸다. "따라서 우리는 현재 체제에 큰 변화가 일어나지 않는다고 가정할 때,[40] 인구와 산업 성장이 늦어도 21세기에 멈출 것이 확실하다고 어느 정도 확신을 갖고 말할 수 있다. 이 체제는 (…) 자원 위기로 붕괴한다."

둘째, 《성장의 한계》는 중요 자원의 알려진 세계 매장량이 1972년에 얼마였는지를 말해주는 매우 귀중한 자료다. '알려진 세계 매장량'은 널리 퍼진 지식과 기술 수준을 고려하여 수익을 남기면서 채굴할 수 있는 자원의 매장량이다. 《성장의 한계》의 저자들은 산출량과 자원 소비량 양쪽이 기하급수적으로 성장하는 상황에 비추어보면, 많은 자원의 알려진 매장량이 매우 부족한 수준이라는 내용도 담았다. 1970년대 초의 그 저자들은 양쪽 성장이 저절로 멈출 것이라고 가정할 이유가 거의 없었다. 4장에서 살펴보았듯이, 자원 소비량은 지구의 날에 이르기까지 20세기 내내 전반적인 경제 산출량 증가에 발맞추어서 증가했기 때문이다. 그런 양상이 바뀔 것이라고 예상한 사람은 거의 없었다. 《성장의 한계》의 배경이 된 연구진은 분명히 그랬다.

《성장의 한계》에서 미래자원 가용량을 가장 낙관적으로 추정한 부분은 소비가 기하급수적으로 계속 증가할 것이고, 매장량이 가정한 것보다 실제로는 다섯 배나 더 많을 것이라고 본 대목이다. 이런 조건에서 연구진의 컴퓨터 모델은 1972년부터 29년 안에 지구의 금이 고갈될 것[41]이라는 결과를 내놓았다. 또한 은은 42년, 구리와 석유는 50년, 알루미늄은 55년 이내에 고갈될 것이라고 예측했다.

이런 예측들은 들어맞지 않았다. 우리에게는 여전히 금과 은이 있으며, 매장되어 있는 양도 여전히 많다. 사실 두 금속의 매장량은 1972년보다 훨씬 더 늘어났다. 거의 반세기 동안 캐냈음에도 그렇다. 금의 알려진 세계 매장량은 1972년보다 거의 400퍼센트 더 늘어났으며, 은의 매장량은 200퍼센트 넘게 늘어났다. 그리고 아마 《성장의 한계》에서 추정한 것만큼 빨리 구리, 알루미늄, 석유가 고갈되지 않을 것이라고 말해도 성급한 의견은 아닌 듯하다. 이 모든 자원들의 알려진 매장량은 그 책이 나왔을 때보다 훨씬 더 많다. 알루미늄의 알려진 매장량은 1970년대 초보다 거의 25배 많다.

책이 출간될 당시에 진지하게 받아들여진 자원의 가용성에 관한 이 모든 예측들이 어떻게 그렇게 잘못될 수 있을까? 《성장의 한계》 연구진이 탈물질화와 새로운 매장량을 찾으려는 끊임없는 노력을 명백하게도 과소평가했기 때문이다. 자본주의와 기술 발전은 결합하여 이 두 추세(자원 이용량 절감, 새로운 자원 탐구)를 추진하며, 이 두 추세 중에 어느 것도 위세가 약해지지 않을 것이다. 따라서 우리는 매장된 자원을 탐구하는 일을 계속하는 한편으로 탈물질화를 위한 혁신도 계속할 것이다.

이런 추론 흐름에서 도출되는 직관에 반하는 결론은 자원 희소성을 우리가 반드시 걱정할 필요가 없다는 것이다. 지구는 유한하므로, 금과 석유 같은 자원의 총량은 한정되어 있다. 그러나 지구는 매우 크다. 우리가 필요로 하는 한 오랫동안, 원하는 만큼 이런 자원들을 다 공급할 만큼 충분히 크다. 얼마 안 되는 보급품을 싣고서 우리를 태운 채 우주를 날아가는 '우주선 지구'라는 이미지는 압도적이긴 하지만, 큰 오해를 불러일으킨다. 지구는 우리 인간의 여행에 필요한 자원을 충분히 지니고 있다. 우리가 줄이고, 교환하고, 최적화하고 증발시키면서 탈물질화를 향해 빠르게 나아가고 있으므로 더욱 그렇다.

제2차 계몽운동의 시작

역대 미국 대통령 중에서 유일하게 특허를 지닌 인물인 에이브러햄 링컨은 자본주의에 관해 심오한 통찰력을 지니고 있었다.* 그는 특허 제도가 "새롭고 유용한 것들의 발견과 생산 쪽으로 재능의 불[43]"에 관심의 연료를 붓는다"고 썼다. '재능의 불The fire of genius'은 기술 발전을

----

*　　그가 소유한 특허는 강배를 연안에 끌어올려서 정박하는 부유 장치였다.[42]

가리키는 탁월한 표현이다. '관심의 연료The fuel of interest'도 자본주의를 탁월하게 요약한 말이다. 둘은 상호작용하면서 서로를 강화하고 계속 확대된다. 그러면서 현재 탈물질화하는 세계를 만들고 있다.

혁신가들은 새롭고 유용한 기술들을 창안한다. 그런 뒤에 제임스 와트가 했듯이, 기업가와 협력하거나 스스로 기업가가 된다. 그러면 새로운 기업이 생겨난다. 증기기관에 투자한 매튜 볼턴 같은 투자자들도 합류하여 초기 성장에 필요한 자본을 대곤 한다. 그 신생 기업은 시장에 진입하여 뉴커먼 증기기관 같은 기존 기업들에 도전한다. 소비자는 더 나은 신기술을 좋아하며, 자유롭게 선택한다. 경쟁 기업들은 신기술을 그냥 베낄 수가 없다. 특허로 보호받기 때문이다. 그래서 그들은 사용권 계약을 맺거나 새로운 혁신 기술을 창안해야 한다. 신생 기업은 성장하고 번영하며, 이윽고 새로운 기존 기업이 된다. 그 성공은 다른 혁신가, 기업가, 투자자를 자극하고, 그들은 더욱 새로운 기술을 소비자에게 제공함으로써 기존 기업에 도전하는 일이 되풀이된다.

자유시장 진입 덕분에 차세대 혁신가들과 스타트업들은 어디에서든 나올 수 있다. 그리고 혁신이 그렇게 분산적이고 역동적이고 예측할 수 없는 활동이기 때문에, 예기치 않은 곳에서 출현하곤 한다. 이 과정은 반드시 계획한 대로 이루어지는 것이 아니다. 사실, 계획하려고 시도한다는 개념 자체가 끔찍한 것이다. 중앙 계획자는 실제 혁신가들 중 상당수를 빠뜨리거나, 계획자 자신이 속한 현 상태를 보호하고자 적극적으로 혁신을 억누르려고 시도할 것이다.

자본주의적이면서 기술로 충만한 '창조적 파괴creative destruction'의

이 주기는 20세기 중반에 오스트리아 경제학자 조지프 슘페터Joseph Schumpeter가 탁월하게 묘사한 바 있다. 그러나 19세기 말, 앨프레드 마셜과 윌리엄 제번스 이래로 우리는 이 창조적 파괴 주기가 지구의 자원을 더욱더 많이 쓰게 만들 것이라고 믿어왔다. 산업시대에는 내내 실제로 그러했다. 지구의 날과 현대 환경운동이 탄생할 즈음에는 더욱 그러했다. 자원의 이용과 세계적인 고갈을 몹시 우려하는 환경론자들의 절박한 경고는 기술 발전과 자본주의가 대단히 강력하게 상호작용하고 있음을 인식한 결과로서 탄생했다.

그러나 그 뒤로 이 장에서 기술한 이유들 때문에, 그 상호작용의 양상은 달라졌다. 기술 발전과 자본주의는 계속 서로를 강화하면서 경제의 규모를 점점 늘리고, 사람들을 점점 더 풍요롭게 만들었다. 그러나 천연자원을 점점 더 많이 쓰게 하는 대신에, 탈물질화를 촉발했다. 세상에 없던 새로운 현상이었다. 비용을 줄이기 위한 관심이라는 연료는 컴퓨터 혁명이라는 불에 추가되었고, 세계는 탈물질화하기 시작했다.

경제학자 조엘 모키르Joel Mokyr는 산업시대가 계몽운동의 가치들 덕분에 가능해진 것이라고 주장한다. 이 지적 운동은 18세기 후반에 서양의 많은 사회들이 스티븐 핑커가 4대 가치라고 정립한 것을 받아들이면서 시작되었다. 바로 이성, 과학, 인본주의, 진보였다. 모키르는 계몽운동이 '성장의 문화'를 조성[44]했고, 그 문화가 자본주의와 기술 발전을 융성하게 했다고 본다.

현재 나는 흥미로운 역전이 일어나고 있음을 본다. 계몽운동이 산업시대를 낳았다면, 제2의 기계시대는 제2차 계몽운동으로 이어져왔다. 말 그대로 또 한 번의 계몽운동이다. 현재 우리는 총소비량을 줄이고 지구를 더 가볍게 디디고 있다. 미국과 영국을 비롯한 부유한 국가들은 '물질 정점'을 지났고, 해가 갈수록 자원을 점점 덜 쓰고 있다. 그럴 수 있게 된 것은 기술 발전과 자본주의 조합 덕분이다. 그럼으로써 지금 우리는 덜 쓰면서 더 얻고 있다.

제2차 계몽운동이 완결되려면, 더 많은 것이 필요하다. 자원을 덜 쓸 뿐 아니라, 오염도 줄이고 우리와 함께할 생물들을 더 잘 돌보아야 한다. 기술 발전과 자본주의는 강력하긴 하지만, 그것만으로는 이런 목표를 달성하지 못할 것이다. 또 다른 한 쌍의 힘이 필요하다. 그러나 그 힘들을 살펴보기 전에, 자본주의를 좀 더 살펴볼 필요가 있다. 자본주의가 그만큼 중요하면서도 널리 오해를 받고 있기 때문이다.

8장

자본주의에 대해
우리가 잘 몰랐던 것들

More from Less

More *from* Less

◆

돈, 그것도 가능한 가장 많은 돈을 벌고자 하는 충동은
그 자체로는 자본주의와 아무런 상관이 없다.
그 충동은 점원, 의사, 마부, 화가, 매춘부, 부패한 공무원,
군인, 귀족, 십자군 전사, 도박사, 거지에게 있으며,
예전부터 죽 그랬다.
시대와 장소를 막론하고,
돈을 벌 객관적인 가능성이 있거나 주어졌던 모든 곳에서
온갖 부류와 조건의 사람들에게 공통적으로
있었던 것이라고도 말할 수 있다.
이 소박한 자본주의 개념을 영구히 내버려야 한다고
문화사의 유치원에서 가르쳐야 한다.

| 막스 베버, 《프로테스탄트 윤리와 자본주의 정신》, 1905년 |

◆

자본주의는 요즘엔 인기가 없다. 2016년에 실시한 한 설문조사에서는 19~28세의 미국인 대다수가 자본주의를 지지하지 않는다고 답했다. 후속 설문조사에서는 50세 이상의 미국인들에게서만 자본주의를 지지한다는 의견이 다수를 차지했다.[1] 상품과 서비스를 생산하는 체제가 더 이상 잘 돌아가지 않는다거나, 늘 있던 결함들을 더는 무시할 수 없게 되었다고 느끼는 이들이 많아진 것이 분명하다.

내 견해는 전혀 다르다. 앞장에서 나는 자본주의가 우리 경제의 탈물질화를 추진하는 주된 힘 중의 하나라고 주장했다. 나는 또 그것이 세계 전체에서 부, 건강, 복지의 다른 중요한 측면들에서 유례없는 성장이 일어나고 있는 주된 이유이기도 하다고 믿는다.

따라서 내가 왜 그렇게 믿는지 설명해야겠다. 그러기 위해서, 나는 18세기 스코틀랜드 경제학자이자 정치이론가인 애덤 스미스를 우군으로 끌어들이고자 한다. 왜 그렇게 멀리까지 거슬러 올라가는가? 노벨상 수상자 조지 스티글러George Stigler 와 같은 이유에서다.

1977년 스티글러는 본래 진지한 학술지인 〈정치경제학회지Journal of Political Economy〉에 〈학술대회안내서〉[2]라는 제목의 글을 실었다. 경제학 학술대회에서 똑같은 주제를 놓고 계속 똑같은 주장이 되풀이되는 모습을 자주 지켜보면서 좌절한 끝에 나온 글이었다. 그는 가장 자주 듣는 문장들을 숫자로 대체하면 앵무새처럼 반복되는 대화를 짧게 줄일 수 있으므로, 시간을 많이 아낄 수 있다고 주장했다. 〈학술대회안내서〉에 그는 경제학 토론 때 가장 자주 들리는 문장들의 목록을 제시했다. 그 목록의 맨 처음에 나오는 문장은 이렇다. "애덤 스미스는 그렇게 말했다."

스티글러의 요지는 두 가지였다. 스미스가 두 세기 전에 많은 것들을 이해했으며, 우리가 때로는 새로운 것(그런 것이 있다면)을 그다지 덧붙이지 않은 채, 그가 다룬 주제들을 계속 반복하여 논의하고 있다는 것이었다. 스미스는 자본주의라는 용어를 결코 쓰지 않았을지라도, 자본주의를 처음으로 분석한 위대한 학자였다. 앞장에서 내가 제시한 정의는 그의 식견에 크게 의지했다. 그는 자본주의의 강점과 약점을 인정하고, 양쪽을 길게 논의했다.

자본주의 비판들, 절반만 옳다

내가 접한 자본주의 비판 중 상당수는 스미스의 개념을 살펴보지 않은 양 읽힌다. 그의 개념이 촉발하여 무려 200년 넘게 집중적으로 논쟁, 갱신, 연구가 이루어져왔음에도 그렇다. 부끄러운 일이다. 우리는 스미스의 통찰을 계속 염두에 두고서 경제 활동을 조직하는 이 체제가 풍요를 가져오는 일을 왜 그렇게 잘하고 있는지를 살펴보기로 하자. 그럼으로써 자본주의의 단층선이 어디에 놓여 있는지를 알게 될 것이고, 자본주의에 반대하는 논증들을 평가하는 데에도 도움을 얻게 될 것이다. 그러면 애덤 스미스를 안내자로 삼아서, 자본주의의 타당한 비판 세 가지와 타당하지 못한 비판 세 가지를 살펴보자.

먼저 타당한 비판들이다.

자본주의는 이기적이다. 그렇다, 단연코 이기적이다. 그러나 스미스가 지적하듯이, 그것은 좋은 일이다. 그의 1776년 걸작 《국부론》*에서 가장 많이 인용된 문장 중 하나는 이것이다. "우리가 저녁식사를 기대할 수 있는 것은 푸줏간, 양조업자, 빵집 주인의 자비심 때문이 아니라, 그들이 자신의 이익을 중시하기 때문[3]이다." 이익 추구 동기는 개인과 기업이 남들이 사기 원하는 상품과 서비스를 만들어낼 극도로 강력한 유인책이다. 이기심은 자본주의의 결함이 아니라, 핵심 특징이다.

대다수의 사회와 종교 전통에서 이기심은 악덕이라고 여겨지며, 따라서 이익 추구 동기가 유익하다는 개념은 오랜 전통과 깊이 뿌리박힌 가정에 반한다. 예를 들어 〈신약성서〉에는 "돈을 사랑하는 태도가 모든 악의 근원이다"라고 적혀 있다.** 이 견해는 지속성을 띤다. 예를 들어, 2017년 아미트 바타차르지Amit Bhattacharjee, 제이슨 대너Jason Dana, 조너선 배런Jonathan Baron은 이익 추구 동기에 관한 미국인들의 견해를 조사하는 연구를 한 뒤에 이렇게 결론을 내렸다. "역사상 가장 시장 지향적인 사회 중 한 곳에서도, 사람들은 이익을 추구하는 산업이 사회 발전에 기여한다는 점을 의심[4]한다." 그러나 그보다 더 잘 작동하는 것은 없다. 스미스는 이렇게 간파했다. "동료 시민들의 자비심에 주로 의지하는 쪽을 택할 사람은 거지밖에 없다."[5]

자본주의는 부도덕하다. 이 말도 참이며, 이기심보다 내치기가 훨씬

---

* 온전한 제목은 《국부의 본질과 원인 탐구(An Inquiry into the Nature and Causes of the Wealth of Nations)》다.
** 〈디모데전서〉 6장 10절.

더 어려운 비판이다. "누군가가 이것을 살까?"(더 심하게는 "누군가가 이것을 사도록 설득할 수 있을까?")는 생산자가 가장 자주 하는 질문 중 하나이며, 그것이 유일한 질문이라면 사회에는 안 좋은 물건일 수 있다. 사람들은 아동 포르노, 멸종 위기 조류의 깃털, 불이 쉽게 붙는 잠옷 등 그 자체로 나쁜 많은 것들을 구입하게 될 것이다. 도덕적 회색 지대에 놓여 있는 인기 상품과 서비스도 많다. 당, 지방, 소금이 잔뜩 든 식품, 담배, 안전하게 마실 물이 부족한 지역의 엄마에게 파는 분유, 저격총 등이 그렇다. 사람들은 그런 것들도 쉽게 구입할 것이다.

자본주의는 이런 것들 중 무엇을 허용해야 하는가라는 논쟁을 굳이 주도하지 않을 것이다. 그런 근본 논쟁은 사회의 다른 부문에서 이루어져야 한다. 스미스는 우리가 적용해야 하는 근본 원리 측면에서 옳았다. "생산자의 이익은 소비자의 이익을 촉진하는 데 필요한 만큼만 보호해야 한다."[6] 또 우리는 생산자나 소비자의 이익뿐 아니라, 생산에 쓰이지만 그러기를 원치 않는 (노예와 아동 노동 같은) 사람들과 동물들의 이익도 보호할 필요가 있다.

자본주의는 불평등하다. 의문의 여지가 없이 참이다. 스미스는 이렇게 간파했다. "많은 부가 있는 곳에는 많은 불평등이 있다."[7] 토지, 광물 채굴권, 기업의 주식은 모두 자본주의에 있는 부의 형태들이며, 그런 부의 상당 부분은 대부분의 사회에서 평등한 소유와 거리가 멀다. 제2차 세계대전이 끝난 뒤로 수십 년 동안 경제학자들은 대체로 자본주의 국가들에서 부가 확산될수록 불평등이 줄어들 것이라고 믿고 있었지만, 그 견해는 지금 바뀌고 있다. 현재의 추세와 새로 나온 역사적 자료들은 고도의 불평등이 지속될 것임을 시사한다.

지금은 스미스가 불평등의 가장 심각한 결과 중 하나를 간파하는 데 대단히 탁월한 식견을 발휘했다는 점을 언급하고 싶다. 그는 공동체로부터 소외당한다는, 소속되어 있지 않고 참여하지도 못한다는, 뒤처진다는 이 측면이 큰 걱정거리라고 강조했다는 점에서 옳았다. 걸작《도덕감정론The Theory of Moral Sentiments》에서 그는 이렇게 썼다. "가난한 사람은 외면당한 채 오가며, 군중 속에 있어도 자신의 오두막에 틀어박혀 있는 것이나 다를 바 없이 드러나지 않는다."[8] 13장에서 이 단절감이 얼마나 해로울 수 있는지를 살펴볼 것이다.

이제 자본주의의 타당하지 않은 비판 세 가지를 살펴볼 차례다. 스미스가 오래전에 논박한 것들이다.

자본주의는 정실주의다. 스미스는 경쟁이 자본주의가 제 기능을 하는 데 핵심적임을 알았다. 또 그는 기업이 수익이 줄어드는 쪽으로 내몰리기 때문에 진짜 경쟁을 원치 않는다는 것도 알았다. 또 한 가지 그의 가장 유명한 관찰은 이것이다. "같은 분야의 사람들은 거의 만나지 않으며,[9] 설령 오락이나 기분 전환을 하는 자리에서 마주칠 때에도 그들의 대화는 대중을 상대로 공모를 하거나, 가격을 올릴 꼼수를 짜내는 일로 끝난다." 스미스는 정부가 경쟁자들이 정실주의에 빠지지 않도록 조처하는 역할을 한다고 보았다. 정실주의는 가까운 이들끼리 공모하여 동시에 가격을 올림으로써 함께 부자가 되자는 식의 태도다.

현재의 경제 체제에 관해 내가 들은 비판 중 상당수는 자본주의에 관한 비판이 아니다. 그보다는 자본주의의 왜곡된 사례에 관한 불만이다. 위의 스미스의 말처럼, 공모와 정실 자본주의는 위험하다. 조합주의corporatism도 그렇다. 조합주의는 정부가 기존 대기업들을 편애하는 것을 말한다. 또 스미스는 현재 규제 포획regulatory capture이라고 불리는 것의 위험도 알아차렸다. 규제 당국이나 선출직 공직자가 대중의 이익을 최대화하는 쪽으로 행동하지 않고 기존 기업을 편드는 걸 말한다. 그는 이렇게 썼다. "독점을 강화하자는 모든 제안을 지지한 의원[10]은 업계를 이해하고 있다는 평판뿐 아니라, 머릿수와 부유함에 힘입어서 매우 중요한 지위를 차지하는 사람들에게 큰 인기와 영향력을 획득할 것이 확실하다."

자본주의는 무정부적이다. 아니, 그렇지 않다. 《국부론》이 나오기 20여 년 전에 그가 한 강연에서 나온 그의 가장 유명한 관찰 사례가 있다. "국가를 가장 낮은 야만적인 상태에서 최고의 부유한 상태로 바꾸는 데에는 평화, 과하지 않은 세금, 괜찮은 사법 체계만 있으면 된다."[11] 자본주의는 큰 번영을 누리게 하겠지만, 적절히 관리될 때에만 그렇다. 법과 법원은 사회의 가장 약한 구성원들의 권리, 재산, 계약을 보호할 필요가 있다. 폭력과 폭력의 위협은 용인되어서는 안 된다. 그리고 세금은 환영받지 못할지라도 필요하다.

과세는 세심하게 할 필요가 있다(과하지 않게' 할 필요가 있다). 유인책을 왜곡할 수 있기 때문이다(그리고 종종 그런 일이 일어난다). 그래도 과세는 해야 한다. 미국 대법원 판사 올리버 웬델 홈스 주니어Oliver Wendell Holmes Jr.의 표현을 빌리면 이렇다. "세금은 우리가 문명사회를 위해 치르는 대가다."[12] 스미스는 우리가 군대와 법원뿐 아니라, 일상생활과 경제를 개선하는 기반시설을 위해서도 세금을 내야 한다는 것을 알아차렸다. 그는 "특정한 공공 업무와 기관을 세우고 유지할 의무"를 정부가 지닌다고 썼다. "그런 것들을 세우고 유지하는 일은 결코 어떤 개인이나 소수 집단의 이익을 위한 것이 될 수 없다."

자본주의는 억압적이다. 아마 자본주의에 대한 가장 부당하고 부정확하면서 무지한 비판은 자본주의가 노동자들에게 나쁘다는 주장일 것이다. 카를 마르크스는 자본주의 치하의 노동자들이 짓밟히고 가난해지다가 결국 족쇄를 벗어던지고 공산주의를 받아들일 것이라고 확신했지만, 실제로 일어난 일은 달랐다. 많은 결함을 지니고 있음에도, 산업시대는 사람들의 부와 삶의 질을 예전보다 더 빨리 증진시켰다. 최근 수십 년 사이에 전 세계에서 자본주의와 기술 발전이 확산됨에 따라 많은 중요한 분야에서 발전이 가속되어왔다.

애덤 스미스는 자본주의의 가장 큰 미덕이 엘리트뿐 아니라 수수한 가정에서 태어난 이들의 삶도 개선하는 것임을 간파했다. 그는 자본주의가 제대로 작동할 때, 어떤 미래가 펼쳐질지를 마르크스나 맬서스보다 훨씬 더 명확히 파악했다. 그리고 그는 오늘날 우리가 사회적 정의라고 부를 법한 것을 걱정했다. 스미스는 노동자들이 향상된 생활수준을 누려야 마땅하다고 깊이 믿었다. 그는 《국부론》에서 이렇게 썼다. "인구 전체를 먹이고 입히고 묵도록 하는 사람들은 스스로도 잘 먹고 입고 묵을 수 있을 만큼 자기 노동의 산물을 공유해야 한다." 그는 자본주의가 그 목표를 이루는 최고의 수단이라고 믿었다. 나도 동의한다.

스펙트럼의 어딘가에

내가 많이 듣는 자본주의의 비판 중 하나는 자본주의가 모두를 위한 사회안전망을 제공하지 않는다는 것이다. 그 말은 맞다. 그러나 그 말은 배가 날지 않는다고 불평하는 것과 다를 바 없다. 그리고 한 사회의 교통 체계가 배와 항공기를 다 지닐 수 있듯이, 사회는 자본주의 요소들과 사회안전망을 다 지닐 수 있다. 앞장에서 말했듯이, 내 자본주의 정의에 들어맞는 부유한 국가들은 모두 가난한 실업자를 위한 지원, 아동과 노인 등 적어도 몇몇 집단을 지원하는 보건 의료 등의 복지체계를 갖추고 있다. 사회안전망은 자본주의 국가별로 각양각색이다. 예를 들어, 노르웨이의 것은 미국의 것과 전혀 다르다. 그러나 그 모든 국가들은 나름의 안전망을 지닌다.

혼란 중 상당 부분은 한 희화화에서 비롯된다. 시장 근본주의는 자본주의만으로 사회 모든 구성원의 복지를 충분히 담보할 수 있으며, 사회안전망이 불필요하며 낭비라는 믿음을 가리킨다. 아니, 더 나아가서 사람들의 일하려는 동기를 줄이기 때문에 반생산적이라고 본다. 그 용어는 20세기 중반의 소설가이자 정치이론가인 아인 랜드Ayn Rand 의 저술에서 나온 것이다. 투자자이자 자선사업가인 조지 소로스George Soros 를 비롯한 이들은 그 용어를 1980년경 로널드 레이건Ronald Reagan과 마거릿 대처Margaret Thatcher가 주도한 정책과 관련지어왔다. 그러나 레이건과 대처가 자국의 복지 체제를 축소하고 수정한 것은 분명하지만, 그 체제를 완전히 없애려 한 것은 아니었다. 시장 근본주의는 이론적인 상황을 상정한 것이다. 자본주의는 지니지만 복지 체제를 지니지 않은 사회를 말한다. 현실에는 존재하지 않는 사회다. 그런 사회가 있어야 한다고 생각하는 사람은 거의 없다. 미국에서 소수의 우익 현학자들을 제외하고는 말이다(세금 반대 활동가 그로버 노퀴스트Grover Norquist는 2001년에 이렇게 말했다. "나는 정부를 없애자는 것이 아니다. 그저 내가 욕실로 끌고 가서 욕조에 집어넣어 익사시킬 수 있을 만한 크기로 줄이고 싶을 뿐이다").[13]

그래도 시장 근본주의는 유용한 개념이다. 정부가 국민의 복지를 담보하려면 자본주의에 얼마나 의지해야 하는지에 관한 믿음들은 일종의 스펙트럼을 이룬다. 시장 근본주의는 그 스펙트럼의 한쪽 극단을 이루기 때문이다. 시장 근본주의자는 자본주의 홀로도 충분하다고 믿는다. 스펙트럼에서 그 옆에 놓이는 사회 민주주의자는 충분치 않다고 믿는다. 그들은 정부가 일시적 또는 항구적으로 자본주의에 밀려난 이들을 돕고, 불평등을 줄이는 데 적극적인 역할을 해야 한다고 믿는다.

자신을 사회 민주주의자라고 여기는 사람일수록, 높은 세율, 더 많은 규제, 더 포괄적인 복지 체제를 선호하는 경향이 있다. 스칸디나비아 국가들은 사회 민주주의의 가장 뚜렷한 사례들로 제시되는 반면, 미국은 거의 그렇지 않다. 미국은 스웨덴이나 덴마크보다 사회안전망이 더 작고 덜 정교하기 때문이다. 그러나 스웨덴, 덴마크, 미국은 모두 분명히 자본주의 국가다.

진정한 차이는 스펙트럼의 다음 단계로, 즉 '사회 민주주의'에서 '사회주의'로 넘어갈 때 나타난다. 두 꼬리표가 비슷하다는 점은 불행이다. 둘은 국가를 운영하는 방식에 관한 전혀 다른 개념이기 때문이다. 사회주의는 자본주의의 모든 버팀목들을 그냥 거부한다. 사회주의에서는 대부분의 기업과 산업을 정부가 소유하거나 통제하며, 많은 경제 활동(누가 무엇을 만들고, 누가 무엇을 얻고, 누가 어디에서 일하고, 가격이 얼마인지)을 중앙에서 계획한다. 사유재산이 적기 때문에 재산권도 적다. 중요한 것들은 국가가 더 많이 지니고 있다. 사회주의 정부가 혁명이 아니라 선거를 통해서 권력을 얻을 때에는 '민주적 사회주의'라고 한다. 그래서 용어를 놓고 혼란이 더 심해진다.

사회주의를 지나면 스펙트럼의 반대쪽 끝에 다다르는데, 바로 '공산주의'다. 마르크스가 기대한 공산주의는 노동자들이 스스로 조직하는 평등주의적 세계 유토피아다. 불평등도, 화폐도, 사유재산도, 기업도, 사장도, 정부도, 국가 사이의 국경도 없을 것이다. 마르크스는 세계 공산주의 경제가 어떻게 돌아갈지(상품과 서비스가 어떻게 생산되고 분배될지)를 자세히 기술하지는 않았지만, 그런 세상이 올 것이라고 확신했다. 그는 공산주의를 역사적 필연이라고 생각했고, 사회주의는 공산주의로 나아가는 일종의 징검다리라고 보았다.

시장 근본주의와 공산주의는 상상할 수 있는 만큼 서로 다르지만, 한 가지 중요한 공통점을 지닌다. 현실 세계에 존재한 적이 없다는 것이다. 마르크스의 개념을 채택한 나라들은 결코 완전한 공산주의에 이르지 못했다. 사회주의 단계에 머물러 있었다(소련의 본래 명칭인 소비에트사회주의공화국연방은 그렇다는 것을 인정한다). 북한엔 아직 화폐가 있으며, 쿠바는 민간 기업의 영업을 허용하며, 중국 경제의 많은 부문에서는 경쟁이 극심하다.

사회주의 실험, 더 이상 필요하지 않다

국가가 얼마나 자본주의적인지를 살펴볼 때, 모든 행동은 스펙트럼의 중간에 놓여 있는 듯하다. 사회 민주주의와 민주적 사회주의 사이에 있다. 나는 한 단어를 형용사로 쓰는지 명사로 쓰는지 여부가 매우 중요하다는 점을 이처럼 명확히 보여주는 사례가 또 있을지 의심스럽다. '사회적'이라는 말은 괜찮다. '사회주의'는 재앙이다.

나는 모스크바에서 베이징과 아바나에 이르는 역사 기록들이 이 점을 아주 명확히 보여주며, 사회주의의 단점이 이루 다 나열할 수 없을 만치 많기에 여기에 더 이상 설명할 필요가 없다고 생각한다. 사회주의 경제가 이론적으로(현실에서 어떤 일이 일어났는지와 상관없이) 작동할 수 있을까 하는 논쟁조차도 계속할 필요가 없다. 위대한 오스트리아계 영국 경제학자 프리드리히 하이에크Friedrich Hayek가 그 쟁점을 정리했기 때문이다.

하이에크는 알루미늄과 밀 같은 것들의 가격 변동이 그 물품의 많고 적음을 알리는 신호임을 깨달았다. 이런 신호는 물건을 사고파는 사람들에게 행동을 취하도록(줄이고, 교환하고, 최적화하고, 증발시키는 등) 한다. 따라서 자본주의 경제에서 자유롭게 변동하는 가격은 중요한 이중의 의무를 수행한다. 정보와 동기를 둘 다 제공한다. 사회주의 정부가 정하는 가격은 이 두 가지 일을 다 못한다. 하이에크는 이 깨달음을 토대로 1977년에 사회주의 개념을 논박했다.[14] "나는 사회주의자들이 지적으로 자신의 주장을 뒷받침할 근거를 지니고 있는지가 늘 의심스러웠다. (…) 가격이 우리가 직접 지닌 것 이상의 정보를 담은 의사소통과 안내의 도구임을 일단 이해하기 시작하면, 단순히 지시함으로써 (…) 동일한 수준의 것을 얻을 수 있다는 개념 자체는 몰락한다. (…) 나는 지적으로 볼 때 사회주의에서 건질 것이 전혀 없다고 생각한다."

그러나 몇몇 지역에서는 사회주의가 다시금 인기를 끌고 있다. 좋은 소식은, 우리 인간이 현대 미디어의 모든 기술들의 도움을 받아서 또 하나의 사회주의 실험이 펼쳐지고 무너지는 광경을 자세히 살펴보고 있다는 것이다. 나쁜 소식은, 베네수엘라의 아주 많은 사람이 이 교훈을 제공하면서 고통을 겪고 있다는 것이다.

2001년까지도 남아메리카에서 가장 부유한 국가였던 베네수엘라[15]는 1998년에 열렬한 사회주의자인 우고 차베스Hugo Rafael Chavez Frias를 대통령으로 뽑았다. 2013년 그가 사망하자, 부통령인 니콜라스 마두로Nicolás Maduro가 자리를 이어받았다. 둘 다 군사 쿠데타나 민중 혁명이 아니라, 선거를 통해서 정권을 잡고 유지했다. 그 뒤로 20년 동안 베네수엘라는 민주적 사회주의의 확실한 사례가 되어왔다.

차베스와 마두로는 사회주의의 기본 원리를 충실히 따랐다. 그들은 원유 채굴에서 비료 생산, 은행, 유리 제조에 이르기까지 다양한 산업 분야에서 기업들을 국유화했다.[16] 시장에 의지하여 상품과 서비스가 가난한 이에게 가도록 하는 대신에, 정부가 곡물과 채소를 공급하는 사회기관misiones을 설립하여 운영했다.[17] 또 국가는 국제 시장에서 식품을 구입하여 보조금을 덧붙인 가격으로(다시 말해 손해를 보고서) 국내에 팔았다.[18] 대부분의 업종에 통화 관리가 가해졌고,[19] 그 말은 미국 달러 등 다른 화폐들을 사고팔 자유시장이 사라졌다는 뜻이었다. '공정 가격' 법규는 가격뿐 아니라,[20] 이윤과 상품의 허용 범위도 정했다. 그런 조치들이 죽 이어졌다. 따라서 차베스와 마두로는 자국 내 자본주의의 모든 버팀목들을 찍어내거나 쓰러뜨렸다. 그 어떤 경제학자들도 사회주의의 효과를 살펴보기 위해 이보다 더 나은 실험장을 조성할 수는 없을 것이다. 하지만 그 어떤 윤리학자도 이런 실험을 시도하지 않을 것이다. 그것이 가져올 수 있는 피해를 고려해야 할 테니 말이다.

열렬한 마르크스주의자가 아닌 모든 경제학자나 역사학자는 베네수엘라가 사회주의에 몰두할 때 나올 수 있는 결과 중 적어도 일부를 예측할 수 있었을 것이다. 하지만 나는 경제적 파국과 그에 수반되는 사람들의 고통의 실제 규모를 예측한 사람은 거의 없었을 것이라고 본다.

사회주의는 느리게 작용하는 독이며, '차비즘Chavism'의 첫 10년 동안은 그리 나쁘지 않았다(적어도 그 뒤에 일어난 일에 비교하면 그렇다). 2009년 거의 전 세계가 경기 침체에 빠져들었을 때 베네수엘라도 마찬가지였다. 그러나 베네수엘라의 경제는 2011년에 회복되었다. 주로 수출액의 95퍼센트를 차지하는 석유 산업 덕분이었다.[21] 베네수엘라는 확인된 석유 매장량이 세계 최대[22]이므로, 원유 가격이 대체로 배럴당 100달러를 넘었을 때는[23] 엄청난 이익을 보았다. 높은 유가에 힘입어서 정부는 다른 여러 방면으로 지원을 할 수 있었고, 사회주의 실험을 계속

할 수 있었다. 그러나 유가는 2014년에 급락했고, 상황이 빠르게 악화되기 시작했다. 정부가 더 이상 국제 시장에서 대량으로 식량을 구입할 능력이 없었기에 식량이 부족해졌다. 많은 민간 기업은 이미 식품 생산을 중단한 상태였다. 정부가 무상으로 제공했기 때문이다. 다른 물품들의 생산자들도 통화와 가격 통제 때문에 무력해져 있거나 국유화 이후로 제대로 운영되지 않고 있었다.

국가의 식량 공급이 실패하면서 암울한 결과가 빠르게 나타나기 시작했다. 2017년 중반에 베네수엘라인들은 본의 아니게 '마두로 다이어트'를 하고 있었다. 성인은 한 해에 평균 9킬로그램이나 체중이 줄었다.[24] 2016년부터 이미 아동 사이에 영양실조가 만연해 있었는데, 한 의사는 이렇게 말했다. "2017년에 영양실조 환자들이 끔찍할 만치 늘어났다. 키와 몸무게가 신생아 때와 별 다를 바 없는 아이들이 밀려든다."[25]

2016년 초 유가가 최저점에서 두 배 이상 오르자, 많은 이들은 베네수엘라 경제가 회복될 수 있을 것이라고 기대했다. 그러나 유가 상승은 별 도움이 되지 않았다. 국가가 원유 생산 능력을 잃은 상태였기 때문이다. 총생산량은 2017년에 29퍼센트 하락했다. 2003년 미국의 침략으로 이라크가 겪은 것보다 더 큰 폭의 하락[26]이었다. 국영 석유 기업의 한 전직 책임자는 이렇게 설명했다. "베네수엘라에는 전쟁도, 파업도 없다. 그런데 그나마 남은 석유산업도 자체 붕괴하고 있다." 정부의 무능과 부패 때문이었다.

다른 산업들도 그다지 나을 것이 없었다. IMF는 베네수엘라의

GDP가 2013~2017년 사이에 35퍼센트가 하락했다고 추정했다.[27] 경제학자 리카르도 하우스만Ricardo Hausmann은 이것이 라틴아메리카뿐 아니라, 유럽과 북아메리카까지 포함하여 역사상 가장 큰 경제 붕괴라고 했다.[28] 정부는 화폐를 엄청나게 많이 찍어냄으로써, 이 생산량의 대폭 하락이 미치는 충격을 상쇄시키려 시도했다. 그러나 당연하게도 이 조치는 가격을 급상승시키는 효과만 일으켰을 뿐이다. IMF는 베네수엘라의 물가 상승률이 2018년에 1만 3,000퍼센트에 이를 수 있다고 예측했지만, 오히려 실제론 너무나 보수적으로 추정한 값임이 드러났다. 그해 11월에 연간 물가 상승률은 129만 퍼센트에 달했다.[29] 석 달 뒤, IMF는 물가 상승률이 1,000만 퍼센트에 달했다고 추정했다.

모든 수준에서 경제의 관리 부실이 심해지면서, 국민들은 더욱 비참한 상황으로 내몰렸다. 범죄율은 급증했다. 2016년 베네수엘라는 엘살바도르 다음으로 살인 범죄율이 높은 나라가 되었다.[30] 정부는 범죄와 싸우기 위해 점점 더 야만적인 수단에 의지했고, 3년도 채 안 되는 기간에 정식 재판 없이 베네수엘라 경찰과 군인에게 살해당한 사람이 8,000명이 넘는다는 조사 결과가 나왔다.

중성자탄은 건물을 비롯한 물리적 기반시설의 손상을 최소한으로 줄이면서 가능한 많은 사람을 죽이도록 고안된 핵무기다. 베네수엘라의 사회주의는 중성자탄과 정반대의 기능을 했다. 사람들을 직접 죽이지 않았지만, 사회의 기반시설에 엄청난 피해를 입혔다. 보건 의료에서 통화, 상품과 서비스의 생산, 공공 안전에 이르기까지 모든 것이 파괴되었다. 사회주의의 기반시설 파괴가 계속됨에 따라서, 자국을 탈출하는 베네수엘라인들이 점점 늘어났다. 2018년 초에는 콜롬비아를 비롯한 이웃 나라들로 탈출하는 사람들이 하루에 적어도 5,000명은 되었다.[31] 가족을 먹여 살려야 하는데 일자리를 구할 수 없자, 필사적이 된 많은 여성은 매춘에 나섰다. 컬럼비아의 한 국경 도시에서 매춘업소를 운영하는 사람은 이렇게 말했다. "전직 교사가 많고, 의사도 몇 명 있고, 전문직이었던 여성도 많아요. 석유공학자도 한 명 있어요. 모두 학위증을 손에 들고 나타났지요."[32]

베네수엘라의 상황은 계속 악화되었다. 교전 지대라고 불리기까지 하고 있지만, 사실 몇 가지 측면에서 보자면 그 표현조차도 너무 온건하다. 정부는 보건 위기의 진정한 규모를 숨기기 위해 무진 애를 써왔지만, 정부 공식 통계조차도 2016년 유아 사망률이 시리아보다 높음을 보여주었다.[33]

주요 반대 진영이 보이콧하고, 자유롭고 공정한 것과 거리가 멀었다고 널리 인정된 2018년 5월 선거에서 마두로는 68퍼센트의 표를 얻어서 재당선되었다. 그러나 2019년 초, 그의 대통령 지위가 불안한 상황에 직면했다. 베네수엘라인의 80퍼센트 이상이 그의 사임을 원했다.[34] 마두로 정권이 경제를 지독히도 제대로 관리하지 못한다는 것이 주된 이유였다. 초인플레이션을 비롯한 여러 가지 자초한 문제들 때문에 인구의 거의 90퍼센트가 빈곤 상태에 빠졌다. 반대파 지도자 후안 과이도Juan Guaidó는 2019년 1월 23일에 자신이 임시 대통령이라고 선언했다. 2월 중순에 그가 베네수엘라의 적법한 대통령이라고 승인한 나라가 50개국을 넘었다.

영국 총리 마거릿 대처가 1976년에 간파한 말은 유명하다. "사회주의의 문제는 궁극적으로 남의 돈을 고갈시킨다는 것이다."[35] 마두로는 이윽고 그와 관련된 위기에 봉착했다. 그의 나라에서는 식량을 비롯한 상품들이 고갈되었다. 돈을 비롯하여 사회주의 경제와 관련된 모든 것들이 신용을 잃었기 때문이다.

문제는 자본주의가 충분히 수용되지 않고 있다는 것

그러나 자본주의는 라틴아메리카를 비롯하여 세계의 덜 발달한 지역들에서 사람들을 실망시키지 않았던가? 아마 그 실패 사례들은 베네수엘라에서 사회주의가 보여준 것만큼 빠르고 기괴하지는 않았을지라도, 그래도 실패했다는 것은 사실이지 않은가?

리카르도 하우스만은 그렇지 않다고 주장한다. 자본주의가 장악했던 곳에서는 잘 작동했다는 것이다. 그는 오히려 자본주의가 더 넓게 퍼질 수 없었다는 점이 문제였다고 지적한다. "개발도상국에서 생산의 자본주의적 재편이 수그러들면서,[36] 노동력의 대다수가 그 바깥에 방치되었다. 엄청난 규모다. 미국에서는 9명 중 1명만이 자영업자인 반면, 인도에서는 20명 중 19명이 그렇다. 페루에서는 민간 기업에서 일하는 노동자가 5분의 1이 채 안 된다. (…) 멕시코에서는 약 3명 중 1명

•   이 상황은 2020년 지금까지 계속되고 있다. - 옮긴이

이다."

　부유한 나라에서는 자영업자가 전문가로서 자신이 택한 기업과 협력하는 프리랜서나 컨설턴트일 때가 많다. 그러나 개발도상국에서는 자영업자의 대다수가 기업과 협력하는 일을 하고 싶어 하겠지만, 그런 일자리가 전혀 없다. 그래서 사람들은 자영농, 보따리상, 소매상으로 생계를 꾸려가야 한다.

　하우스만은 개발도상국들의 다양한 경제 상황을 조사하면서, 한 가지 흥미로운 양상을 알아차렸다. 자본주의가 더 장악한 곳일수록 더 부유하다는 것이다. 예를 들어, 멕시코의 누에보레온주는 주민의 3분의 2가 기업에 고용되어 있다. 반면에 치아파스주는 15퍼센트도 채 안 된다. 누에보레온주가 평균 소득이 아홉 배 더 높다. 하우스만은 이것이 우연의 일치라고 보지 않는다. "개발도상국의 근본적인 문제는 자본주의가 가장 가난한 나라와 지역에서 생산과 고용을 재편하지 않음으로써, 많은 노동력을 그 운영 범위 너머에 남겨둔다는 것이다."

　다음 장에서는 자본주의가 왜 몇몇 지역에서 수그러들었는지를 살펴보기로 하자. 또 인구와 부가 더 늘면서도 우리가 지구를 더 가볍게 밟을 수 있게 하려면, 자본주의와 기술 발전 외에 무엇이 필요한지도 살펴볼 것이다.

9장

대중의 인식과
정부의 정책이 필요한 이유

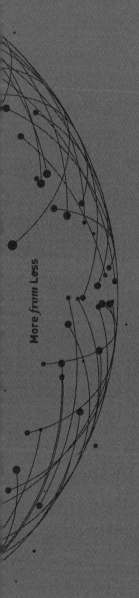

More from Less

◆

정부의 합당한 목표는 사람들의 집단을 위해 일하는 것이다.
사람들은 무엇을 해야 하든 간에 혼자서는,
각자가 개별적으로 지닌 능력으로는
모든 것을 할 수 없거나, 아주 잘할 수 없기 때문이다.

| 에이브러햄 링컨, 〈정부에 관한 소고〉, 1854년 |

◆

어느 모로 보나 중요한 일인 지구를 더 가볍게 디디도록 하는 데 필요한 것이 오로지 기술 발전과 자본주의가 일으키는 선순환뿐일까? 그렇지 않다. 두 가지 명백한 이유가 있다. 첫 번째는 모든 경제학 입문 강의에서 다루는 내용과 관련 있다. 두 번째는 모든 윤리학 세미나에서 다루는 내용들이다. 경제적 이유는 오염의 부정적 외부 효과negative externality다. 윤리적 이유는 두 가지 질문을 결합한 것이다. "우리는 동물을 어떻게 대해야 할까?" 그리고 "어떤 산물을 시장에서 거래하지 말아야 할까?"

자본주의의 부정적 측면들

경제학 입문 강좌를 듣는 모든 학생이 배우듯이, 외부 효과는 거래에서 나오지만, 그 거래의 당사자들에게 곧장 돌아가지 않는 비용 또는 혜택을 말한다. 중요한 외부 효과를 지니지 않은 경제적 거래도 많다. 내가 동네의 한 가게에 우유를 사러 가면, 가게 주인과 나는 둘 다 혜택을 보지만, 그 밖의 사람들은 별 상관이 없다. 그러나 우유를 생산하는 낙농업자가 소를 제대로 씻기지 않는다면, 냄새가 동네 사람들을 성가시게 만들기 시작할 것이다. 우유를 마시지 않는 사람들에게도 그럴 것이다. 이런저런 이유로 다른 곳으로 떠날 수 없는 동네 사람들은 그 낙농업자와 어떠한 사업 연관성이 없음에도 악취에 시달린다. 이런 사례들은 오염이 고전적인 부정적 외부 효과임을 강조하기 위해서 경제학 입문 강좌에 으레 포함된다. 낙농업자의 이웃들은 우유를 전혀 사고팔지 않을지라도 냄새의 비용을 부담하고 있다. •

시장은 많은 중요한 일을 놀라울 만치 잘하지만, 부정적 외부 효과를 소홀히 하는 경향이 있다. 공장 주인과 그 고객들이 모두 공장에서 멀리 떨어진 곳에 산다면, 공장 인근의 공기, 땅, 물을 오염시키지 않으려는 동기를 거의 지니지 않을 것이다. 그래서 경제학 입문 강좌에서 말하는 경제학의 첫 번째 원리는 시장이 작동하고 정부는 시장이 알아서 굴러가도록 놔두어야 한다는 것이지만, 두 번째 원리는 시장이 부정적 외부 효과를 잘 다루지 못하므로 정부의 개입이 필요하다는 것이다.

정부는 오염 행위를 금지시키는 것만으로 오염의 부정적 외부 효과를 충분히 다룰 수 있다. 예를 들어, 미국에서는 폐기물을 처리할 때 대부분은 해양 투기가 불법이거나 투기 비용을 부과해야 한다. 어떤 이들은 기업이 비용을 지불할 의향이 있기만 하다면 오염을 계속하도록 허용한다는 생각을 안 좋게 여기지만, 그 논리는 어떤 면에선 건전하다.

오염에 비용이 든다면, 기업은 오염을 줄이기 위해 시간과 노력을 들이고, 필요한 기술 혁신을 할 것이다. 물질과 자원을 줄이기 위해 온갖 영리한 시도를 하듯이 말이다. 오염이 공짜가 아니라 비용이 든다

• 외부 효과 개념을 도입한 사람이 19세기 영국 경제학자이자 철학자인 헨리 시지윅(Henry Sidgwick)이라는 말을 흔히 한다. 원래는 스필오버(spillover)라고 했다. 나중에 경제학자들은 그 용어의 의미가 너무 명확하다고 판단해서 그 용어를 버리고 대신에 외부 효과라는 더 불분명한 용어를 쓰기로 결정한 듯하다.

면, 기업은 탈물질화를 위해 애쓰는 것처럼 '탈오염'을 위해서도 애쓸 것이다.

오염을 위한 시장

기업이 오염시킬 권리를 사고팔 수 있다면, 상황은 훨씬 더 나아질 것이다. 이 말은 노벨상을 받은 전설적인 경제학자 로널드 코스Ronald Coase가 1960년에 발표한 〈사회적 비용의 문제 The Problem of Social Cost〉라는 논문에서 시작된 사고의 흐름에서 나온 결론이다. 코스는 시장이 일을 아주 잘하므로, 그 외부 효과를 시장에서 거래할 수 있도록 만드는 것이야말로 오염 같은 외부 효과를 다루는 영리한 방법이라고 주장했다.

당시에 많은 이는 "기업이 오염을 사고팔게 하자"라는 주장은 "기업이 부담금을 내고 오염을 시키도록 허용하자"라는 주장보다 더 기이하고 불쾌하다고 여겼다. 그런데 매우 놀랍게도, 1980년대에 시장을 좋아하는 보수주의자들과 자유주의적인 환경론자들[1]은 코스의 개념을 써서 오염을 줄일 수 있다는 데 의견 일치를 보았다. 그래서 1990년 미국의 청정공기법이 개정되면서 대기 오염물질 배출의 '배출권 거래제 cap-and-trade'가 시작되었다. 배출권 거래제는 정부가 허용할 오염의 총량, 즉 상한선 cap을 정한 뒤, 기업들이 그 한계 내에서 오염시킬 권리를 거래하도록 하는 것이다. 그리고 시간이 흐를수록 상한선을 낮춤으로써 오염물질의 총량을 줄인다.

배출권 거래제의 배경이 되는 기본 개념은 기업마다 오염을 줄이는 데 드는 비용이 다를 수 있다는 것이다. 따라서 정부는 모든 기업에 같은 비율로 오염을 줄이도록—이를테면 연간 10퍼센트씩—의무를 지우기보다는 해당 산업 전체에 오염 총량을 연간 10퍼센트씩 줄이도록 의무화하고, 기업들이 서로 오염시킬 권리를 거래하도록 한다면 같은 결과를 얻을 수 있다는 것이다.

이 방식이 어떻게 작동하는지 알아보기 위해서, 한 업계에 '브라운'과 '그린'이라는 두 기업이 있다고 하자. 브라운은 자사가 오염을 줄이기가 어렵다는 것을 알며(아마도 더 낡은 기술을 쓰고 있기 때문에), 필요한 장비들을 모두 새로 개량하거나 교체하는 것보다 배출권을 구입하는 것이 싸다면 배출권을 사서 오염을 계속하는 쪽을 택할 것이다. 한편 그린은 기술로 저렴하게 오염을 줄일 수 있다. 따라서 자신이 오염을 줄이는 데 드는 비용보다 배출권의 가격이 더 높다면, 브라운에게 배출권을 기꺼이 팔 것이다.

잘 고안된 오염 거래 시장에서 그린과 브라운은 서로 만나서 가격을 합의한 뒤, 행복하게 떠난다. 나머지 사람들도 모두 행복하다. 오염 총량이 줄어들기 때문이다. 그린은 오염물질을 많이 줄이는 동시에 브라운으로부터 지불을 받는다. 브라운은 그린에게 지불을 하는 한편으로, 오염을 겨우 조금 줄인다. 배출되는 오염물질 총량은 10퍼센트라는 상한선 아래로 유지된다.

오염물질을 줄이기 위한 배출권 거래제 접근법은 엄청난 성공을 거두어왔다.[2] 잡지 〈스미소니언Smithsonian〉은 2009년에 배출권 거래제를 이렇게 요약했다. "오염자가 가장 저렴한 방법으로 배출량을 줄일 방법을 계속 찾도록 한다. 그 결과 연간 공공시설에 들어가는 비용이 (원래 추정한) 250억 달러가 아니라, 겨우 30억 달러면 된다. (…) 또 사망과 질병이 감소하고, 호수와 숲이 더 건강해지고, 동부 해안 지대의 가시도가 향상되면서 연간 1,220억 달러의 혜택을 가져오는 것으로 추정된다."

미국을 비롯한 나라들에서 배출권 거래제를 통해 대기 오염을 줄인 이야기는 자본주의와 기술 발전이 강력한 조합이다. 하지만 그것만으로는 부족하다.

사람의 그리고 사람을 위한

따라서 우리는 이야기에 한 쌍의 힘을 추가해야 한다. 이 두 번째 쌍은 '대중의 인식public awareness'과 '반응하는 정부responsive government'다.

3장에서 살펴보았듯이, 미국에서 대기 오염이 심각한 건강 문제를 일으킨다는 대중의 인식은 천천히 이루어져왔지만, 1948년 펜실베이니아주 도노라에서 일어난 사건들과 주요 도시들에서 생기는 잦은 '살인 스모그'는 뭔가 조치가 필요하다는 것을 보여주었다.

이윽고 반응하는 정부로부터 조치가 이루어졌다. 나는 여기서 '반응한다'는 말을 세 가지 의미로 쓴다. 첫 번째이자 가장 명백한 의미는

'사람들의 의지에 반응한다'는 것이다. 지구의 날 이후로 미국을 비롯한 국가들은 일련의 기념비적인 오염 방지법들을 제정했다. 국민들이 그 문제에 조치를 취할 것을 요구했고, 재선되기를 원하는 선출직 공직자들이 그 요구를 받아들였기 때문이다. 민주주의 국가는 다른 유형의 정부보다 더 국민의 욕구에 주의를 기울이는 경향이 있다(비록 뒤에서 살펴보겠지만, 양쪽 다 예외 사례들이 있다).

반응한다의 두 번째 의미는 '좋은 착상에 반응하는' 것을 말한다. 미국 연방정부는 배출권 거래제를 시행했다. 그것이 대단히 효과가 좋았기 때문이다. 이 사례에서 선출직 공무원들은 한 학계 경제학자의 특이해 보이는 개념(오염을 위한 시장을 만들라고?)이 해볼 만한 탁월한 것이라고 확신하게 되었다.

세 번째로, 나는 반응한다는 말을 좋은 차가 반응한다는 식의 의미로 쓴다. 운전자가 움직이고자 하는 대로 움직일 수 있다는 의미다. 여기서는 '효과적이다'의 동의어다. 배출권 거래제든 다른 어떤 오염 방지 노력이든 간에, 정부가 약하거나 부패하거나 해서 법을 집행할 수 없다면 무용지물이다. 따라서 정부는 고도의 감시 체계와 집행력을 갖추어야 한다.

| 오염 방지 노력이 민주 국가의 전유물은 아니다

중국은 민주 국가가 아님에도, 최근 들어서 대기 오염 측면에서 볼 때 이 세 가지 의미에서 '다 반응한다'는 것이 드러났다. 중국인들이 오염된 도시들을 떠나기 위해 무척 애쓰고 있다는 증거들은 오래전부터 단편적으로 나타나곤 했다. 중국의 한 엄마는 2013년에 이렇게 말했다. "외국으로 이주하고 싶어요.[3] 여기 있다가는 질식해 죽을 거예요."

2017년 경제학자 슈아이 첸Shuai Chen, 파울리나 올리바Paulina Oliva, 펑 창张鹏은 사람들이 오염 지역에서 떠난다는 증거를 체계적으로 모았다. 그들은 중국에서 일어난 심각한 오염 사건들(1948년 펜실베이니아주 도노라에서 일어난 것과 비슷한)과 전국의 이주 양상을 비교한 끝에 놀라운 결론에 이르렀다. "우리는 (다른 모든 조건들은 변함없는 상태에서) 작년에 오염이 10퍼센트 증가한 지역에서 인구가 약 2.7퍼센트 감소했다는 사실을 발견했다."[4]

중국 공산당은 대기 오염 문제를 부각시키려는 시도들을 검열했다.[5] 2015년 삭제되기까지 온라인 조회수가 2억 회에 달한 다큐멘터리도 그 중 하나였다. 그러나 중국도 행동을 취했다. 2014년 3월, 리커창李克强 총리는 인민대회에서 이렇게 선언했다. "우리는 빈곤에 맞서 전쟁을 선포했듯이, 오염에 맞서 단호하게 전쟁을 선포할 것입니다."[6] • 정부는 석탄 발전소에 배출량을 줄이고, 오염이 심한 지역에 새 발전소를 지으려는 계획을 보류하고, 많은 가정과 소규모 사업장의 석탄 난로를 없애는(때로는 대체할 방안이 없음에도) 조치까지 내렸다.

이런 노력들은 효과가 있었다. 중국의 공식 자료들과 중국 전역에 있는 미국 영사관들의 망으로부터 자료를 얻어, 경제학자 마이클 그린스톤Michael Greenstone은 2018년에 중국 전역의 미세먼지 오염이 30퍼

• 11장에서 살펴보겠지만, 중국의 빈곤 퇴치 전쟁도 엄청난 승리를 거두어왔다.

센트 이상 감소[7]했다고 발표했다. 그는 이 감소 수준이 계속 유지된다면, 중국인의 평균 수명이 2.4년 늘어날 것이라고 추정했다. "(1970년 청정공기법이 제정된 이후로) 미국에서 그 오염 농도가 32퍼센트 줄어드는 데 1981~1982년의 경기 침체와 더불어 약 12년의 기간이 필요했건만, 중국은 고작 4년 만에 달성했다."

| 국가가 반드시 오염 방지에 애쓰는 것은 아니다

한편 인도의 민주주의는 자국의 지독한 공기 오염 문제에 거의 반응을 보이지 않았다. 2018년에 세계에서 가장 오염이 심한 도시[8] 14곳이 인도에 있었지만, 대중의 항의는 여전히 묵살되었고, 정부는 건설 현장에서 먼지를 더 많이 뿜어내도록 허용하는 등, 사실상 역효과를 일으키는 조치들을 취했다.

그러나 가장 큰 문제는 아마도 인도 정부가 그 단어의 세 번째 의미에서 반응하지 않았다는 것일 듯하다. 즉 효과적인 조치를 취할 수 없었다는 것이다. 2017년 〈뉴욕타임스〉는 이렇게 설명하는 기사를 실었다. "인도는 중국이 하듯이 국민들을 통솔한 적이 결코 없었다.[9] 인도의 정치 체제는 훨씬 더 자유롭고, 혼란스럽다. 13억 명을 아우르는 지방 분권형 민주주의에는 온갖 지역적 및 정치적 집단들이 가득하다. (…) 11월 8일, 나사의 인공위성이 찍은 인도 북부가 엄청난 스모그로 뒤덮여 있는 영상이 언론에 실렸을 때, 델리와 펀자브의 주총리들은 어떻게 했을까? 그들은 서둘러 국가 총리와 회담을 했을까? 아니었다. 서로 트윗을 날리기 시작했다."

매해 오염이 극심해져 최악에 이른 2017년 11월에, 델리의 공기는 교통사고를 일으킬 만큼 안 좋아졌다. 거의 70년 전 도노라의 상황처럼, 회색 연무가 너무 짙어서 운전자들은 서로를 볼 수조차 없었다. 이윽고 학교도 문을 닫았지만, 정부가 일사불란하게 조치를 내렸기 때문이 아니었다. 델리의 부주총리가 통학버스에 탄 아이들이 창밖으로 구토하는 것을 보고[10]서야 지시를 내렸기 때문이다.

우리는 법은 있지만 그 법을 집행할 능력이 없는 정부들을 너무나 많이 본다. 농사를 짓기 위해 숲에 불을 놓아서 개간하는 방식(화전농법)은 인도네시아에서 대체로 불법[11]이지만, 그런 행위는 여전히 대규모로 이루어지고 있다. 놓은 불이 엘니뇨의 날씨 패턴과 들어맞아서 번지면, 동남아시아의 드넓은 지역을 며칠 동안 짙은 연무가 담요처럼 뒤덮을 수도 있다. 환경운동가들은 싱가포르 주식시장에 상장된 기업들이 인도네시아에서 불법 개간에 관여한다면 고발할 수 있도록 하는 법률이 싱가포르에서 제정되도록 노력을 기울여왔다. 싱가포르 정부와 소송의 대가를 치르고 싶지 않은 기업의 욕구가 결합되어 이 오염에 효과를 발휘하기를 기대한 것[12]이다.

오염의 세계화

반응하지 않는 정부와 전 세계로 돌아다닐 수 있는 오염물질이 만나는 건 정말이지 끔찍한 조합이다. 태평양 거대 쓰레기 섬 Great Pacific

Garbage Patch 이야기를 누구나 들어보았을 것이다. 해류에 떠밀려서 태평양 한가운데에 플라스틱 쓰레기들이 엄청난 양으로 모여 있는 곳이다. 이 섬은 잘 분해되지 않는 플라스틱 쓰레기가 전 세계의 물에 계속 쌓여가고 있음을 말해주는 상징이 되었다.

그러나 이 세계적인 문제는 원천 면에서는 세계적이지 않다. 2017년에 크리스티안 슈미트Christian Schmidt, 토비아스 크라우트Tobias Krauth, 스테판 바그너Stephan Wagner가 공동 발표한 논문에 따르면, 강을 통해 세계의 바다로 흘러드는 플라스틱 쓰레기의 88~95퍼센트는 단 열 개 강에서 온다[13]고 했다. 아시아의 여덟 개 강과 아프리카의 두 개 강이다. 북아메리카와 유럽의 발전된 경제는 강을 통해 바다로 플라스틱 쓰레기를 내보내는 문제와 거의 관련이 없었다. 이런 나라들은 엄격할 뿐 아니라 강력하게 집행되는 오염 방지법들을 지니고 있기 때문이다. 예를 들어, 세계 경제의 약 25퍼센트를 차지하는 미국은 강을 통해 바다로 흘러드는 플라스틱 쓰레기에 기여하는 비율이 1퍼센트에도 못 미친다. 반면에 중국은 세계 경제의 약 15퍼센트를 차지하지만, 강에서 흘러드는 해양 플라스틱 쓰레기의 비율은 28퍼센트[14]를 차지한다.

오염 문제에는 다국적 협력이 어렵지만(하긴 그렇지 않은 문제가 어디 있겠나마는), 역사는 그런 협력이 이루어질 수 있다는 희망을 얼마간 안겨준다. 1974년 화학자 마리오 몰리나Mario Molina와 F. 셔우드 롤런드F. Sherwood Rowland는 〈네이처Nature〉에 염화불화탄소CFC라는 산업용 화학물질이 지구 오존층에 구멍을 내고 있음을 보여주는 연구 결과를 발표했다. 오존층은 암을 일으키는 태양의 자외선을 막는 일차 방패이므로 이 문제는 아주 심각한 것이었다. 또 해결하기가 어려운 문제이기도 했다. CFC는 에어컨의 냉매부터 에어로졸 스프레이 캔의 분무제에 이르기까지, 전 세계의 온갖 물품에 널리 쓰이고 있었다.

이 연구는 확정적이지 않았지만, 그래도 많은 대중에게 알려졌다. 오존층에 생긴 구멍이 지닌 위험에 대한 대중적 인식이 빠르게 확산되면서, 몇몇 국가의 소비자들은 CFC가 든 스프레이 캔 같은 제품들의 불매운동을 조직[15]했다. 그 물질의 생산자들은 CFC가 어떤 피해도 끼치지 않는다고 단호하게 부정했다. 1979년 듀폰DuPont은 이렇게 주장했다. "지금까지 오존이 사라진다는 증거는 전혀 나온 적이 없다. (…) 지금까지 제시된 오존 고갈 자료들은 모두 불확실한 추정을 토대로 한 것이다." 유럽화학기업협회ECIC는 CFC를 금지하면 세계 경제가 피해를 입을 것[16]이라고 경고했다.

이런 부정과 경고가 난무함에도, 각국 정부는 현재 돌아보면 향수를 느끼게 할 만큼 신속하고도 뚜렷한 목적의식을 갖고서 대응했다. 일련의 회담과 협상 끝에, 24개국과 유럽경제공동체는 CFC를 비롯한 오존 파괴 화학물질의 사용을 줄이자는 협정서에 서명[17]했다. 서명식은 1987년 9월 캐나다 몬트리올에 있는 국제민간항공기구 본부에서 열렸다. 이윽고 유엔에 가입한 모든 나라들은 '몬트리올 의정서'에 서명을 했다. 먼저 12년 안에 세계 CFC 생산량을 50퍼센트 감축한다는 구체적인 목표를 담은 협정서였다.

이 목표는 너무나 수수하다는 것이 드러났다. 화학기업들이 곧 기존 화학물질이 단계적으로 퇴출됨에 따라서 특허를 받은 새로운 화학물질로 이익을 볼 엄청난 기회가 왔다는 사실을 알아차린 점[18]이 협정에 큰 역할을 했던 거였다. 몬트리올 의정서 이후에 서명국들은 일련의 회담을 통해서 그 화학물질 사용량을 75퍼센트, 이어서 100퍼센트로 줄이며, 그 기간을 10년까지로 줄이자고 합의했다. 이윤 추구 동기뿐 아니라, CFC가 비교적 소수의 기업과 산업 집단에서 생산되고 있었다는 사실도 이런 이정표들을 달성하는 데 도움이 되었다. 그 화학물질 자체는 전 세계로 퍼졌지만, 원천이 파악되었기에 궁극적으로 감축을 설득하기가 쉬웠다.

유엔 사무총장 코피 아난Kofi Annanv은 이렇게 말했다. "아마 지금까지 가장 성공적인 국제 협정[19]은 몬트리올 의정서일 것이다." 아마도 그 말은 옳을 것이다. 2016년 한 연구진은 대체로 CFC 감축 덕분에 처음에 예상했던 것보다 더 빨리 오존층의 구멍이 닫히고 있다[20]고 발표했다. 2000년 이래로, 인도보다 더 넓은 면적인 400만 제곱킬로미터가 넘게 줄어들었다. 몰리나와 롤런드는 인간 활동이 어떻게 오존층에 영향을 미칠 수 있는지를 연구한 선구자인 파울 크뤼천Paul Crutzen과 공동으로 1995년 노벨 화학상을 받았다.

지구 온난화를 일으키는 온실가스 배출을 줄이자는 국제 협정을 맺는 일이 훨씬 더 어려운 이유는 15장에서 살펴보기로 하자.

동물보호의무와 짐승

많은 이가 동물을 좋아하며, 보호해야 한다고 느낀다. 우리는 상징적이거나 장엄하거나 사진을 잘 받거나 귀여운 동물을 특히 좋아한다. 칠성장어(이빨이 가득한 동그란 입에 소화계가 붙어 있는 혐오스럽게 생긴 원시적인 기생 어류)가 멸종 위험에 처한다고 하면 과연 얼마나 많은 사람들이 관심을 가질지 나는 좀 의심스럽다. 그러나 캐나다를 비롯한 나라들에서 해마다 이루어지는 하프물범 사냥은 전 세계인의 분노와 항의를 불러일으킨다. 하프물범이 멸종 위험에 처해 있기 때문이 아니다. 오히려 캐나다 정부는 그 종을 수가 많다고 분류하고 있다.[21] 눈처럼 하얗고 눈이 커다란 새끼 하프물범이 세상에서 가장 귀여운 동물이기 때문이다.

지금 나는 동료 생물들을 향한 우리의 보호와 배려 개념이 제대로 형평이 맞는지를 놓고 논쟁을 벌이려는 것이 아니다. 그저 우리 대다수가 적어도 일부 생물들에게 도덕적 의무를 느끼며, 특히 우리 때문에 그들을 지구에서 영구히 사라지게 만들지 말아야 한다는 의무를 느낀다는 점을 지적하려는 것뿐이다. 인간이 일으킨 멸종은 되돌릴 수 없으며(지금까지는 그러했다), 많은 이의 분노를 불러일으킨다.

줄리안 사이먼과 폴 얼리치의 내기를 연구한 사람은 우리가 동물에게 어떤 감정과 믿음을 지니든 간에 멸종을 너무 걱정할 이유가 전혀 없다고 응수할지도 모르겠다. 어찌되었든 간에, 이 논리에 따르면 고기, 가죽, 깃털 같은 동물 제품은 알루미늄, 구리, 탄산칼륨과 똑같이 자원이다. 사이먼이 지적했듯이, 자원이 희소해지면 가격은 올라간다. 가격 상승은 자본주의와 기술 발전이라는 두 힘의 도움을 받아서 대안에 대한 집중적인 탐색을 자극한다. 탐색이 성공하면 시장은 원래의 자원에서 등을 돌린다. 이 자원이 동물이라면, 그 동물은 시장의 포식에서 안전해짐으로써 다시 불어난다.

그러나 우리는 자본주의와 기술 발전의 힘이 종의 완전한 탈물질화를 가져올 것이라고 자만해서는 안 된다. 이유는 두 가지다. 첫 번째는 생물학 때문이다. 높은 가격이나 다른 어떤 요인으로 동물을 죽이는 것을 중단하게 될 즈음이면, 이미 다시 불어나는 것이 불가능할 만큼 남은 개체수가 적을 수도 있다. 아메리카의 여행비둘기가 바로 그랬다. 끝없이 이어지던 개체수가 너무나 심하게 줄어드는 바람에, 사냥이 멈춘 뒤에도 번식이 이루어지지 않았다. 동물원에서 시도된 번식 계획들도 소용이 없었다. 여행비둘기 종의 마지막 남은 개체라고 알려진 마사는 1914년 신시내티의 새장에서 사망했다.

동물적 충동에 맞서다

높은 가격이 동물을 구원하지 못할 수 있는 또 다른 이유는 우리가 때로 높은 가격을 선호한다는 것이다. 다른 모든 조건들이 동일할 때, 대부분의 제품은 가격이 올라가면 수요가 줄어든다.

그러나 '베블런재 Veblen goods '에서는 전혀 다른 일이 일어난다. 가격이 오르면 수요가 증가하게 된다. 과시적 소비 conspicuous consumption 라는 용어를 창안한 미국의 경제학자이자 사회학자인 소스타인 베블런 Thorstein Veblen 의 이름을 땄다. 고급 차, 명품 옷, 미술품 같은 베블런재는 대체로 비싸기 때문에 가치가 있다. 소유자의 부와 높은 지위를 나타낸다. 몇몇 동물 제품은 베블런재다. 동물에게는 나쁜 소식이다. 19세기 말에 해달이 아주 희귀해지자, 해달 모피의 가격이 열 배나 뛰었다.[22] 그러나 가격 상승은 대안 탐색으로 이어지지 않았다. 사람들이 대체품을 원치 않았기 때문이다. 해달 모피를 얻으려는 욕구만이 더 커졌을 뿐이다. 1911년 해달 사냥을 중단하자는 국제 협약이 맺어지지 않았다면, 아마도 멸종했을 것이다.

들소도 수가 급감하면서 동일한 문제에 직면했다. 1890년대에 들소는 마리당 1,500달러에 팔리기도 했다.[23] 오늘날의 화폐로 환산하면 4만 달러가 넘는다. 사냥이 계속 허용되었다면, 20세기에 들어설 무렵 어떤 악당이 어떤 바보에게 마지막 남은 북아메리카 들소를 잡을 권리를 팔아넘겼을 것이라고 나는 확신한다.

다행스럽게도 들소는 대중의 인식과 반응하는 정부의 결합을 통해 구조되었다. 아메리카 들소를 보호하고 멸종 위기에서 구하기 위해서 이익 집단들은 기이한 동맹을 맺었다. 목장주, 스포츠 사냥꾼, 19세기 초의 거친 야생에 향수를 느끼는 낭만주의자, 20세기 초의 자연을 갈망하는 관광객들을 끌어들이고자 하는 기업가도 속해 있었다. 그들은 정부에 옐로스톤 국립공원에서 들소 사냥을 금지하는 법을 제정하고, 강화하고, 동물을 보호할 구역을 더 많이 지정하고, 그 밖의 효과적인 조치들을 취하도록 압박하는 데 성공했다.

앞서 살펴보았듯이, 우리는 비버, 쇠백로, 흰꼬리사슴 등 인류가 돌본 동물들에서 비슷한 성공을 거두어왔다. 각 사례에서 보전주의자들은 종이 위험에 처해 있음을 깨닫고, 그 문제에 대중의 인식을 제고시켰다. 정부는 그들의 우려에 반응하여 좋은 해결책을 내놓고 상황을 역전시킬 효과적인 조치들을 시행했다. 자신의 번식 생물학과 인간의 베블런 취향이 불행한 방식으로 결합된 탓에 위협을 받았던 동물들은 불필요한 종말을 맞이하지 않게 되었다.

나는 우리가 코끼리도 구할 것이라고 기대한다. 1500년대에 유럽인들이 아프리카 대륙을 탐사하고 착취하기 시작했을 때만 해도 그곳에 2,600만 마리의 코끼리가 있었다[24]고 추정된다. 상아 제품과 스포츠 사냥을 선호하는 인간의 취향 탓에 코끼리 수는 1913년에는 약 1,000만 마리, 1979년에는 130만 마리로 줄었다. 밀렵 금지법의 미흡한 집행, 상아의 대규모 불법 거래, 중국(세계 최대의 상아 시장)의 소득 급증으로 코끼리 수는 계속 줄어들었다. 2016년에 끝난 코끼리 개체수 조사Great Elephant Census에 따르면, 아프리카 대륙의 코끼리는 35만 마리가 조금 넘는 수준[25]이었다.

좋은 소식은 케냐, 잠비아, 보츠와나 같은 몇몇 아프리카 국가들이 자국의 코끼리 무리를 효과적으로 관리하고 있어서,[26] 코끼리 수가 안정되어 있거나 점점 늘어가고 있다는 것이다. 더욱 희소식은 중국이 2017년 말에 상아 거래를 거의 전면적으로 금지하는 조치를 시행했다는 점이다. 키 228센티미터의 농구 스타 야오밍姚明이 2014년 코끼리의 밀렵과 개체수 감소를 다룬 다큐멘터리에 출연한 덕분에 이 금지 조치를 지지하는 여론이 더욱 우세해졌다. 그는 "거기에는 나보다 큰 동물들이 많다"[27]면서 자신이 아프리카와 유대감을 갖고 있다고 했다.

대중의 인식과 반응하는 정부가 결합하여 중국의 상아 수요를 줄일 것이라는 강력한 징후들이 보인다. 케냐의 보전 단체인 '코끼리를 구하자Save the Elephants'는 2017년에 중국 시장에서 새 상아의 도매가격이 3년 사이에 50퍼센트 이상 떨어졌다[28]고 발표했다. 사람들이 상아 조각 제품을 사지 않으려 하고 정부가 팔지 못하게 한다면, 상아는 필요 없어진다.

협력이 실패할 때

대중의 인식과 반응하는 정부는 오염의 외부 효과에 대처하고 동료 생물들을 보살피기 위한 핵심적인 협력 관계다. 두 협력자 중 한쪽이 제 일을 하지 않을 때, 발전과 환경에 문제가 생길 수 있다.

협력 관계의 붕괴를 가장 명확히 보여주는 최근 사례 중 하나는 글리포세이트glyphosate에 대한 대중의 저항 역사다. 글리포세이트는 탁월한 제초 능력 때문에 "100년에 한 번 나올까 말까한 제초제"[29]라고 불렸고, 1974년 개발된 이래로, 세계에서 가장 널리 쓰이는 제초제가 되었다. 이렇게 인기를 끌자 세밀한 검사가 이루어졌지만, 우려할 내용은 나오지 않았다. 2000년에 안전성을 포괄적으로 검토한 보고서는 명확하게 결론을 내렸다. "현재 및 예상된 사용 조건 하에서, 글리포세이트는 사람의 건강에 위해를 끼치지 않는다."[30]

그러나 그 무렵에 글리포세이트에 내성을 지닌 최초의 유전자 변형 작물이 이미 시장에 나와 있었다. 여러 가지 이유로 세계에서 가장 혐오와 불신의 대상인 기업 중 하나였던 세인트루이스에 본사를 둔 몬산토Monsanto가 개발하여 판매했다.* 또 몬산토는 글리포세이트를 라운드업Roundup이라는 상품으로 판매했으며, 유전자 변형 작물(옥수수와 콩이 가장 먼저 시장에 나왔다)은 라운드업 레디Roundup Ready라고 했다.

이런 작물이 나온 이래로, 많은 사람은 라운드업을 더 이상 받아들일 수 없다고 판단했다. 유전자 변형 작물Genetically Modified Organism, GMO을 반대하는 운동에 그 제초제도 휘말려들었고, 많은 환경단체의 공격을 받게 되었다.** 2016년 EU 중 가장 영토가 넓은 다섯 개 국가

....

* 몬산토는 1960~70년대에 (다른 화학기업들과 함께) 고엽제(Agent Orange)를 생산하면서 악명을 얻기 시작했다. 베트남전쟁 때 미군이 널리 사용한 강력한 제초제였다. 고엽제는 사람에게 심각한 건강 문제를 일으켰다. 나중에 몬산토는 유럽에서 유전자 변형 작물 문제가 생겼을 때 잘못 대처했다. 이후로 기업의 평판은 회복되지 않았다. 그 회사는 2018년에 바이엘에게 매각되었다.

** 그들의 주장은 2015년 세계보건기구 산하 국제암연구기관(International Agency for Research on Cancer, IARC)이 글리포세이트를 '발암 가능성(probably carcinogenic)'이 있는 물질로 분류함으로써 힘을 얻었다. 저술가이자 환경론자인 마크 라이너스(Mark Lynas)는 그 용어가 들리는 것보다 덜 걱정스러운 것이라고 지적한다. "붉은 고기, 나무 연기, 유리 제조 과정, 65℃가 넘는 아주 뜨거운 음료 섭취, 심지어 미용사라는 직업조차도[31]" IARC의 같은 범주에 속하기 때문이다. 이런 혼동이 일어나는 것은 IARC가 '위해(hazard)'를 생각하는 반면, 이전의 글리포세이트 조사들은 '위험(risk)'을 평가했기 때문이다. 이 용어 차이는 작지 않다. 독성학자 데이비드 이스트먼드(David Eastmond)가 지적하듯이, 상어는 사람에게 위해 요인이지만, 수족관의 상어는 방문객에게 아무런 위험도 끼치지 않는다. 암 연구자 제프리 카밧(Geoffrey Kabat)은 단호하게 말한다. "위해를 쓸 때의 문제는 그 용어가 현실 세계의 그 어떤 것과도 아무런 직접적인 관계가 없을 수 있다는 것이다."[32]

의 국민 3분의 2가 글리포세이트 금지를 지지했다.[33] 거의 만장일치나 다름없었다. 그린피스, 녹색당 등 환경단체들과 대다수의 농민들이 서로 맞서서 격렬한 여론전이 펼쳐지는 가운데, EU위원회는 2017년 말 EU 내에서 5년 더 그 제초제를 계속 쓰도록 허용하는 평결을 내렸다.[34] 프랑스 대통령 에마뉘엘 마크롱Emmanuel Macron은 그 결정에 반대하면서 프랑스는 3년 이내에 글리포세이트를 금지할 것이라고 선언했다.[35]

마크롱은 유권자들의 정서에는 반응하고 있었지만, 강력한 과학적 합의에는 반응하지 않았다. 불행히도 그런 일은 드물지 않다. 정치인은 국민들의 견해를 따르는 경향이 있다. 설령 국민들이 증거 및 논리와 모순되는 것을 믿을지라도, 그 결과 환경과 우리의 건강에 문제가 생길지라도 그렇다. GMO 자체도 그 점을 너무나 명확히 보여준다.

| 유전자 변형은 안 돼

GMO 식품의 안전성에는 과학적으로 압도적인 수준으로 합의가 이루어져 있다. 2016년 미국 국립과학원 산하 위원회는 약 1,000건의 연구 결과들을 검토한 끝에, "유전공학적 식품이나 그렇지 않은 식품이나 인간의 건강 안전성에 미치는 위해성에 아무런 차이가 없다고 결론을 내렸다."[36] 영국 왕립협회, 아프리카, 프랑스, 독일의 과학원, 미국의학협회 등의 기관들도 모두 같은 결론에 도달했다. 글리포세이트를 거의 금지한 것이나 다름없는 EU집행위원회마저도 이 결론에 동의한다.

"25년이 넘는 기간과 500곳이 넘는 독립된 연구진들이 수행한 130건 이 넘는 연구 과제들로부터 이끌어낸 주된 결론은 생명공학, 특히 GMO 가 그 자체로는 기존 작물 육종 기술보다 더 위해하지 않다는 것이다."[37]

　　그럼에도 '유전자바로알기프로젝트Genetic Literacy Project' 웹사이트에 따르면, 농민들이 GMO 작물을 기르는 것을 허용하지 않는 국가가 38 개국에 달한다[38]고 한다. EU 국가의 대다수(스페인과 포르투갈을 제외한), 러 시아, 아프리카의 대다수 국가가 포함된다. 이런 집단적인 거부는 이 념이 증거에 맞서서, 그리고 환경에 맞서서 큰 승리를 거두었음을 나 타낸다. GMO 작물은 바이러스와 해충에 내성을 지니고, 가뭄과 열기 를 더 잘 견디고, 비료를 덜 쓰게 하는 등의 특성을 지니도록 개발되어 왔다. 녹색혁명을 지속시키고, 농업의 탈물질화라는 최근 추세를 이어 나갈 강력한 방법이다. 경작지, 물, 비료, 제초제를 점점 덜 쓰면서 점 점 더 수확량을 늘리는 추세 말이다.

　　GMO 금지는 환경뿐 아니라, 사람에게도 안 좋다. 황금벼는 아마 이 점을 가장 잘 보여주는 사례일 것이다. 황금벼는 유전자 변형을 통 해서 비타민 A의 전구물질인 베타카로틴을 함유하도록 만든 벼 품종 이다. 비타민 A는 유아에게 매우 중요하지만, 아시아와 아프리카의 많 은 아이들은 젖을 뗀 후에 쌀로 만든 미음을 먹는 시기에, 이 영양소를 충분히 섭취하지 못한다. 유니세프UNICEF는 해마다 비타민 A 결핍증 때문에 약 50만 명의 아동이 시력을 잃으며, 그 중 절반은 시력을 잃은 지 1년 이내에 사망한다고 추정한다. 이 결핍증으로 사망하는 아이가 연간 100만 명을 넘을 것으로 추정[39]된다.

노란색을 띠어서 황금벼라는 이름이 붙은 이 품종은 개발된 지 꽤 되었다. 미국 FDA, 호주와 뉴질랜드의 식품안전기관, 캐나다 보건부로부터 안전하다는 승인을 받았다.[40] 특허권이 있긴 하지만, 개발도상국에는 무료로 사용권을 내준다.[41] 그러나 많은 단체는 여전히 격렬하게 황금벼를 반대하고 있다. 예를 들어, 그린피스는 황금벼 출시가 "환경적으로 무책임하고, 식품, 영양, 경제적 안정을 해칠 수 있다"[42]는 입장을 고수한다.

| 증거와 여론이 날조되다

미국은 세계 최대의 GMO 생산국이며, 미국인의 절반 이상은 GMO가 안전하거나, 기존 작물보다 더 안전하다고 믿는다.[43] 그러나 이를 토대로 미국에서 반응하는 정부와 대중의 인식 사이에 아무런 문제없이 협력이 잘 이루어진다고 결론짓는다면, 그건 잘못 생각하는 것이다. 온실가스로 생기는 오염이라는 중요한 문제에서는 협력이 엉망이다.

인간 활동으로 배출되는 이산화탄소를 비롯한 기체들이 지구 평균기온을 올리고 있다는 데에는 압도적인 수준으로 과학적 합의가 이루어져 있다. 적어도 글리포세이트와 GMO의 안전성에 관한 합의만큼 강력하다. 2017년 미국의 모든 주에서 주민들의 대다수는 미국이 기후 변화에 관한 파리 협정에 계속 남아 있기를 바랐다.[44] 그러나 도널드 트럼프Donald Trump 대통령은 그 협정에서 탈퇴했다. 그 협정이 구속력이 없고 각국이 자체 목표를 설정하도록 하고 있음에도 그랬다. 트럼프의 연방정부는 기후 변화에 관한 최고의 가용 증거뿐 아니라 국민의 의지에도 반응하지 않았다. 대신에 그가 2012년 트위터에 올린[45] 그 자신의 믿음에 따른 듯했다. "지구 온난화 개념은 중국이 미국 제조업의 경쟁력을 떨어뜨리기 위해서 만들어낸 중국을 위한 것이었다."

기후 변화, 그리고 글리포세이트와 GMO 같은 현안들에 대한 대중의 인식과 정부의 반응이 과학 및 증거와 너무나 동떨어진 양상을 보여왔다는 사실이 실망스럽다.

낙관주의의 네 기수

나는 기술 발전, 자본주의, 반응하는 정부, 대중의 인식을 '낙관주의의 네 기수'라고 부른다. 넷이 다 있을 때, 우리는 지구를 더 가볍게 디딘다. 이 네 기수가 잘 협력하는 나라는 인류 역사에 유례없는 것들을 이루고 있다. 경제 성장을 자원 소비, 오염, 토지 이용과 단절시키고 있다. 지구와 거기에 사는 생물들을 더 잘 돌보는 집사가 되어가고 있다. 어떤 사회도 완벽하게 이 일을 하고 있지 않지만, 많은 사회가 그렇게 하고 있으며, 시간이 흐를수록 점점 나아지고 있다.

환경을 배려하는 것이 부유한 국가만이 부릴 수 있는 사치라고 대꾸할 사람도 있을지 모른다. 그 말에도 얼마간 진실이 담겨 있긴 하지만, 한 가지 근본적인 의문을 회피하는 것이다. 왜 어떤 나라는 부유해지는 반면, 왜 어떤 나라는 그렇지 않은 것일까?

발전의 제도화

　내가 보기에 이 질문의 가장 좋은 답은 경제학자 대런 애쓰모글루Daron Acemoglu와 정치학자 제임스 로빈슨James Robinson이 공동 저술한 《국가는 왜 실패하는가Why Nations Fail》에 요약되어 있다. 그들은 부유한 나라와 가난한 나라의 차이, 성장을 장기간 유지하는 나라와 이따금씩만 이룰 수 있는 나라의 차이가 제도의 차이에서 비롯된다고 주장한다.

　제도는 한 사회의 '게임 규칙'이다. 경제사학자 더글러스 노스Douglass North의 더 정확한 정의를 빌리자면, "인간의 상호작용을 빚어내는 인간이 고안한 제약들"[46]이다. 제도를 논의할 때 염두에 두어야 할 세 가지는 제도가 인간이 고안한 것이며(미국 법원과 노동조합은 제도인 반면, 날씨와 산맥은 제도가 아니다), 제약을 가하고(미국에는 차를 얼마나 빨리 몰 수 있는지를 제약하는 속도 제한이 있고, 식탁에서 큰 소리로 트림하는 것을 삼가게 만드는 공중도덕도 있다), 동기를 형성한다(나는 면허를 잃거나 감옥에 가고 싶지 않기에 차를 너무 빨리 몰지 않으며, 늘 외로이 식사하고 싶지 않기에 식탁 앞에서 트림을 하지 않는다)는 것이다.

　애쓰모글루와 로빈슨은 경제를 크게 두 범주로 나눈다. 첫 번째는 포용적inclusive 제도다. "많은 대중이 자신의 재능과 기술을 최대한 발휘하면서 경제 활동에 참여하도록 허용하고 장려하는 제도"다. 포용적

제도의 한 가지 핵심 특징은 누구든 상관없이 자신이 벌거나 습득한 것을 간직할 수 있도록 한다는 것이다. 저자들은 이렇게 썼다. "포용적이 되려면, 경제 제도는 사유재산, 공정한 법 체제, 사람들이 거래와 계약을 할 수 있는 기울어지지 않은 운동장을 제공하는 공공 서비스 공급을 보장해야 한다."[47]

독자도 틀림없이 추측했겠지만, 경제의 두 번째 범주는 정반대 유형의 제도를 지닌다. 애쓰모글루와 로빈슨은 착취적extractive이라고 했다. 이 경제에서 대다수 사람들은 성공할 가능성이 사실상 없으며(노예는 이따한 삶의 가장 뚜렷한 사례다), 소수의 엘리트 집단은 생기는 이득의 대부분을 지니거나 가져갈(착취할) 방안을 찾아낸다.

서류상으로 포용적으로 보이는 나라들 중에는 실제로 착취적인 나라들이 많다. 애쓰모글루와 로빈슨이 지적했듯이, 미국과 많은 라틴아메리카 국가는 비슷한 헌법과 성문법들을 지니지만, 라틴아메리카에는 사법기관이 약하거나 편향되어 있고, 행정 절차가 번잡하고 반응하지 않고, 부패가 만연해 있기 때문에 성문법이 별 의미가 없는 나라가 많다. 그래서 실질적으로 엘리트만이 성공할 기회가 있다.

이런 개념들은 탈물질화, 낙관주의의 네 기수, 번영을 하나로 결합하도록 돕는다. 앞서 7장에서 나는 몇몇 경제가 자본주의와 기술 발전의 결합 덕분에 산업시대의 소비 양상을 벗어나서 탈물질화를 시작했다고 주장한 바 있다. 나의 자본주의 정의는 애쓰모글루와 로빈슨의 포용적 제도의 정의와 가깝게 들어맞는다. 둘 다 사람들의 대다수가 발전하고 번영할 기회를 지니며, 시장에서 공정한 기회를 지니며, 자신이 벌고 지은 것을 간직할 수 있다는 개념이 핵심에 놓인다.

사람들은 오염을 싫어하며, 오염이 엄청난 피해를 입힌다는 점을 인식하게 되면 더욱 그렇다. 역사적으로 보면, 사람들은 부유해질수록 더 깨끗한 공기와 땅과 물을 원한다. 자본주의 혼자서는 이런 것들을 제공하지 못할 것이다. 오염은 외부 효과(몹시 부정적인 외부 효과)이기 때문이다. 따라서 깨끗한 환경은 반응하는 정부의 법과 규제에서 나와야 한다. 이는 애쓰모글루와 로빈슨이 포용적 제도의 한 특징이라고 말한 '공공 서비스 공급'과 비슷하다.

마지막으로, 대중의 인식과 반응하는 정부는 몇몇 동물들이 시장에서 빠지도록 협력할 필요가 있다. 그렇지 않으면 자본주의가 모조리 먹어치울 것이다. 야오밍을 비롯한 이들의 상아 구입에 관한 중국인들의 태도를 바꾸려는 노력과 최근에 중국에서 이루어진 상아 거래 금지 조치는 중국의 제도를 바꾸려는 시도들이다. 전자는 대중의 인식을, 후자는 반응하는 정부를 겨냥한 시도다.

이 네 기수가 모두 다 있을 때 어떤 일이 일어나는지, 또한 이 기수들이 대체로 없을 때 어떤 일이 일어나는지에 대해서 좀 더 사례를 살펴보도록 하자.

기수와 자동차

1970년 제정된 미국의 청정공기법은 EPA에 승용차와 트럭에서 배출되는 오염물질을 규제할 권한을 부여했다. 그 뒤로 시행된 조치들은 차량의 오염물질 배출량을 줄이는 데 큰 성공을 거두어왔다. EPA의 웹사이트에는 이렇게 적혀 있다. "1970년산 모델에 비해, 신형 승용차, SUV, 픽업트럭은 흔한 오염물질(탄화수소, 일산화탄소, 질소산화물, 미세먼지)을 약 99퍼센트 덜 배출한다.[48] 신형 중량 트럭과 버스 역시 1970년 모델보다 약 99퍼센트 덜 배출한다."

저술가이자 자칭 '합리적 낙관주의자'인 매트 리들리 Matt Ridley도 인상적인 비교 사례를 하나 제시한다. "지금의 자동차는 전속력으로 달릴 때에도 1970년에 주차된 차에서 새어나오는 것보다 오염물질을 덜 배출한다."

이런 개선[49]이 이루어지는 동안, 자동차는 연료 효율도 높아졌다. 미국에서 연비를 높이려는 노력이 시작된 것은 1973년 아랍의 석유 금수 조치 이후였다. 그 금수 조치로 유가가 상승하자 많은 미국인은 크고 연비가 떨어지는 차로부터 등을 돌렸다. 정부도 조치를 취했다. 1975년 의회는 기업평균연비 Corporate Average Fuel Economy, CAFE 기준을 설정했다. 자동차 제조사에 연비가 높은 차량을 만들도록 의무화한 제도였다. 제조사들은 그렇게 했다. 차량의 연비는 1975년에 리터당 6.7 킬로미터에서 1983년에 약 11킬로미터로 올라갔다. CAFE가 1985년까지 달성하도록 정한 기준을 이미 충족시켰다. 엔진 설계자들은 연비 목표를 달성하기 위해 대신 출력을 낮추었고,[50] 그래서 이 기간에 평균 출력은 낮아졌다. 그러나 일단 연비 기준을 달성하고 CAFE 기준이 더 강화되기까지 시간 여유가 생기자, 제조사들은 다시 출력을 올리는 데 몰두했다. 그래서 1983~2007년 사이에 평균 출력은 거의 두 배로 상승했다.

그러나 2007년에 새로운 CAFE 기준이 설정되었다. 수입산 원유에 대한 의존도를 줄이고 온실가스 배출량도 줄이려는 의도를 담은 것이었다. 자동차 제조사들은 다시 연비를 높이는 데 집중했고, 그 결과 연비는 2007~2016년 사이에 리터당 평균 2.2킬로미터 상승했다. 그런데 이번에는 출력을 높이는 일을 외면할 필요가 없었다. 같은 기간에 출력도 평균 10퍼센트 이상 높아졌다.

제2의 기계시대의 기술—디지털 같은 것들—덕분에 설계자는 연비가 더 높으면서 출력도 더 높은 엔진을 만들 수 있었다. 그리고 이 기간 내내 엔진 자체는 탈물질화하고 있었다. 2017년에 〈블룸버그〉에는 이런 기사가 실렸다. "미국 도로를 달리는 내연기관은 40년 전보다 약 42퍼센트 더 작다."[51]

이 이야기에는 네 기수 모두 분명히 존재한다. 대중은 더 깨끗한 공기를 원했고, 반응하는 정부를 통해서 원하는 공기를 얻었다. 또 더 빨리 달리면서 연비도 더 좋은 차를 원했고, 자본주의와 기술 발전 덕분에 그런 차를 얻었다. 게다가 기술이 충분히 발전한 뒤에는 그것들을 동시에 얻었다. 그리고 CAFE 기준의 역사는 정부의 강력한 개입이 변화를 이끌 수 있음을 보여준다. 자동차 제조업체들은 기준이 정해지기 전까지는 연비를 높이려는 의지를 거의 보이지 않았다.

더 적은 가수? 더 적은 고래

　20세기 후반 소련 포경의 역사는 전혀 다른 것을 보여준다. 그 역사는 몹시 비극적이라고 할 수는 없어도, 어처구니없는 양상을 띠었다고는 말할 수 있다. 소련은 1946년 국제포경규제협약에 가입했다. 그 협약은 포경 산업이 세계에서 가장 큰 포유동물 수백만 마리를 죽임으로써 몇몇 종이 거의 멸종에 이른 뒤에야 비로소 발효되었다. 다른 서명국들과 마찬가지로, 소련도 그 협약에 따라서 할당된 연간 적은 수의 고래만 잡을 수 있었고, 해마다 얼마나 잡았는지 보고해야 했다.

　그러나 생물학자 율리아 이바첸코 Yulia Ivashchenko 와 필립 클래펌 Phillip Clapham 에 따르면, 소련은 1948~1973년에 실제로 보고한 것보다 18만 마리를 더 잡았다고 한다.[53] 이 불법 사냥이 지속된 시기를 생각하면 재앙이나 다름없었다. 반세기에 걸쳐 지속된 대규모 사냥으로 이미 많은 고래의 개체수가 심각하게 줄어든 상태였기 때문이다. 북태평양참고래는 1960년대에 러시아가 겨우 3년 동안 집중적으로 사냥했는데 거의 전멸되었다. 그 종은 결코 회복되지 못할 수도 있다.

　소련 포경의 규모와 시기보다 더욱 나빴던 것은 그 사냥 자체가 지극히 무의미했다는 것이다. 러시아인들은 결코 고래 고기를 좋아하지 않았다. 따라서 일본 고래잡이들이 잡은 고래의 90퍼센트를 제품으로

・　조약은 처음에 세계의 첫 고래 사냥 가능 개체수를 연간 1만 6,000마리로 정했다.[52]

가공하는 반면, 소련 고래잡이들은 그저 고래지방만 떼어내고(고래 몸무게의 약 30퍼센트) 나머지는 그냥 바다에 버렸다.

고래지방은 가공하면 기름이 되었지만, 소련에는 원유 매장량이 엄청났고 이미 에너지를 충분히 자급자족하고 있었다. 그런데 왜 그렇게 엄청난 규모로 고래 사냥을 계속했을까? 소련 포경선에서 일한 러시아 과학자 알프레드 베르진Alfred Berzin은 회고록에서 명쾌하고 설득력 있으면서, 가슴 에이는 이유를 제시했다. "계획 때문이다! 어떤 일이 있어도 지켜야 하는."[54]

베르진은 《소련 포경의 진실: 회고록The Truth About Soviet Whaling: A Memoir》[55]에서 소련의 포괄적이면서 반응하지 않는 관료주의적 계획 경제가 어떻게 그토록 많은 고래를 죽음으로 몰고 갔는지를 설명했다. 포경은 어업의 일부였고, 어선들은 잡은 물고기의 시장 수요에 따라서 평가가 매겨지는 것이 아니었다. 소련의 중앙 계획자들은 수요, 공급, 가격 같은 시장의 신호들이 경제의 유효한 요소임을 오만하게 대놓고 거부했다. 대신에 그들은 총톤수, 즉 잡은 고래의 총무게로 어선들을 평가했다. 따라서 소련의 어업 성장 계획은 용도에 상관없이, 그저 고래를 점점 더 많이 잡는 것이 계획이었다.

고래 사냥이 한창이던 시기에 소련 어업장관은 알렉산드르 이쇼코프Aleksandr Ishokov였다. 그는 계획을 집행하는 능력 덕분에 사회주의 과업의 영웅이라고 불렸다. 베르진은 회고록에 이렇게 썼다. "한 번은 파괴적인 포경으로부터 고래 자원을 보호하려는 과학자가 장관에게 후손들을 생각하라고 상기시켰다. 그러자 이쇼코프는 소련 경제 체제의 묘비에 새겨 마땅한 혐오스럽고 범죄적이고 차디찬 반응을 했다. '내가 일을 못할 때 누가 해고하겠나? 그 후손들?'"

네 기수 중에서 이 이야기에 등장하는 것은 기술 발전뿐이다. 화약으로 발사하는 작살, 요란스러운 헬기, 가공선에 힘입어서 러시아의 포경은 야만적일 만치 효과적이었다. 그러나 기술 발전에 협력하여 탈물질화를 도모할 자본주의는 전혀 없었다. 소련 경제에서 선장들은 어획물을 팔 필요가 없었다(그냥 무게만 재면 되었다). 따라서 우리가 소비자나 시장이라고 인식하는 것들로부터 아무런 신호도 받지 못했다. 또 고래잡이들은 생선을 다른 무언가와 교환하거나, 직업을 바꿀 수도 없었다. 누가 어떤 일을 하고 무언가를 어디에 쓸지는 중앙 계획에 따라서 이루어졌고, 전문가의 자율성과 재산권은 이단적인 부르주아 개념이었다.

환경 피해를 막는 두 방어막인 대중의 인식과 반응하는 정부도 없었다. 자유 언론도 없었기에, 소련 사람들은 포경에 무지한 상태였고, 소련의 선박들이 국제 감시망에 드러난 것은 1972년이 되어서였다.[56] 그때쯤 피해는 이미 일어날 만큼 일어난 상태였다. 그리고 소련 정부는 국민들의 의지에도, 수요와 공급이 생산에 어떤 역할을 한다는 탁월한 개념에도 놀라울 만치 무반응이었다. 고래를 모조리 다 죽여서는 안 된다는 개념에도 마찬가지였다.

10장

네 기수의 세계 질주

More from Less

More *from* Less

나는 어둠이 서서히 물러나고 빛이 점점 밝아지는 것을
지켜봅니다. 하나씩 장애물이 제거되고,
오류가 바로잡히고, 편견이 누그러지고, 추방이 철회되고,
우리 국민들이 전반적인 복지의 총합을 이루는
모든 요소들을 발전시키고 있는 것을 봅니다.

| 프레더릭 더글러스, 수도 워싱턴에서 한 연설, 1890년 |

나는 지난 몇 장에 걸쳐서 기술 발전, 자본주의, 대중의 인식, 반응하는 정부—낙관주의의 네 기수—가 지구의 날 이래로 우리가 경험하고 있는 소비와 경제의 폭넓으면서 심오한 탈물질화의 주된 원인이라고 주장했다. 또 그것들은 우리가 물건을 생산하는 방식 면에서 이룬 다른 긍정적인 변화들의 배후에 있는 힘이기도 하다. 사람을 노예화하거나 땅을 강제로 빼앗지 않고, 산업체의 아동 노동을 끝내고, 많은 종을 멸종 위기로부터 구하고, 오염을 대폭 줄이는 것이 이런 변화에 포함된다.

네 기수는 최근에 또 무엇을 했을까? 또 어떤 중요한 변화들이 일어나도록 도왔을까? 나는 세 가지를 꼽으며, 다음 장들에서 다룰 것이다. 그러나 먼저, 지난 수십 년에 걸쳐서 네 기수가 모두 빠르게 전진해왔다는 것을 보여주고 싶다. 즉 기술 발전이 역사적 기준으로 볼 때 아주 빠르게 일어났고, 자본주의, 반응하는 정부, 대중의 인식도 빠르게 전 세계로 확산되어왔음을 보여주고자 한다. 나는 이런 추세들이—탈물질화와 마찬가지로—덜 인정을 받고 있으며, 따라서 그 점을 명확히 규명하는 것이 중요함을 알아차렸다. 일단 명확히 규명하고 나면 효과를 더 확신을 갖고 논의할 수 있을 것이다.

모두를 위한 것

2016년 기준, 세계에는 수세식 화장실이나 수돗물을 쓰는 사람[1]보다 휴대전화기를 지닌 사람이 더 많았다.[2] 다음해에 〈이코노미스트 Economist〉에는 이런 기사가 실렸다. "아프리카에는 전기를 쓰는 사람보다 휴대전화기를 쓰는 사람이 훨씬 더 많다. 통화 가능 지역으로 가거나 충전하려면 몇 킬로미터를 걸어야 할 때도 있지만, 많은 이는 개의치 않는다."[3] 이런 발전들은 세계의 상당 지역에서 산업시대가 오기 전에 이미 제2의 기계시대가 도래했음을 보여준다. 산업시대가 200년 더 먼저 시작되었음에도 그렇다.

대규모 전기화와 도시 규모의 실내 배관 설치는 한 세기 전부터 진행되었지만, 세계 인구 중 상당 비율은 아직 그 혜택을 못 보고 있다. 반면에 휴대전화의 형태를 취한 디지털 통신은 현재 어디에나 있다. 세계은행은 2016년에 휴대전화 가입자 수가 지구의 인구보다 더 많았을 것이라고 추정한다.●[4] 이 기술은 경이로운 속도로 전 세계로 퍼졌다. 2000년에는 휴대전화 가입자 수가 100명에 12명밖에 안 되었다.

디지털 기기는 빨리 퍼지기만 하는 것이 아니다. 훨씬 더 정교해져 가고 있다. 단순한 휴대전화기가 아닌 스마트폰이 2017년에 전 세계에서 15억 대 넘게 팔렸다[5](스마트폰이 아닌 휴대전화기는 4억 5,000만 대였다).[6] 이 소형 컴퓨터는 강력하다. 2018년에 인도에서 가장 인기 있던 스마트폰은 라이프 지오Lyf Jio F90M[7]이다. 1.2GHz 쿼드코어 프로세스에, 램이 512MB이고 최대 기억 용량이 128GB[8]였다. 2006년 미국에서 애

● 휴대전화를 두 대 이상 쓰는 사람도 많다. 개발도상국에서는 저렴한 가격과 사은품 때문에 통신사를 옮겨 다니면서 가입하는 일이 흔하다.

플이 판매한 맥북의 주력 제품과 비슷한 사양이다.

이런 기기를 지닌 사람들은 통신뿐 아니라 많은 것을 할 수 있다. 계산도 할 수 있고, 인터넷을 통해 무료로 이용 가능한 인류의 축적된 지식의 상당 부분도 접할 수 있다.* 매우 강력한 능력이다. 최근까지만 해도 세계의 엘리트만 이용할 수 있었던 지식이다. 저술가이자 기업가인 피터 디아만디스Peter Diamandis 는 2012년에 이렇게 간파했다. "현재 케냐 한가운데에서 휴대전화를 들고 있는 마사이족 전사는 25년 전 그 나라의 대통령보다 더 나은 이동 통신 능력을 지니고 있다. 그가 스마트폰으로 구글에 접속하면, 15년 전 미국 대통령보다 더 많은 정보를 접한다."[9]

세계의 가장 가난하면서 가장 취약한 사람들 중에도 현재 그렇게 정보를 접하는 사람이 많다. 세계은행은 2016년에 세계 인구의 45퍼센트 이상이 인터넷을 이용한다고 추정[10]했다. 소득 수준이 그리 높지 않은 사람들만 따져도 라틴아메리카와 카리브해에서 55퍼센트, 중동과 북아프리카에서 43퍼센트, 사하라 이남 아프리카에서 20퍼센트가 그러했다. 세계의 저소득층 중 12퍼센트는 그해에 온라인에 접속했다. 우리는 그 비율이 더 높아질 것이라고 예상하며, 지난 역사를 보면 그럴 것이라고 매우 확신할 수 있다. 아무튼 2000년까지만 해도 부유한지의 여부를 떠나서, 세계 인구 중 인터넷을 이용하던 사람은 7퍼센트에도 미치지 못했다.

....

•   더 정확히 말하자면, 한계비용이 0인 상태로.

나는 현재 기술 발전 속도가 역사상 유례없을 만치 빠르다고 본다. 한 세대도 채 지나기 전에, 우리는 대체로 연결되지 않는 세계에서 고도로 상호 연결된 세계로 넘어갔다. 강력하면서 작은 센서, 클라우드 컴퓨팅, GPS, 점점 더 빨라지면서 저렴해지는 프로세서 같은 근본적으로 중요한 혁신들에다가 인공지능까지 우리 삶에 점점 신기술이 파고들면서부터다. 신기술은 다시 한 번 우리 세계를 바꾸고 있는 중이다. 이번에는 어지러울 만치 빠르게 일어나고 있다.

대규모 시장 진입

자본주의도 최근 들어서 전 세계로 퍼져왔을까? 그렇다. 마오쩌둥毛澤東이 사망한 지 2년 뒤인 1978년, 중국 공산당 중앙위원회는 국가 경제 전략을 결정하는 회의를 열었다. 덩샤오핑鄧小平 주석은 사유재산권과 국제 무역을 적대시하고 강력한 중앙 계획에 의지하던 당시 우세했던 마르크스주의 방식과 전혀 다른 급진적인 변혁을 채택하자고 위원들을 설득했다.

새 접근법의 명칭은 '개혁과 개방'이었다. '중국식 사회주의'라고도 불리긴 했지만, '자본주의적 특징을 갖춘 중국식 권위주의'라고 부르는 편이 더 나았다. 농민들이 기른 작물을 소유하고 팔 수 있도록 하고, 외국인의 투자를 허용하고, 민간 기업을 창업할 수 있도록 하는 것이 첫 번째 개혁 조처였다.

이런 변화들을 통해서, 1978년에 인구가 9억 5,000만 명을 넘던 중화인민공화국은 자본주의 경제 질서에 합류하는 첫 걸음을 내딛었다. 덩샤오핑은 1985년 〈타임〉 기자와 인터뷰를 할 때 놀라운 선언을 했다. "사회주의와 시장 경제 사이에는 근본적으로 아무런 모순도 없습니다."[11]

미하일 고르바초프 Mikhail Gorbachev 도 덩샤오핑과 거의 같은 시기에 경제 개방과 개혁을 공개적으로 이야기하기 시작했다. 1985년 당시 소련 공산당 서기장이었던 고르바초프는 레닌그라드에서 소련의 성장이 지체되어왔으며 너무나 많은 인민이 지독히 가난한 상태에 머물러 있다고 인정하는, 매우 솔직한 연설을 했다. 덩샤오핑처럼 그도 중앙 계획에 덜 의지하고 국제 무역과 시장 기반의 기업 활동을 확대하는 것을 해결책으로 제시했다. 곧 일련의 개혁 조처가 이루어졌다. 가장 급진적인 조처는 1988년에 제정한 협동조합법 Law on Cooperatives 이었다. 그 법으로 1928년 스탈린이 금지한 이래로 처음으로 소련에서 민간 기업이 설립될 수 있었다.

이런 변화들이 이루어졌긴 해도 소련의 해체를 막기에는 역부족이었다. 크렘린궁에 나부끼던 망치와 낫이 그려진 깃발은 1991년 크리스마스를 마지막으로 내려졌다. 그 직후에 고르바초프는 대통령직을 포기하고 소련을 구성하는 15개 공화국의 자치 정부에 권한을 돌려주는 문서에 서명했다. 소련이 생긴 지 60여 년 만의 일이었다. 서명식 때 러시아산 펠트펜이 나오지 않는 바람에,[12] 고르바초프는 CNN 회장 톰 존슨 Tom Johnson 의 만년필을 빌려야 했다. 그 서명과 함께, 철의 장

막 뒤에서 살아온 4억 명이 넘는 사람들에게 소련식 사회주의는 종말을 고했다.[13]

또 1991년에 인도 재무장관 만모한 싱 Manmohan Singh 은 급진적인 변화를 가져올 예산안을 내놓았다. 그는 재정 상황이 몹시 안 좋다는 점을 염두에 두었다. 유가 상승 충격, 많은 공공 지출, 경제 성장률 저하 등의 요인들 때문에 인도 정부는 거의 돈이 없었다. 델리의 외환 보유고는 겨우 2주 동안 버틸 정도밖에 없었고, 정부는 대출 담보로 47톤에 달하는 금을 항공기에 실어 영국(1947년까지 식민지 종주국이었던)으로 보내는 굴욕적인 입장에 처하기도 했다.

싱은 자국의 경제가 운영되는 방식에 근본적인 변화가 필요하다고 주장했다.[14] 인도 제품이 국제 시장에서 더 경쟁력을 지니도록 루피화를 평가절하하자고 했다. 그러면 외국인들이 투자하기도 훨씬 더 수월해질 것이라고 보았다. 누구에게 어떤 상품과 서비스를 생산하도록 허용할지를 정하는 복잡한 면허 제도도 단순화하고, 기존 및 신생 기업이 맞닥뜨리는 복잡하게 뒤엉킨 규제도 단순화하자고 했다.

이런 개혁 조치들을 도입할 때, 싱은 빅토르 위고 Victor Hugo 의 말을 좀 바꾸어서 표현했다. "어떤 권력도 시대가 원하는 사상을 막을 수 없습니다." 인도를 더 자본주의화한다는 것이 바로 그런 사상이었다. 그런 뒤에도 많은 제약과 규제가 남아 있긴 했지만, 인도는 다른 곳이 되었다. 〈이코노미스트〉의 말을 빌리면 이렇다. "경제사 연표에서 1991년은 (…) 중국 공산당이 경제 개방을 승인한 1978년 12월, 영국이 곡물법을 폐지한 1846년 5월과 어깨를 나란히 할 만하다."[15] 인도 국민 8억

4,000만 명은 곧 달라진 경제 환경을 실감했다. 중앙 계획이 대폭 줄어들고, 자유시장 진입, 경쟁, 자발적 교환이 더 늘어난 경제였다.

따라서 1978년~1991년에 21억 명(1990년 세계 인구의 약 40퍼센트)[16]이 넘는 사람들이 상당히 더 자본주의에 치우친 경제 체제에 진입했다. 이것이 세계가 지금까지 목격한 가장 대규모로 가장 빠르게 이루어진 경제적 자유를 향한 이동이었다는 것은 분명하다. 소련과 중국이 공산주의를 채택한 것보다 더 크고 더 급작스럽게 일어났다. 공산주의 혁명은 1917년 레닌의 볼셰비키 혁명부터 1949년 마오쩌둥의 인민군이 최종 승리할 때까지 30여 년에 걸쳐서 이루어졌다.

그런데 1991년 이후로는 어떤 일이 벌어졌을까? 자본주의는 계속 확산되었을까? 베네수엘라의 비극적인 사례가 보여주듯이, 사회주의 실험은 계속되었다. 그러나 그런 실험은 전형적인 사례가 아니라, 예외 사례였다. 1995년 이래로 헤리티지재단Heritage Foundation은 세계 거의 모든 나라의 경제 자유 지수Index of Economic Freedom를 집계해왔다.[17] 이 지수는 '경제적 자유의 네 기둥'을 정량화하려는 시도다. 법치주의, 정부 규모, 규제 효율, 공개 시장이다.

세계 전체로 보면, 이 지수는 1995년 이래로 57.6점에서 61.1점으로 6퍼센트 증가했다. 이 성장은 주로 유럽이 이끌었다. 공산주의였던 나라들이 점점 더 자본주의화함으로써 일어났다. 유럽의 총점은 1995~2018년 사이에 거의 20퍼센트 증가했다. 다른 지역들은 훨씬 더 느리긴 했지만, 그래도 점수가 올라갔다. 중앙아메리카와 남아메리카만 예외다. 그 23년 동안 경제적 자유가 전반적으로 조금 쇠퇴한 지역이다.

7장에서 살펴보았듯이, 기술 발전과 자본주의는 재능의 불에 관심의 연료를 끼얹는 자연스러운 상호 협력자다. 기술 분석가인 베네딕트 에번스Benedict Evans 는 이 협력 관계가 최근 들어 아주 잘 이루어짐으로써[18) 전 세계의 사람들에게 이동 통신과 컴퓨팅을 안겨주었다고 설명한다. 특히 그는 통신업을 정부 기관이 독점 운영하는 나라에서 경쟁 부재가 발전을 어떻게 지체시켰는지를 잘 보여준다. 그가 예로 든 브라질은 1998년에 국영 독점 기업이었던 텔레브라스를 민영화했다.

에번스는 이렇게 썼다. "텔레상파울루가 텔레포니카에 매각되면서 민영화할 당시에, 통신 회선 대기자가 700만 회선에 달했다. 인구가 2,000만 명이었는데 말이다. (…) 전화 개통을 위해 기다리는 사람이 700만 명이나 되었으므로, 사람들은 으레 서로 전화번호를 거래했다." 텔레브라스는 직원 수도 적잖이 부풀린 듯했다. "텔레포니카가 조사했더니 본부 건물엔 명단에 있는 직원들이 다 들어갈 수 있을 만큼 사무실이 많지 않았다." 한편, 상파울루 기업들의 45퍼센트는 전화가 없었다고 추정된다.[19)

에번스는 기술 발전과 자본주의 결합의 중요성을 이렇게 요약했다. "세계 인구의 80~90퍼센트는 이동 통신 가능 지역에 있고, 50퍼센트는 전화기를 지니고 있으며 그 수는 점점 늘고 있다. (…) 50억 명이 전화기를 지니고 25억 명이 스마트폰을 사용한다는 것은 자유시장과 혁신이 이룬 엄청난 성취다."

나도 전적으로 동의한다.

세계적인 좋은 정부 운동

앞장에서 우리는 중국의 대기 오염 감소 사례에서 전제적 정부가 사람들의 욕구에 반응할 수 있다는 것을 보았다. 그러나 그런 정부는 대중의 의지에 별 개의치 않고 목표를 추구할 때가 더 많다. 따라서 전 세계에서 전반적으로 권위주의가 쇠퇴하고 민주주의가 성장하는 양상은 정부가 점점 더 반응성을 띠게 된다는 강력한 징후다.

경제학자 맥스 로저 Max Roser 는 1988년에 인류의 41.4퍼센트[20] 가 민주주의 국가에 살았다고 계산했다. 그 뒤로 18년 사이에 그 수치는 거의 40퍼센트 증가했다. 그 뒤로 민주주의는 조금 후퇴했지만—2015년에 세계 인구의 55.8퍼센트—대의제 정부를 향한 최근의 추세는 여전히 강력하게 유지되고 있다. 비록 전제 정부가 2015년에 아직 세계 인구의 23퍼센트 이상을 통치하고 있지만, 시간이 흐르면서 점점 줄어들고 있다. 로저는 이렇게 말한다. "세계에서 전제국가에 사는 사람 다섯 명 중 한 명은 중국에 산다는 점을 지적할 가치가 있다."

그러나 몇몇 민주국가들은 최근 들어서 점점 더 전제적인 양상을 띠고 있다. 헝가리, 폴란드, 터키, 필리핀, 아메리카 같은 나라들은 뚜렷하게 권위적인 태도를 보이는 지도자를 선출했다. 13장에서 더 논의하겠지만, 이는 안 좋은 소식이다. 희소식은 대다수 민주국가는 탄탄하다는 것[21]이다. 외교정책 연구자인 브루스 존스 Bruce Jones 와 마이클 오핸런 Michael O'Hanlon 은 2018년에 이렇게 지적했다.

"인구 1,000만 명의 헝가리에서 자유 민주주의가 일부 후퇴한 것이 몹시 유감스러울지 모르지만, 인구 2억 6,100만 명의 인도네시아에서 이루어진 민주주의적 발전과 비교하면 그 의미가 퇴색된다. (…) 올해 초 한국에서 대통령이 탄핵되었음에도 아무런 문제가 없는 듯하다는 점을 보라. 또는 추하지만 여전히 헌법을 준수하면서 비슷한 정치적 문제들에 대처하고 있는 브라질을 보라. 강력한 지도자가 있지만 그럼에도 권력 분립 체제가 그의 야심을 얼마간 억제하고 있는 인도는 어떤가. (…) 민주주의는 허약하며, 결코 당연시할 수 없다. 그러나 민주주의가 몰락했다는 선언이나, 의미 있는 수준으로 쇠퇴했다는 선언조차도 너무 멀리 나간 것이다."

민주국가이든 아니든 간에 세계의 정부들이 국민의 의지에 반응하는 일을 더 잘하고 있는 것은 아닐까? 증거는 일관적이지 않다. 1996년 이래로 세계은행은 거의 모든 국가들에 대한 거버넌스 지표governance indicator를 발표[22]해왔다. 그 중 두 가지는 '언론 자유와 정치적 책임성voice and accountability', '부패의 통제control of corruption'다. 둘 다 정부의 반응성을 측정하는 좋은 척도처럼 보인다(아무튼, 누가 뇌물을 주고 싶어 하겠는가?). 모든 지역과 소득 집단에 걸쳐서, 이 두 지표는 20여 년 동안 놀라울 만치 거의 변하지 않았다. 세계은행 자료를 보면, 세계의 정부들이 국민의 목소리에 귀를 점점 더 잘 기울여왔다고 결론을 내리기가 어렵다.

그러나 다른 자료들은 각국 정부가 국민에 의해 훨씬 더 잘 운영되고 있음을 보여준다. 정치학자 크리스토퍼 파리스Christopher Fariss와 키스 슈너켄버그Keith Schnakenberg는 사람들이 정치적 억압, 불법 감금, 고문, 기타 침해로부터 자유로운지 여부를 측정하는 '인권 보호' 점수를 개발했다.[23] 그들은 세계 전체로 볼 때, 1949~2014년에 걸쳐 조사한 개별 국가들 중 80퍼센트는 예전보다 2014년에 국민을 보호하는 일을 더 잘했다고 결론지었다.

앞장에서 나는 정부가 반응적이 될 수 있는 방법이 세 가지라고 정의했다. 국민의 의지에 반응하는 것뿐 아니라, 좋은 생각(GMO 작물과 글리포세이트를 허용하거나, 온실가스 배출량을 억제하는 조치를 취하거나, 멸종 위기종을 보호하는 것 같은)에 반응하고, 효과적이라서 목표를 달성할 수 있다는 의미에서 반응하는 것이다. 세계 인권 보호 점수가 강력하면서 꾸준히 증가하고 있다는 것은 정부들이 이 세 가지 방식으로 모두 점점 더 반응하고 있음을 시사한다.

고문과 불법 감금은 당연히 나쁜 것이며, 정부들은 그런 일을 점점 덜 하고 있다. 인권 보호는 효과적인 정부가 필요한, 어려운 일이다. 어떤 경관은 용의자를 때려서 자백을 얻어내는 게 더 편하다고 여길 것이고, 어떤 지방 관료는 언제나 무력으로 시위대를 해산할 것이다. 전 세계에서 여전히 그런 일들이 너무나 많이 일어나고 있지만, 그래도 점점 줄어들고 있다. 정부는 자국민들을 덜 학대하고, 학대를 멈추는 일에 더 효과를 발휘해왔다.

연민을 품다

낙관주의의 네 기수 중 마지막은 대중의 인식이다. 우리가 서로를 그리고 지구를 더 잘 돌봐야 하며, 그렇게 할 좋은 방법을 생각해야 한다는 인식이다. 스티븐 핑커는 《다시 계몽의 시대로》에서, 대중의 인식의 첫 번째 유형이 증가하는 양상을 '공감의 원 circle of sympathy'이 확장된다는 이미지로 표현한다.

그는 낙관적인 논증을 펼친다. "인간이 남에게 공감하는 능력을 지니고 있다는 점을 생각할 때, 공감의 원이 가족과 부족에게서 모든 인류를 포용하는 쪽으로 확장되는 것을 막을 수 있는 건 전혀 없다. 우리 자신이나 우리가 속한 집단에 특별한 것이 전혀 없음을 이성이 깨닫게 하기 때문에 더욱 그렇다. 우리는 세계주의자가 되도록 압박을 받는다. 세계의 시민임을 받아들이라는 것이다."[24]

전 세계에서 나오는 최근 증거들은 핑커의 주장을 뒷받침한다. 예를 들어 1980년 이래로, 사형 선고와 동성애 처벌은 전 세계의 나라들에서 빠르게 줄어들어왔다. 정치학자 크리스티안 벨첼 Christian Welzel에게는 이런 조치들이 그다지 놀랄 일이 아닌 듯하다. 그는 성 평등, 개인의 선택, 언론 자유, 정치적 견해 표현 같은 자신이 '해방 가치 emancipative value'라고 부른 것이 꾸준히 증가했음을 보여주었다. 1980년대 초부터 지구 인구의 90퍼센트에 해당하는 세계 95개국의 15만 명에게 질문을 해온 연구 계획인 세계가치조사 World Values Survey를 토대로, 벨첼은 한 가지 놀라운 추세를 알아냈다. 세계의 모든 지역이 전혀 예외 없이, 이런 가치들을 점점 더 받아들이고 있다는 것[25]이다.

누적되는 변화는 엄청나다. 핑커는 이렇게 썼다. "세계에서 가장 보수적인 문화인 중동의 젊은 무슬림들[26]은 현재 세계에서 가장 자유로운 문화인 서유럽에서 1960년대 젊은이들이 지녔던 것에 상응하는 가치를 지니고 있다."

이런 엄청난 변화가 어떻게 일어났을까? 벨첼은 사람들이 기회가 커질수록(예를 들어, 소득이 증가하고 정부가 덜 규제를 할 때), 남들에게 기회의 폭이 넓어지는 것을 지지하는 경향이 있다는 이론을 세웠다. 극작가 베르톨트 브레히트Bertolt Brecht가 1928년《서 푼짜리 오페라 The Threepenny Opera》에 썼던 것과도 비슷하다. "먼저 배를 든든히 채우면, 도덕은 따라온다." 우리는 2장에서 산업시대에 배가 얼마나 든든히 채워졌는지를 살펴보았으며, 다음 장에서는 제2의 기계시대로 점점 더 깊숙이 들어갈수록 영양을 비롯하여 건강한 삶의 척도들이 얼마나 빠르게 개선되어왔는지를 살펴볼 것이다. 따라서 전 세계에서 사람들의 윤리 의식이 점점 높아지고 있다고 해도 결코 놀랄 일이 아니다.

대중의 인식의 두 번째 유형―우리의 과제들에 대처하는 효과적인 접근법의 인식―은 전반적으로 교육을 통해 개선된다. 여기서도 고무적인 추세가 보인다. 최근인 1980년까지도 15세 이상의 사람들 중 약 44퍼센트는 문맹이었다. 2014년 무렵에는 이 비율이 15퍼센트 미만으로 떨어져 있었다.[27] 그리고 교육에 대한 투자도 늘고 있다. 맥스 로저는 2000~2010년의 공공 교육 지출 자료를 구할 수 있는 88개국의 자료를 분석해 그 중 4분의 3은 GDP 중에서 교육에 투자하는 비율이 시간이 흐를수록 증가했다고 지적한다.[•]

기술 발전, 자본주의, 대중의 인식, 반응하는 정부는 모두 최근 수십 년 사이에 큰 진전을 보였다. 그러면서 우리 인류가 소비를 탈물질화하고 오염과 멸종을 줄임으로써 지구를 더 가볍게 디디는 데 도움을 주었다.

이 낙관주의의 네 기수는 또 무슨 일을 했을까? 주된 것이 세 가지 있다. 다음의 세 장에 걸쳐서 살펴볼 예정이다. 첫째, 인간의 조건과 자연의 상태를 폭넓게 개선하는 데 기여했다. 둘째, 경제 활동의 집중에 기여했다. 점점 더 적은 땅, 농장, 공장으로부터 점점 더 많은 산물을 얻고, 점점 더 적은 기업과 사람으로부터 점점 더 많은 이득을 얻었다. 셋째, 사람들 사이를 점점 '단절disconnection'시키고 사회적 자본을 줄이는 데 기여했다. 뒤에서 살펴보겠지만, 첫째 '개선'은 엄청난 희소식이며, 둘째 '집중'은 장단점이 있고, 셋째 '단절'은 섬뜩한 추세다.

[•] 이 나라들 중 설령 전부는 아닐지라도 대부분은 GDP 자체도 그 10년 동안 상당히 증가했다는 점을 언급해두자. 따라서 전체 교육 예산이 상당히 증가한 것이다.

11장

훨씬 더 나아지다

More *from* Less

일단 이런 도구를 지니면, 쓰지 않는다는 것이
불가능해요. (…) 탄원하는 가난한 이들이
자기 삶의 통제권을 지니지 못한다는
진부한 이미지를 버리세요. 사실이 아니니까요.

| 보노, 테드 강연, 2013년 |

맥스 로저의 '데이터 속의 우리 세계Our World in Data'는 내가 좋아하는 웹사이트 중 하나다. 이유는 두 가지다. 첫 번째는 가치 있는 정보가 많이 있기 때문이다. 두 번째는 가치를 따질 수 없는 이야기를 한 편 들려주기 때문이다. 낙관적이고 희망 가득한 이야기다. 데이터 속의 우리 세계와 줄리안 사이먼의《궁극적 자원The Ultimate Resource》, 비외른 롬보르Bjørn Lomborg 의《회의적 환경주의자Skeptical Environmentalistv》, 스티븐 핑커의《다시 계몽의 시대로》, 한스 로슬링Hans Rosling 의《팩트풀니스Factfulness 》같은 책들에 실린 증거들은 우리가 관심을 가져야 할 것들의 대부분이 점점 나아지고 있음을 명확히 보여준다. 전부는 아니라고 해도, 대부분은 그렇다. 이 행복한 사실은 자연의 상태와 인간의 조건 양쪽 모두에게 적용된다.

부정적 사고의 힘

대다수의 사람은 네 기수가 나아감에 따라서 상황이 좋아지고 있음을 깨닫지 못하고 있다. 예를 들어, 로슬링은 이렇게 쓰고 있다. "지난 20년 사이에, 극빈자로 사는 사람들의 비율은 거의 절반으로 줄었다. 그러나 온라인 여론 조사에 따르면, 대부분의 국가에서 그 사실을 알고 있는 사람은 10퍼센트에도 못 미친다고 한다."[1] 대다수는 상황이 점점 악화되고 있다고 믿는다. 2017년 세계 각국에서 여론 조사를 했더니, 빈곤율이 20년에 걸쳐서 떨어져왔다고 올바로 답한 사람은

20퍼센트에 불과했다. •2)

이 희소식이 왜 퍼지지 않는 것일까? 몇 가지 요인이 작용한다. 하나는 인간의 근본적인 '부정 편향negativity bias'이다. 나쁜 소식은 중립적이거나 좋은 소식보다 더 강한 인상을 심어주고 우리 머릿속에 더 오래 머문다. 또 하나의 요인은 언론이 선정적인 소식을 강조하는 경향이 있으며, 그런 소식은 부정적인 것일 때가 많아서다. 언론의 금과옥조는 "피가 튀어야, 잘 나간다If it bleeds, it leads"다.

나는 또 다른 중요한 요인이 영국 철학자 존 스튜어트 밀John Stuart Mill이 1828년 강연에서 간파한 것이라고 본다. "나는 남들이 절망할 때 희망을 품는 사람이 아니라, 남들이 희망을 품을 때 절망하는 사람이 많은 이로부터 현자sage라고 찬미된다는 것을 알았다."3) 많은 엘리트 집단과 출판물에서 부정성은 진지함과 엄밀함의 증표로 여겨지는 반면, 낙관론과 긍정성은 소박하고 제대로 모른다는 뜻인 듯하다.

사이먼, 로슬링, 핑커, 로저를 비롯한 이들은 이 습관적인 부정 편향에 맞서왔다. 그들은 엄밀하면서 긍정적인 연구를 해왔다. 사실 그들은 엄밀하게 연구를 하다보면(최상의 가용 증거들을 체계적으로 살피다보면) 연구자가 많은 것에 긍정적인 견해를 가질 수밖에 없게 된다는 것을 보여주었다. 증거가 그렇게 부추기기 때문이다.

이 장에서는 '데이터 속의 우리 세계'를 비롯한 곳에서 모은 정보를

• 국민의 대다수가 세계적인 빈곤 추세를 올바로 알고 있는 나라는 중국이다. 응답자 중 49퍼센트가 전 세계에서 빈곤율이 떨어져왔다고 답했다.

써서 최근 수십 년 사이에 중요한 척도들에서 엄청난 개선이 이루어진 사례를 몇 가지 살펴보기로 하자. 앞장에서 말했듯이, 나는 낙관주의의 네 기수가 전 세계를 빠르게 질주하고 있는 바로 그 시기에 이렇게 대규모로 빠르게 개선이 이루어진 것이 우연의 일치라고 생각하지 않는다. 그것은 원인과 결과의 이야기다. 네 기수는 상황이 점점 나아지고 있는 가장 중요한 이유에 속한다.

증거를 보여주기에 앞서, 한 가지 분명히 말해두고 싶은 것이 있다. 지금이 충분히 좋다고 말하려는 것이 아니라는 사실이다. 상황이 그렇지 않다는 것은 분명하다. 세상에는 가난하고, 굶주리고, 병든 사람이 너무나 많다. 영양실조에 시달리고, 제대로 교육받지 못하는 아이들도 너무나 많다. 법전에 명백히 금지한다고 적혀 있음에도, 사실상 노예 계약이나 노예 상태에 빠지는 이들도 너무나 많다. 또 우리는 온실가스를 대기로 배출하고, 쓰레기를 바다에 투기하고, 희귀한 동물을 죽이고, 열대림을 파괴하는 등 지구를 계속 훼손하고 있다.

하지만 우리는 현재의 모든 것이 좋다고 말하거나 시사하지 않고서도 개선 사례들을 살펴볼 수 있다. 개선 사례들이 대단히 중요한 무언가를 말하고 있기 때문에, 살펴볼 필요가 있다. 우리가 하고 있는 것이 먹히는지, 따라서 엄청난 경로 수정을 고려하는 대신에 그냥 계속해도 되는지다. 롬보르는 《회의적 환경주의자》에서 이렇게 썼다. "상황이 나아지고 있을 때, 우리는 올바른 길로 가고 있음을 안다. (…) 아마 개선할 여지가 더 많긴 하겠지만[4] (…) 기본적인 접근법은 잘못되지 않았다."

최근 수십 년 동안 우리가 취해온 기본적인 접근법, 즉 낙관주의의 네 기수가 전 세계를 더 빨리 뛰도록 허용하는 접근법은 결코 잘못되지 않았다. 몇몇 분야에서 놀라울 만치 빠르고 폭넓게 개선을 이루고 있다. 따라서 우리는 기수들이 더욱 빨리, 더 멀리까지 달리도록 재촉해야 한다. 운전대를 다른 방향으로 확 돌리는 대신에, 가속 페달을 더 밟아야 한다.

자연의 상태

먼저 인간이 지구에 미치는 영향을 살펴보자. 인류가 끼친 가장 큰 피해 중 하나에서 시작해보자. 다른 종들을 멸종 위기로 내몰고 있는 것이다.

우리 인류는 여행비둘기뿐 아니라 수백 종의 생물을 완전히 멸종시켰다. 우리의 파괴 성향을 보면서 일부에서는 인간이 여섯 번째 '대멸종'에 직면해 있다고 경고했다. 지난 4억 5,000만 년 동안 지구 생물 종의 적어도 절반 이상이 사라진 다섯 번의 대멸종에 상응하는 일을 우리가 벌이고 있다는 것이다.

그러나 스튜어트 브랜드Stewart Brand는 온라인 잡지 〈이언 Aeon 〉에 그런 주장을 왜 믿기 어려운지 설명했다.[5] "현재 위험에 처한 종들이 모두 앞으로 수백 년 사이에 멸종하고, 그들을 죽인 멸종률이 수십만 년 동안 더 계속된다면, 우리는 인간이 일으킨 여섯 번째 대멸종이 시작되었다고 말할 수 있을지도 모른다." 그러나 브랜드는 기록된 멸종 사례들이 비교적 드물며(지난 500년 사이에 약 530건) 최근 수십 년 사이에 그 속도가 점점 느려진 듯하다고 지적한다. 예를 들어, 지난 50년 사이에 멸종했다고 기록된 해양생물은 전혀 없다.[6]

희소식은 우리 인류가 네 가지 주된 방식으로 멸종시키려는 우리 자신의 성향을 밀어내고 있다는 것이다. 첫째, 사체에 남은 DNA를 써서 멸종한 동물을 되살리기 위한 연구가 이루어지고 있다(과학 소설에 나올 만한 이야기다). 브랜드는 이 '탈멸종' 운동의 유명 인사이며, 유전학자 조지 처치George Church를 비롯한 이들과 함께 코끼리를 털매머드와 더 비슷한 종으로 적응[7]시키는 연구를 하고 있다. •

둘째, 우리는 도입된 포식자를 제거함으로써 섬(멸종하는 종이 유달리 많은 곳)에 사는 가장 위험에 처한 종들을 보호하기 위해 애쓴다. 현재까지 적어도 800개 섬이 이런 식으로 보호를 받고 있다.

셋째, 우리 인류는 전 세계에서 아주 많은 새로운 종을 창조해왔다. 의도적으로 교배하거나, 소와 들소의 잡종인 '비팔로beefalo'를 우연히 만드는 식으로 그렇게 해왔다. 많은 동물은 인류를 따라서 전 세계로 퍼지면서 분화하고(신종으로 진화하고), 잡종을 형성(지역 생물과 교배됨으로써)해 왔다. 산업시대에 우리 활동으로 세계의 많은 지역에서는 오히려 생물다양성이 순증했다고 믿는 이들도 있다. 생태학자 크리스 토머스Chris Thomas는 이렇게 말했다. "지난 200년 동안, 지방이라고 하는 세계 각

• 이것이 단지 과학적 계획에 불과한 것은 아니다. 뒤의 결론 장에서 말하겠지만, 매머드가 다시금 돌아다니면 주요한 기후 안정에 큰 도움을 줄 수 있다.

지에서 종의 수가 증가해왔다는 것이 경험적으로 맞는 듯하다."[8]

그러나 브랜드는 동물 종에게 가장 큰 위협이 절대적인 멸종이 아니라, 남획과 서식지 상실에 따른 개체군 크기의 대폭 감소라고 주장한다. 그런 측면에서 볼 때는 자료가 모호하다. 안타깝게도 남획은 계속되고 있다. 해양 생물은 더욱 그렇다. 제시 오스벨은 이렇게 말한다. "어획이 집중되는 어장의 어류 생물량은 수십 년 전보다 약 10분의 1로 줄어든 듯하다."[9]

해양 남획은 '공유재의 비극tragedy of the commons'의 고전적인 사례다. 공유재의 비극이란 생태학자 개럿 하딘Garrett Hardin이 1968년 〈사이언스〉에 쓴 글에서 한 불행한 현상에 붙인 이름이다. 하딘은 공유재를 정의하길, 다수가 이용할 수 있지만 소유자가 따로 없는 목초지나 물 같은 공동으로 소유하는 자원이라고 정의했다. 누구나 이용할 수 있다니 좋은 말처럼 들리지만, 거기에는 한 가지 큰 문제가 있다. 공유재를 이용하려는(목초지에서 소를 기르거나, 물에 사는 물고기를 잡는 등) 동기를 누구나 충분히 지니지만, 공유재가 누구의 소유도 아니므로 공유재를 보호하거나 유지하려는 동기는 누구에게도 없다. 모두가 경제적으로 합리적인 일을 하려는 성향이 강하므로, 남들이 다 사용하기 전에 이용하려고 애쓴다. 모두가 그렇게 함으로써, 자원을 고갈시키는 데에 기여한다.*

우리는 공유재의 비극을 다룰 여러 가지 방법을 갖고 있다. 현재

....

*   하딘은 지구 자체가 모두의 가장 큰 공유재이며(이 점에서는 옳았다), 인구 과잉을 통해 우리가 그것을 파괴할 것이라고 믿었다(이 점에서는 틀렸다).

까지 노벨 경제학상을 받은 유일한 여성인 엘리너 오스트롬 Elinor Ostrom 은 공유재를 성공적으로 관리하는 원칙들을 개발[10]했다. 심하게 줄어든 종을 돕는 데 가장 좋은 방법 중 하나이자, 생물들이 생존하고 번식하도록 돕는 네 번째 방법은 단순히 넓은 땅이나 물(커다란 공유재)을 이용할 수 없도록 법으로 정하는 것이다. 6장에서 살펴보았듯이, 보전 운동이 20세기에 들어설 무렵에 들소, 비버 등의 종을 보호하는 데 성공한 이유가 대체로 이 때문이다. 21세기로 들어오면서 이 접근법은 전 세계로 더 빠르게 퍼지고 있다. 1985년에는 공원을 비롯한 보전 구역이 세계 육지 면적의 겨우 4퍼센트를 차지했지만, 2015년에는 거의 네 배인 15.4퍼센트로 증가[11]했다. 2017년 말부터는 지구 해양의 5.3퍼센트도 마찬가지로 보호를 받고 있다.[12]

| 녹지 면적

육지나 물의 일부를 공원으로 지정하는 것이 생물들을 돕는 유일한 방법은 아니다. 그들과의 상호작용을 줄일 수도 있다. 그 편이 그들에게 딱 맞는 듯하다. 예를 들어, 남한과 북한 사이의 비무장지대[13]와 우크라이나에 있는 아직 방사성을 띤 체르노빌 원자력 발전소 주변[14]의 출입 금지 지역에서는 인간이 없기 때문에 동물들이 번성한다.

현재 땅으로부터 우리 자신을 소거하는 가장 중요한 방법은 더 이상 농사를 짓지 않는 것이다. 7장에서 살펴보았듯이, 미국에서 농경지의 면적은 1982년 이래로 워싱턴주만큼 줄어들었다. 농사를 짓지 않으면, 그 땅은 결국 숲으로 변한다. 모든 선진국에서는 현재 이 과정이

모든 벌목 사례를 합친 것보다 더 우세하며, 전체적으로 삼림 복원이 주된 추세가 되어 있다.[15]

한편 개발도상국에서는 대부분 여전히 농장, 경작지, 목초지를 위해 나무를 베는 벌목이 더 우세하다. 우리는 이러한 양상을 종종 본다. 더 부유한 국가들은 모퉁이를 돌아서 전반적으로 지구 발자국을 줄이고 이전의 환경 피해를 되돌리고 있는 반면, 더 가난한 나라들은 아직 그 모퉁이를 돌지 않은 상황이다.

이는 가난한 나라가 환경에 무심하기 때문이 아니다. 9장에서 논의했듯이, 가난한 나라일수록 제도가 약하고 정부가 덜 반응하는 경향이 있기 때문이다. 또한 가난한 나라의 국민들이 전반적으로 덜 발달하고 더 더러운 기술을 쓰고 있기 때문이기도 하다. 천연가스 대신에 동물의 말린 배설물이나 장작으로 난방과 요리를 하고, 태양에너지를 이용한 LED 대신에 등유로 불을 밝힌다. 마지막으로, 일부 국가는 더 빨리 성장하기 위해서 오염, 삼림 파괴 등의 피해들을 더 높은 수준까지 받아들이기로 결정해왔다.

설령 개발도상국에서 삼림 파괴가 계속되는 등 아직 해결해야 할 중요한 문제들이 있다고 할지라도, 한 가지 중요한 이정표에는 도달했다. 2015년 한 국제 연구진이 결론지었듯이, 지구 전체에 걸쳐서 "최근에 세계적으로 육상 생물량 손실에서 역전"[16]이 일어났다. 산업시대가 시작된 이래 처음으로 지구는 점점 갈색으로 변하는 대신에, 점점 녹색으로 변하고 있다. 2003년 이래로 러시아와 중국에서 대규모 삼림 복원, 아프리카와 호주의 사바나 면적 증가, 열대의 삼림 파괴 속도

저하가 결합되면서 식물의 탄소 저장량이 증가해왔다. 이 증가는 우리 인류가 대기로 뿜어낸 모든 온실가스를 회수하기에는 턱없이 모자라지만, 그래도 희소식임에는 틀림없다.

| 열을 줄이다

지구에서 가장 우려되는 환경 문제는 지구 온난화다. 지속 가능성을 연구하는 과학자 킴 니콜라스Kim Nicholas[17]는 환경 관련 행진과 집회에 참가할 때 드는 팻말에 기후 변화에 관한 요점을 탁월하게 요약했다. '기후과학 101 Climate Science 101'이라는 제목 아래 이렇게 적혀 있다.

1. 더워지고 있다
2. 우리 때문이다
3. 확실하다
4. 나쁘다
5. 우리는 해결할 수 있다.•

경제학자라면 이 팻말에 딱 하나 '오염이다'라는 말을 덧붙이고 싶을지도 모르겠다. 지구 온난화를 어떻게 생각하는지, 그리고 온난화에 무엇을 할지가 곧바로 드러나기 때문이다. 9장에서 살펴보았듯이, 오염은 고전적인 부정적 외부 효과다. 어떠한 경제 활동으로 생기지만,

---

• 　　니콜라스의 팻말에 적힌 각 줄에는 각주를 다는 것이 과학적 전통이기도 하다.

그 활동에 참여하는 사람들이 직접적으로 즉시 부담하지는 않는 비용이다. 경쟁 시장과 자발적 교환은 다른 모든 것들은 아주 잘 다루지만, 외부 효과는 잘 다루지 못한다. 사실은 외부 효과를 일으키는 원인이 되는데 말이다.

1800년 이래로, 지구의 대기 이산화탄소(CO_2) 농도는 283ppmv[•]에서 2018년에는 408ppmv로 증가[18]했다. 이 증가는 모두 인간의 경제 활동 때문이다(우리 때문이다). 이산화탄소는 '온실가스'로서, 우주로 빠져나가는 지구의 열을 가둠으로써 지구를 계속 덥힌다(더워지고 있다). 세계 기온이 충분히 올라가면 (그린란드와 남극대륙을 덮고 있던 빙원이 녹음으로써) 해수면이 상승한다. 또 작물, 동물, 사람에게 해를 끼치는 열파가 일어난다. 그 결과 많은 동식물 종들이 살아갈 수 있는 지역도 달라진다. 또한 대기 CO_2 농도가 높아지면, 바다도 더 산성을 띠게 됨으로써 산호초를 비롯한 중요한 해양 서식지가 피해를 입는다. 따라서 나쁘다.

우리는 해결할 수 있다. 그것이 오염이고, 그 부정적 외부 효과를 다루는 법을 알고 있기 때문이다. 9장에서 살펴보았듯이, 우리는 CFC, 스모그, 이산화황 등 많은 대기 오염물질을 크게 줄여왔다. 그렇다면 이 온실가스가 그것들과 다르거나 더 어려울 이유가 있을 것인가?

있다. 이산화탄소가 우리 경제 활동의 너무나 많은 곳에서 생기기 때문이다. 전 세계로 보자면, 온실가스 배출량은 산업이 20퍼센트 남짓,[19] 건물이 6퍼센트, 교통이 14퍼센트, 농업이 24퍼센트, 전기와 열

[•] 부피 단위로 100만 분의 1이라는 뜻.

생산이 25퍼센트를 차지한다. 따라서 전 세계에서 우리 인류가 하는 가장 근본적인 것들, 즉 물건을 만들고, 집을 짓고, 따뜻하게 하고, 이리저리 이동하고, 먹는 활동들이 지구 온난화의 주된 기여 요인이다.

이 점은 온실가스에 배출권 거래제나 탄소세가 더 확대되지 않고 있는 이유를 이해하는 데 도움을 준다. 9장에서 살펴보았듯이, 배출권 거래제는 미국 등의 나라에서 이산화황과 입자 오염물질을 줄이는 데 아주 효과가 좋았다. 대기 입자 오염물질은 한 지역의 모든 사람들에게 즉시 영향을 미치지만, 주로 석탄을 때는 화력 발전소와 공장이라는 소수의 오염원에서 발생했기에 정치적으로 오염 억제가 실현 가능했고 세금 부과에 대한 반대 견해를 극복했다. 그러나 무시할 수 있거나 사소하다고 여길 수 있을 만큼 먼 미래에 피해가 나타날 때나, 모두가 부담해야 하는 상황에서는 탄소세를 밀어붙이기가 훨씬 어렵다.

이와 관련된 또 한 가지 문제는 다른 오염물질들은 대부분 그 지역에 머물러 있는 반면, 온실가스는 전 세계로 퍼진다는 것이다. 즉 어디에서 배출되든지 간에 지구 대기 전체로 퍼진다. 따라서 어느 한 국가만이 탄소 배출권 거래제를 실행한다면, 그 나라 국민은 다른 모든 나라의 사람들을 위해 세금을 내지만, 다른 나라 사람들로부터 아무것도 얻는 것이 없다고 말할 수도 있다. 그래서 설득하기가 쉽지 않다.

온실가스를 줄이기가 그토록 어려운 마지막 이유는 그 화학 자체 때문이다. 온실가스는 어디에서 누가 어떤 목적으로 화석연료를 태우든 간에 반드시 나온다. 연소의 불가피한 부산물이다. 그리고 생성될 때 포획하기도 어렵다. 자동차의 내연기관에서 생기는 모든 미세한 입자물질을 거르는 현대의 공기 필터는 아주 작고 가볍고 값싸며 안전하다. 반면에 자동차를 위한 '탄소 포획' 시스템을 장착하려면 CO_2를 다른 배기가스와 분리한 뒤에 고압 탱크에 저장했다가 따로 내보내는 장치들이 필요할 것이다. 그런 장치는 비싸고 비실용적일 것이고, 내가 아는 한 결코 진지하게 제안된 적이 없다.

따라서 포괄적인 세금이나 폭넓게 효과적인 포획 기술이 없기에, 온실가스 오염은 전 세계에서 계속 증가하고 있다. 그러나 두 가지 예외 사례가 있다. 미국에서는 7장에서 논의한 프래킹이 널리 쓰이면서 최근 몇 년 사이에 CO_2총배출량이 줄어들었다. 천연가스는 석탄보다 탈 때(단위 에너지당) CO_2를 훨씬 덜 배출하므로, 프래킹 혁신으로 미국은 발전 연료를 석탄에서 천연가스로 바꿈으로써 총온실가스total green house gas 배출량이 줄어들었다.

다시 말해, 우리는 운이 좋았다. 최근 미국의 CO_2 배출량 감소는 배출권 거래제나 다른 어떤 의도적인 감축 정책을 채택함으로써 나온 결과가 아니었다. 그 이유보다는 대체로 기술 발전과 자본주의 영향으로 석탄에서 천연가스로 옮겨갔고, 천연가스가 온실가스Green House Gas,GHG를 덜 배출하기 때문에 일어난 일이었다.

전반적으로 우리 인류는 GHG를 다루는 일을 아직 제대로 못하고 있다. 개념상으로는 GHG가 다른 오염물질들과 아무 차이가 없음에도 그렇다. 15장에서는 이 상황에 대처하고, 대기 탄소 농도를 더 빨리 떨어뜨릴 방법들을 살펴볼 것이다. 다른 대다수의 대기 오염물질과 달리, 탄소는 오래 공중에 머물기 때문에 그런 노력이 시급하다. 오래 머물기에 대기의 탄소 총량은 GHG 배출량이 정점을 지나서 해가 갈수록 점점 줄어든다고 해도, 여러 해 동안 계속 증가할 것이다.

왜 그러한지 알기 위해, CO_2가 100년 동안 대기에 머물러 있다고 가정하자. 2017년이 미국 CO_2 배출 총량이 51억 4,000만 톤으로 정점에 달한 해이고, 2018년에는 51억 톤만 배출한다고 하자. 그러면 2018년에 미국은 대기에 51억 톤을 추가하는 반면, 17억 5,000만 톤만 대기에서 사라질 것이다. 100년 전인 1918년에 미국이 대기로 배출한 탄소량[20]이다. 당시에는 인구도 훨씬 적었고, 경제 활동도 훨씬 덜했다. 따라서 해가 지날수록 배출량이 점점 더 줄어든다고 해도, 대기 GHG의 총량은 줄어들지 않는다. 그 목표를 달성하려면 배출량을 훨씬 더 많이 더 지속적으로 줄여나가야 한다.

| 행동을 바로잡기

다행히도 다른 오염물질들은 상황이 훨씬 낫다. 네 기수가 협력하여 세계의 많은 지역에서 빠르게 줄여왔다. 오염이 해롭다는 대중의 인식은 확산되었으며, 반응하는 정부는 서둘러 감축 정책을 펼쳐왔다. 기술 발전은 오염물질을 덜 배출하는 내연기관 같은 산물들을 만듦으로써 이런 정책에 반응했고, 자본주의는 이런 산물들을 세계로 널리 퍼뜨렸다. 오염 방지 노력이 미흡한 나라들에까지도 영향이 미쳤다.

이 모든 협력의 결과, 대기 오염에 따른 사망률은 1990년 이래로 대다수 국가에서 떨어져왔으며, 줄어들었던 기대수명은 더욱 빠르게 늘어났다.[21] 그러나 사망률이 줄어들었음에도 인구가 증가하므로, 대기 오염에 따른 연간 총사망자 수는 인도를 비롯하여 비교적 오염 방지 노력이 미흡한 나라들에서 계속 증가했다. 그러나 나는 그런 나라들이 점점 더 부유해짐에 따라서 이 상황이 바뀔 것이고, 더욱 빨리 대기 오염 사망률 정점에 이를 것이라고 내다본다. 인도의 인디라 간디Indira Gandhi는 1972년 유엔의 첫 환경회의 때 이렇게 말했다. "가난이 가장 큰 오염원이다."[22] 따라서 가난이 줄어들수록, 오염도 줄어들 것이다.

수질 오염은 상황이 더 모호하다. 9장에서 살펴보았듯이, 일부 국가는 아직도 엄청난 양의 플라스틱 같은 쓰레기를 강으로 버리고 있다. 이 쓰레기는 지구 전체의 공유재인 바다로 흘러간다. 여기서도 선진국과 개발도상국은 극명하게 나뉜다. 가난은 오염을 일으키는 반면, 풍요는 대중의 인식과 반응하는 정부를 통해서 예전의 실수를 바로잡는다. 미국의 정부와 업계가 1972년 맑은물법이 제정된 이래로 호수, 연못, 개울, 강을 정화하는 노력에 나선 것이 명확한 사례다. 경제학자 데이비드 카이저David Keiser와 조지프 샤피로Joseph Shapiro는 전국의 17만 곳에서 나온 5,000만 건이 넘는 오염 자료를 취합한 끝에 이렇게 결론을 내렸다. "수질 오염은 시간이 흐르면서 대폭 줄어들었고, 맑은물법은 (…) 이 감소에 기여했다."[23]

해양 산성화와 플라스틱 쓰레기 다음으로 세계의 수질에 가장 심각한 문제를 일으키는 것은 질소 오염일 것이다. 작물에 흡수되지 않은 질소 비료는 강과 바다로 씻겨 나간다. 이 질소는 물고기를 비롯한 해양 생물들을 질식시킬 수 있는 산소가 부족한 대규모 '죽음의 해역'을 만드는 등 많은 피해를 일으킨다. 2장에서 살펴보았듯이, 산업시대에는 전 세계에서 쓰이는 질소 비료의 양이 엄청나게 늘어났다. 이는 질소 오염도 증가했음을 의미한다. 이 문제는 심각하지만, 두 가지 희 망적인 징후가 있다. 첫째, 현재 미국(여전히 농산물 주산지)은 농업 생산량 이 증가하고 있음에도 질소를 비롯한 비료의 총사용량이 정점 이후 단 계에 있다. 기술 발전과 자본주의라는 두 기수가 계속 뛸수록, 점점 더 많은 나라들이 그럴 것이다. 둘째, 반응하는 정부가 비료 사용량을 크 게 줄일 수 있다는 것이다. 2005~2015년에 중국 정부는 2,000만 명이 넘는 소농들에게 효율적인 비료 사용법을 가르쳤다. 이 개입의 결과는 놀라웠다.[24] 모든 작물의 평균 수확량이 약 10퍼센트 증가한 반면, 질 소 비료의 총사용량은 약 15퍼센트 줄었다. 이 두 사례는 수질 오염이 나 다른 어떤 오염도 인류가 번영하기 위해 반드시 치러야만 하는 고 정된 대가가 아님을 보여준다.

인간의 조건

2016년 경제학자이자 논평가인 노아 스미스Noah Smith는 전 세계에 서 나온 빈곤의 증거들을 검토했다. 그는 매우 낙관적인 결론을 내렸 다.[25] "엄청나다. 기적이나 다름없다. 그 이전의 역사 기록에서는 이런

• 　물에 질소 비료 같은 성분들이 유입되면서 부영양화가 일어나면, 조류와 식물이 대량 증식한다. 그러면 물속에 산소가 줄어들면서 어류 같은 생물들이 살 수 없게 된다.

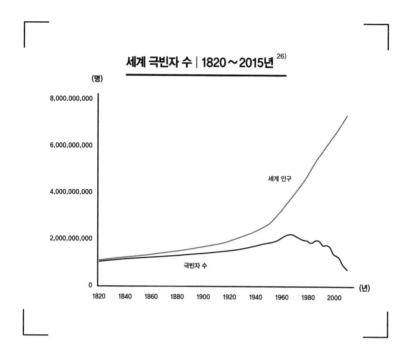

세계 극빈자 수 | 1820~2015년 [26)]

(명)

8,000,000,000

6,000,000,000

4,000,000,000

세계 인구

2,000,000,000

극빈자 수

0

1820 1840 1860 1880 1900 1920 1940 1960 1980 2000

(년)

일이 일어난 적이 결코 없었다." 맥스 로저가 만든 그래프는 스미스가 말한 '기적'을 잘 보여준다. 유례없는 개선이 이루어졌다는 그의 말이 지극히 옳았음을 드러낸다. 이 그래프는 빈곤 상태로 살아가는 사람들의 비율과 지구에 있는 극빈자의 총인구를 보여준다.

| 세계의 가난과의 전쟁

세계 빈곤자의 총수는 1970년 첫 지구의 날 무렵에 정점에 이르렀다가, 그 뒤로 서서히 줄어들기 시작했다. 그러나 실제 기적은 21세기 초에 이 행복한 감소가 가속되면서 나타났다. 1999년에는 17억 6,000만

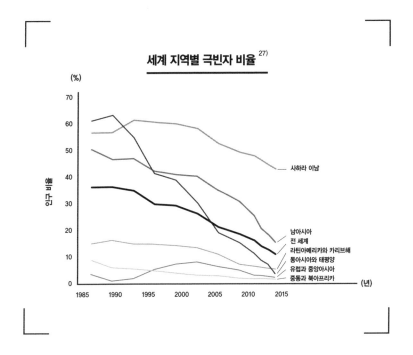

세계 지역별 극빈자 비율[27]

(%)

인구 비율

사하라 이남

남아시아
전 세계
라틴아메리카와 카리브해
동아시아와 태평양
유럽과 중앙아시아
중동과 북아프리카

(년)

1985 1990 1995 2000 2005 2010 2015

명이 극빈자였다. 겨우 16년 뒤, 이 수는 60퍼센트가 줄어든 7억 500
만 명이 되었다. 세계 인구가 지금의 7분의 1이었던 1820년보다 지금
이 빈곤자가 수억 명 더 적다.

　이 감소의 상당 부분은 현재 중국에서 일어난 일을 반영한다. 앞장
에서 살펴보았듯이, 1978년부터 중국 경제가 사회주의를 버리고 자본
주의를 허용함에 따라서 빈곤이 줄어드는 기적이 나타났다. 그러나 세
계 빈곤 감소 이야기는 중국만의 것이 아니다. 다음 그래프가 보여주
듯이, 전 세계의 모든 지역에서 최근 들어 빈곤자가 대폭 줄어들었다.
최근의 감소 속도는 지구에서 극빈 상태가 완전히 사라진다는 이야기

가 더 이상 터무니없게 들리지 않음을 시사한다. 세계은행은 2030년
즈음이면 그럴 가능성이 있다고 내다본다.[28]

나아진 것은 소득만이 아니다. 나는 '데이터 속의 우리 세계'를 비롯
하여 많은 증거들을 모아놓은 곳들을 훑으면서, 세계 대부분의 지역에
서 인간의 물질적 복지의 중요한 척도 중에서 더 나아지지 않은 사례
가 한 건이라도 있는지 찾으려고 시도했다.

그래프는 몇몇 주요 지역에서의 최근 추세들이다.

| 일용할 양식

최근인 1980년까지도, 하루 가용 열량 세계 평균값은 바쁘게 일하

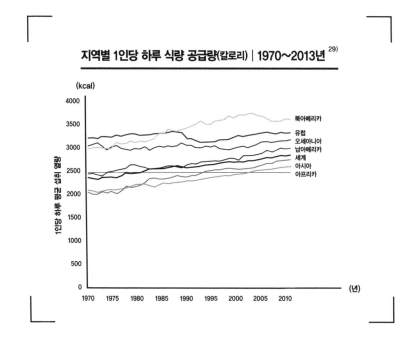

지역별 1인당 하루 식량 공급량(칼로리) | 1970~2013년 [29]

는 성인 남성이 체중을 유지하기가 어려울 정도였다.[30] 그러다가 그로부터 35년이 채 지나기도 전에, 세계의 모든 지역은 하루 열량 2,500칼로리라는 이 기준을 충족시켰다.

| 깨끗한 생활

세계 인구의 90퍼센트 이상은 현재 깨끗한 물을 이용하고 있다.●[31]

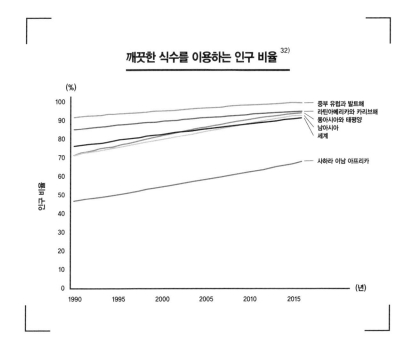

깨끗한 식수를 이용하는 인구 비율 [32]

(%)

중부 유럽과 발트해
라틴아메리카와 카리브해
동아시아와 태평양
남아시아
세계

사하라 이남 아프리카

인구 비율

(년)
1990   1995   2000   2005   2010   2015

●　'데이터 속의 우리 세계'는 이렇게 설명한다. "개선된 식수원은 실내까지 들어오는 수돗물(사용자의 주거지, 구내, 토지 안에 있는 가정 수도꼭지로 관을 통해 들어오는 물), 다른 유형의 개선된 식수원(공용 수도꼭지나 급수탑, 관정이나 펌프 우물, 보호된 굴착우물이나 샘이나 빗물 집수정)을 말한다."

1990년에는 75퍼센트가 조금 넘는 수준이었다. 위생 시설도 마찬가지 양상을 띤다.[33] 1990년에는 세계 인구의 절반 남짓만이 위생 시설을 갖춘 환경에 살았다. 지금은 3분의 2를 넘는다.

| 젊은이들

전 세계의 중등교육 등록자 수 추세는 위생 시설 이용자 수와 양상이 비슷하지만, 더 가파르다. 1986년에는 전 세계에서 학교를 다니는 십 대 청소년이 절반에 못 미쳤다. 지금은 75퍼센트를 넘는다.

중등교육 등록자 총비율[34]

| 죽음에 관해 말할 수 있는 것 한 가지: 더 미루어지고 있다

이제 이 양상이 친숙할 것이다. 태어날 때의 기대수명[35]은 최근 수십 년 사이에 크게 증가했다.

1장에서 살펴보았듯이, 세계의 기대수명은 1800년에 약 28.5년이었다. 그 뒤로 150년 사이에 기대수명은 20년이 늘어났다. 그리고 1950~2015년에는 다시 25년이 늘어났다. 이 수명 증가는 현재 일반적인 현상이 되어 있다. 남아프리카에는 끔찍한 에이즈 위기로 기대수명이 10년 줄어들었다가 다시 회복되었다.

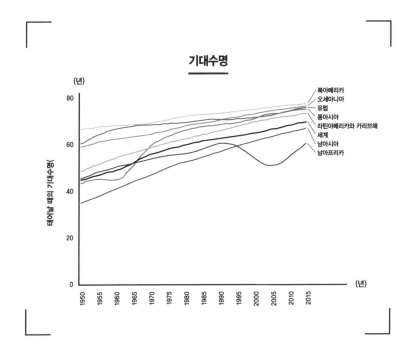

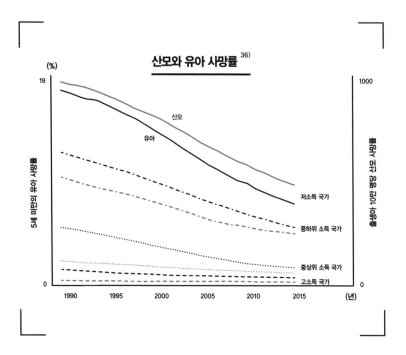

산모와 유아 사망률 [36)]

기대수명이 이렇게 빨리 올라간 이유 중의 하나는 전 세계에서 유
아와 산모의 사망률이 급감한 덕분이다.

나는 그래프를 통해 전 세계의 사망률이 유달리 빠르게, 대규모로,
폭넓게 줄어들고 있음을 본다. 지금도 지독하게 가난한 지역, 정치·경
제적으로 실패한 국가, 전쟁의 참화에 시달리는 지역들이 있다. 그러
나 현재 유아 사망률이 1998년 세계의 평균 사망률보다 높은 지역은
한 곳도 없다.

| 수렴

산모와 유아 사망률 추세는 종종 간과되곤 하는 한 가지 중요한 사실을 조명한다. 전 세계에서 인류의 물질적 복지의 가장 중요한 척도들에서 불평등이 줄어들고 있다는 것이다. 가난한 나라들은 부유한 나라들을 따라잡고 있으며, 과거에 컸던 그 격차가 점점 줄어들고 있다. 그런 한편으로 언론에서는 소득과 부의 불평등이 주요 뉴스거리가 되며, 많은 지역에서 이 격차가 점점 커지고 있다. 그 점도 중요하므로, 다음 장에 걸쳐서 경제적 불평등을 살펴보기로 하자.

그러나 인간의 조건을 살펴볼 때, 고려해야 할 다른 종류의 불평등들도 있다. 건강, 교육, 식단, 위생 등 삶의 질에 대단히 중요한 것들에 대한 불평등이다. 여기에 대해서는 매우 희소식이 들린다. 이런 불평등이 점점 줄어들고 있다는 것이다. 네 기수는 최근 수십 년 사이에 전 세계를 질주하면서, 이미 부유한 나라와 국민뿐 아니라, 그 밖의 모든 사람들의 삶도 더 낫게 바꾸었다. 모든 곳에서 죽어가는 산모와 아기는 줄어들고 있으며, 더 많은 아이가 교육을 받고, 더 많은 사람이 충분한 영양과 위생을 접하고 있다.

이 세계적인 승리들을 인정하는 것이 대단히 중요하다. 우리가 하고 있는 일들이 잘 이루어지고 있음을 보여주기 때문이다. 기술 발전, 자본주의, 대중의 인식, 반응하는 정부는 전 세계로 퍼지면서 세계를 개선하고 있다.

광기란 똑같은 일을 되풀이하면서 늘 다른 결과가 나오기를 기대하는 것이라고 흔히 말한다. 그렇다면 무지란 이루어지고 있는 것의 결과를 제대로 살펴보지 않는 것이라고 말할 수도 있다. 이처럼 변화의 증거를 살펴볼 때마다, 우리는 네 기수가 우리가 살고 있는 세계를 개선하고 있는 모습을 계속해서 보게 될 것이다.

집중의 힘

도시가 발명되고, 이어서 혁신 및 부의 창조와
결부된 규모의 경제가 도시와 강력하게 결합됨으로써
사회는 크게 다양해졌다.

| 제프리 웨스트, 《스케일》, 2017년 |

2018년에 유엔은 세계 인구의 55퍼센트가 도시 지역에 살며[1], 그 비율이 2050년까지 68퍼센트로 높아질 것이라고 추정했다. 그러나 같은 2018년에 유럽연합집행위원회EC의 경제학자 루이스 다익스트라Lewis Dijkstra는 이렇게 결론지었다. "도시화에 관해 여러분이 들은 이야기는 모두 틀렸다."[2]

다익스트라 연구진은 2015년까지 이미 세계의 84퍼센트가 도시화했으며, 기존 추정값들과 정반대로 아시아, 아프리카, 오세아니아가 북아메리카와 유럽보다 이미 더 도시화해 있다는 것을 발견했다.

이전 추정값과 크게 차이가 생기는 이유는 EC 연구진이 위성 영상으로 도시 지역(인구가 많고 인구밀도도 높은 지역)을 파악한 반면, 이전의 추정값들은 각국이 지닌 도시 목록에 의지했기 때문이다. 이런 목록은 도시의 정의가 서로 다를 뿐 아니라 불완전할 때가 많았다. 도시의 정의를 표준화하고 위성 자료를 써서 지구 전체를 조사하자, 사람들이 사는 장소에 관한 전혀 다른 결과가 드러났다. 인류는 도시 거주 종이 되어 가고 있는 것이 아니라, 이미 대체로 도시에 살고 있다.

최근에 빠르고 심하게 이루어진 도시화는 사람과 경제 활동이 더욱 집중되고 있는 추세를 보여준다. 집중은 '가까이 모이는 것'이며(예를 들어, 시골 마을보다 도시에서 사람들은 훨씬 더 가까이 모여 있다), 집중도 증가는 예전에 흩어져 있던 것이 더 가까이 모였음을 의미한다. 앞장에서 우리는 낙관주의의 네 기수가 세계를 질주하면서 세계를 개선하고 있음을 살펴보았다. 그들은 세계를 집중시키고도 있다.

행동이 있는 곳

도시화는 이 일이 어떻게 이루어지는지를 잘 보여준다. 지난 두 세기 동안 자본주의와 기술 발전은 결합하여 농업을 덜 노동 집약적으로 만듦으로써, 농장에는 예전보다 필요한 일꾼이 줄었다. 그런데 산업시대의 공장에는 일꾼이 필요했으므로, 일자리를 찾는 사람들은 시골을 떠나서 공장이 있는 크고 작은 도시로 옮겨갔다. 그런데 산업시대가 제2의 기계시대로 옮겨감에 따라서, 공장의 총산출량이 증가함에도 전체적으로 필요한 인력은 줄어들기 시작했다. 기술 발전은 노동력을 줄일 기회를 제공했고, 자본주의에 내재한 경쟁은 기업들이 이 제안을 받아들이도록 했다. 먼저 농업, 그 다음은 제조업이 '일자리 정점'에 도달했다. 그 뒤로 산업은 성장을 계속했음에도 총고용률은 떨어졌다.

한편 서비스업에서는 필요한 인력이 점점 늘어났다. '서비스업'은 투자은행업부터 소프트웨어 프로그래밍, 드라이클리닝, 개 산책시키기에 이르기까지 모든 것을 포함한다. 대부분의 서비스업은 두 가지 중요한 공통점이 있다. 대체로 업무를 자동화하기가 어려우며(내가 아는 한, 개를 산책시키는 로봇은 아직 판매되지 않고 있다), 대인 상호작용에 깊이 의지한다는 것이다. 드라이클리닝은 원격으로 할 수 없고, 투자은행가는 동종업계 사람들과 어울리는 것을 좋아한다.

서비스업의 대면 특성은 집중에 중요하다. 도시는 사람들이 모여 있는 곳이므로, 서비스업 일자리가 있는 곳이기도 하다. 사람들은 일자리가 어디에 있는지를 알아차리기 때문에 도시로 이주한다. 반응하는 정부는 대중교통을 비롯한 기반 시설을 구축하고, 길을 내어서 주택들이 더 조밀하게 지어질 수 있도록 유도하며, 범죄와 싸우고, 공공의 안전을 도모함으로써 도시화에 기여한다. 따라서 네 기수 모두 도시화라는 최근의 자기 강화 주기와 인구 집중도 증가에 기여한다.

2016년 미국 대통령 선거는 집중이 무엇인지를 생생하게 보여준 사례였다. 미국의 인구와 경제 양쪽 모든 측면에서다. 민주당 후보 힐러리 클린턴Hillary Clinton은 공화당 후보 도널드 트럼프보다 거의 300만 표를 더 얻었지만, 군(카운티)으로 따지면 이긴 지역이 500곳도 안 되었다. 그러나 이 군들은 미국 경제의 64퍼센트를 차지한다. 트럼프는 2,500곳이 넘는 군에서 승리했다. 그러나 그 군들이 미국 경제에서 차지하는 비율은 3분의 1을 겨우 넘는 수준이었다.

더 적게 들여서 더 많이 얻기

자본주의와 기술 발전은 또 한 가지 근본적인 효과를 낳는다. 농장과 공장에서 일하는 사람의 수를 줄이는 것만이 아니라 농장과 공장의 수도 전체적으로 줄인다. 7장에서 1980년대 초 이래로 생산되는 작물의 총톤수는 크게 증가해왔음에도, 미국의 작물 경작지 총면적은 워싱턴주만큼 줄어들었다고 말한 바 있다. 같은 기간에, 미국의 농장수는 더욱 큰 폭으로 줄어들었다. 1982년에는 약 250만 곳[3]이었는데 2017년에는

205만 곳 이하[4]로 줄었다.

제조업에서도 같은 양상이 나타난다. 더 적은 수의 공장에서 더 많이 생산되고 있다. 1994~2016년에 미국 제조업 산출량은 43퍼센트 이상 증가한 반면,[5] 제조 시설의 수는 거의 15퍼센트 줄었다.[6] 따라서 경제 활동은 지리적으로만 집중되고 있는 것이 아니다. 조직적 측면에서도 집중되고 있다. 농업과 제조업을 포함한 산업들에서, 모든 일들은 점점 더 적은 수의 업체를 통해 이루어지고 있다.

산업의 거인들

또 우리는 전 세계의 대다수 산업에서 매출과 수익이 뚜렷하게 집중되는 것도 보고 있다. 이는 전통적으로 경제학자들이 가장 관심을 갖는 유형의 집중이다. 경제학자들이 어떤 산업이 '집중되었다'고 말할 때, 지리나 장소의 수를 말하는 것이 아니다. 총매출이나 수익의 대부분이 (시장에 있는 모든 경쟁자들에게서 더 고루 나오는 것이 아니라) 소수의 기업에서 나온다는 의미다.

경제학자와 정책 결정자는 여러 가지 이유로 집중에 주목한다. 가장 중요한 이유 중 하나는 독점을 경계하기 위해서다. 독점은 단 하나의 기업이 산업을 독차지하는 상황을 말한다(한 기업이 매출과 수익을 전부 다 차지한다). 독점은 산업이 가능한 최대로 집중된 형태다. 독점 기업은 몇 가지 방식으로 출현할 수 있지만, 일단 존재하면 특정한 행동들을 드러내는 경향을 강하게 보인다. 그리고 그 행동들은 모두 다 소비자에게 (아니, 사회 전체에) 안 좋은 것들이다. 독점 기업은 그저 할 수 있기 때문에—어쨌든 더 낮은 가격을 제시하여 소비자의 관심을 돌릴 경쟁자가 전혀 없으므로—가격을 올리는 경향이 있다. 그럼으로써 가능한 한 가장 손쉽게 매출과 수익을 올릴 수 있다. 또한 더 나은 제품을 제공함으로써 시장을 빼앗아갈 경쟁자가 전혀 없으므로, 혁신에 덜 애쓰는 경향이 있다.

이 가격과 혁신에 미치는 효과 때문에, 오래전부터 경제 전문가들과 많은 소비자는 독점을 반대해왔다. 미국의 보드게임인 '모노폴리Monopoly'는 1903년에 엘리자베스 매기Elizabeth Magie가 토지 소유권의 집중 문제를 설명하기 위해 고안한 랜드로즈게임Landlord's Game에서 유래했다. 그 게임은 이윽고 대단한 인기를 끌었다. 1970년대에는 시카고대학교의 학생들 사이에 그 게임 열풍이 불었다. 당시 한 학생이 자유시장을 옹호하는 (그리고 노벨상 수상자이기도 한) 경제학자 밀턴 프리드먼Milton Friedman에게 모노폴리 세트에 사인을 해달라고 요청했다. 그는 사인을 해주면서 게임의 제목 앞에다가 '반대down with'라고 적었다.[7]

이 일화는 독점 기업이 진정한 자본주의에서 심각하게 벗어난 사례임을 잘 보여준다. 진정한 자본주의는 이익을 추구하는 기업들 사이의 건강한 경쟁에 의존한다. 따라서 한 나라의 많은 산업이 집중되는 추세를 보인다면 걱정스러울 수 있다. 여러 산업에서 독점이 일어날 수 있기 때문이다. 그렇기에 최근에 나타난 산업 집중도의 변화 양상이 너무나 중요하다고 여겨서, 2018년 캔자스시티 연방준비은행은 와이

오밍주 잭슨홀에서 열린 경제정책심포지엄의 주제를 그것으로 삼았다. 그 회의는 '중앙은행장들의 우드스톡Woodstock' [8]이라고 불린다.

그 회의에서 발표된 주된 논문 중 하나는 경제학자 존 반 리넨John Van Reenen이 쓴 것[9]이다. 그는 아주 많은 증거를 살펴본 끝에, 최근 수십 년 사이에 부유한 국가들에서 집중이 증가해왔음을 밝혀냈다. "자료들은 지난 30년 동안 미국 경제 전체에서 집중도가 증가했으며, 후반 15년 동안에 추세가 전반적으로 더 강해졌음을 명확히 보여준다. (…) 포괄적인 자료를 이용할 수 있는 EU 9개국에서 2000년 이래로 매출 집중도가 높아져왔다. 호주, 일본, 스위스 같은 EU 이외의 OECD 국가들을 추가해도 이 말은 들어맞는다."

기술의 승자 독식

반 리넨의 연구는 산업 집중도가 전 세계에서 증가하고 있는 것이 자본주의와 기술 발전의 쇠퇴 때문이 아니라, 오히려 확대 때문이라고 시사한다. 최근의 기술 발전이 너무나 심오하여 경쟁의 양상을 바꾸고 있으며, 집중은 이 변화를 보여주는 증거라는 것이다. 산업 집중도의 증가는 경쟁이 줄어들고(나쁜 정부 정책, 약한 독점 금지 규제 때문에), 새로운 나태한 독점주의자들이 늘어나고 있기 때문이 아니다. 기술을 연료로 삼아서 경쟁이 극심해지고, 새로운 세대의 노련한 선도 기업들이 탄생하고 있기 때문이다.

반 리넨은 최근 수십 년 사이에 한 산업 내에서 기업들 간에 특히 생산성과 임금에서 차이가 증가해왔다는 점을 간파했다. 소수의 기업은 생산성이 훨씬 더 높아지고 임금도 훨씬 더 많아지기 시작했지만(두 발전은 긴밀하게 연관되어 있다), 나머지 기업들은 생산성과 임금이 거의 정체되었다. 이 선도 기업들은 그 산업의 총매출과 수익을 점점 더 많이 가져갈 수 있었던 반면, 경쟁자들은 허덕였다. 나는 이 상황을 한 산업 내에 슈퍼스타와 좀비가 있다는 말로 표현한다. 경제학계에서는 '승자 독식winner take all' 또는 '승자 다식winner take most'이라는 표현이 더 널리 쓰인다.

반 리넨은 이렇게 썼다. "이 패턴들 중에는 많은 산업에서 반독점 법규 완화나 신규 규제 때문에 경쟁이 전반적으로 약해져서가 아니라, 세계화와 신기술 때문에 '승자 독식/승자 다식'이 일어난다는 견해와 (…) 일치하는 것이 많다." 에릭 브린욜프슨과 나는 이 견해에 동의한다.* 우리는 2008년에 집중이 기술 발전 때문에 증가하고 있으며, 앞으로도 그런 추세가 계속될 것이라고 주장한 바 있다.

우리는 아주 많은 역사적 증거를 토대로 단순한 논지를 펼쳤다. 잘 관리되는 기업조차도 증기기관, 전기화, 스마트폰, 인공지능 같은 강력한 신기술의 온전한 가치를 이해하고 이용하기가 극도로 어렵다는 것이다. 많은 기업은 신기술에 기꺼이 지출하겠지만, 그것을 제대로 활용하는 데 필요한 변화를 받아들일 준비나 의지, 능력을 갖춘 기업

---

* 다른 많은 연구자들도 기술 변화의 영향에 관해서 같은 견해다.

은 놀라울 만치 적다.

이런 변화를 실천하는 데 성공한다면, 그것은 무형 자산이라고 불리게 된다.* 이 무형 자산은 한 업계의 경쟁자들보다 신기술을 이용하고, 생산성을 높이고, 임금을 더 높이고, 경쟁 우위에 이를 수 있도록 해준다. 따라서 이 제2의 기계시대에 폭넓고 심오하고 빠른 기술 발전은 전 세계의 산업들에서 슈퍼스타와 좀비를 모두 생성할 것이라고 예상해야 한다. 강력한 신기술을 습득할 뿐 아니라, 적절한 무형 자산도 갖추는 일에 성공하는 기업이 슈퍼스타로 앞서 나간다. 그럼으로써 집중이 커진다.

세계 최고의 부자들

반 리넨이 묘사한 유형의 산업 집중도 증가가 어떻게 사람들의 부와 소득의 집중도 증가로 이어지는지는 쉽게 알 수 있다. 상장되어 있는 슈퍼스타 기업의 주가는 점점 더 올라가고, 따라서 창업자와 투자자의 재산도 증가한다. 과거에 기술 발전이 분출할 때(2장에서 살펴본 제임스와 매튜 볼턴이 증기기관으로 부자가 되었던 때)도 그런 일은 일어났지만, 제2의 기계시대에 이루어지는 부의 창출은 이례적이다.

1925년(체계적인 자료 집계가 시작된 해) 이래로, 상장 기업의 가치가 최고

---
* 기계나 건물처럼 보거나 만질 수가 없기 때문에 그렇게 부른다.

를 기록했던 미국의 8대 기업 중 여섯 곳[10]은 아마존, 알파벳(구글의 모기업), 인텔, 마이크로소프트 같은 현대 첨단 기술 슈퍼스타에 속해 있다. 영리하거나 운이 좋아서 이 기업들의 주식을 많이 지닐 수 있었던 사람들은 환상적인 수준으로 부유해졌다. 한 예로, 아마존 창업자 제프 베조스Jeff Bezos는 2018년 7월 기준으로 "현대 역사에서 가장 부유한 사람"[11]이 되었다. 재산이 1,500억 달러를 넘었다.

그러나 대다수의 미국인은 아마존 주식을 갖고 있지 않다. 아니, 어떤 기업의 주식도 갖고 있지 않다. 경제학자 에드워드 울프Edward Wolff의 조사에 따르면, 2016년에 주식을 전혀 갖고 있지 않은 미국 가정이 50.7퍼센트였다[12]고 한다. 따라서 주식 시장의 부는 미국 가정의 절반 미만에 집중되어 있다. 그 집단 내에서도 집중도가 심하다. 울프는 2016년에 미국 가정의 상위 10퍼센트가 주식 시장 부의 84퍼센트를 소유했다고 파악했다. 높은 집중도는 높은 불평등을 뜻한다. 주식을 비교적 소수의 집단이 꽉 쥐고 있는데 주가가 올라간다면, 그 집단은 나머지 사람들보다 훨씬 더 부유해진다.

최근 수십 년 사이에 부와 소득이 더 집중되어왔다는 데에는 거의 모두가 동의한다. 내가 아는 모든 합리적인 연구자들은 같은 결론에 도달했다.

그러나 이 불평등 증가의 원인과 결과를 놓고서는 많은 논쟁이 벌어진다. 반 리넨을 비롯한 이들은 주된 원인이 구조적인 데 있다고 본다. 세계적인 자본주의와 기술 발전이라는 두 가지 구조적인 힘이 소수의 슈퍼스타 기업과 다수의 좀비 기업이 특징인 승자 독식 또는 승자 다식을 창출하고 있다는 것이다. 슈퍼스타와 관계된 사람들은 부와 임금이 빠르게 올라가는 반면, 좀비 기업 안팎의 사람들은 재산이 정체되어 있음을 알아차린다. 이 설명의 핵심을 이루는 것은 이 엄청난 기술적 격변이 일어나는 동안 기업들 사이에 나타난 엄청난 차이들이다.

불평등 증가를 다른 방식으로 설명하는 이들은 기업들 사이의 차이가 아니라, 경제 전체(아니, 적어도 경제의 많은 부분)에 일어난 폭넓은 변화들에 초점을 맞춘다. 어떤 변화들인지도 제시되어왔다. 기업의 '단기주의short-termism'와 경제의 '금융화financialization' 증가, 노동조합의 쇠퇴, 노동 이동성 감소(어느 정도는 각 직종에서 요구하는 부담스러운 자격증 때문이기도 하다), 퇴사자의 선택 기회를 제약하는 경쟁업체 이직 금지 계약 조건의 이용 증가, 한 산업에 고용주가 많아야 한 명뿐인 지역의 증가(경쟁이 없으므로 임금을 많이 줄 필요가 없다) 등이 그렇다는 것이다.

나는 기업들 사이의 차이가 소득과 부의 집중 및 불평등의 주된 원동력이라고 보는 반 리넨 같은 이들의 견해에 동의한다. 소득과 부가 점점 더 집중되고 있다는 사실이 이 견해를 뒷받침하는 가장 강력한 증거 중 하나다. 노동 이동성과 노동조합이 그렇게 많은 나라에서 동시에 쇠퇴할 수 있다거나, 경쟁업체로의 이직 불가가 전 세계에서 그렇게 중요한 역할을 한다는 것이 내게는 와 닿지 않는다.

반면에 10장에서 살펴보았듯이, 기술 발전과 자본주의는 명백히 세계적인 현상이다. 따라서 내가 보기에 이 두 기수가 세계를 질주하면서 각국에서 기업들 사이의 차이를 벌리고, 슈퍼스타 기업과 좀비 기업의 차이가 개인의 부와 소득의 불평등을 빚어내고 있다는 설명이 가장 설득력이 있다.

세 가지 경제 이야기

부와 소득의 불평등의 증가 원인에 관한 논쟁과 후속 연구는 중요하다. 중요한 사회적 및 경제적 현상들을 무엇이 추진하는지 이해하고 싶기 때문이다. 그러나 내가 볼 때, 현재의 논의 중 상당수는 이런 유형의 집중이 나쁜가, 아닌가 하는 문제에 집착하고 있는 듯하다. 개인과 가정의 부와 소득의 불평등 증가가 중대한 문제라는 가정이 널리 퍼져 있는 듯하다. 나는 그렇다고 확신하지 못한다. 나는 더 큰 문제가 있다고 생각한다. 왜 그러한지 알아보기 위해서, 어느 가상의 국가에서 일어날 수 있는 세 가지 변화를 살펴보자.

1. 경제 성장이 확고하게 지속된다. 부자는 훨씬 더 부유해지고, 중산층과 가난한 가정도 상황이 더 나아진다. 부와 소득의 증가가 상위층에서 가장 빨리 일어나므로—부자가 다른 이들보다 재산이 더 빠르게 증가하므로—불평등은 증가하지만, 사회의 모든 계층에서도 소득과 부가 증가한다. 기술 발전은 이루어지지만 그다지 교란을 일으키지는 않는다. 사람들은 해가 지나도 동일한 지역에서, 동일한 기업에서, 동일한 일을 한다. 교육 체제와 법원 같은 중요한 제도들은 안정적이고 포용적인 상태를 유지한다.

2. 엘리트층이 경제와 정치 체제를 손아귀에 넣고서 포용적인 제도를 배타적인 제도로 바꾼다. 법을 바꾸고, 법원을 장악하고, 뇌물을 요구하고, 가장 큰 기업들(상장 기업이든 비상장 기업이든 간에)을 좌우하고, 경비원을 고용하고, 남들을 보호할 법과 질서가 무너지도록 방치하는 등의 짓을 한다. 관리가 엉망이기에 경제 성장이 느려지고, 모든 기술 발전은 수입해야 한다. 엘리트층은 환상적인 수준으로 부유해지지만, 다른 모든 이들은 점점 가난해져 간다. 부와 소득의 불평등이 급격히 치솟는다.

3. 경제 성장이 건강하게 이루어지고 제도도 포용적인 상태를 유지하지만, 기술 발전이 유달리 강력하다. 그래서 각 산업을 심하게 교란한다. 이 발전은 다양한 유형의 집중을 부추긴다. 더 적은 땅에서 더 많은 작물이 자랄 수 있도록 하고, 더 적은 천연자원으로 더 많은 소비를 할 수 있도록 하고, 더 적은 공장에서 더 많은 생산이 이루어질 수 있도록 하고, 더 적은 수의 기업이 더 많은 매출과 수익을 올릴 수 있도록 한다. 이 슈퍼스타 기업들의 경영진은 엄청난 부와 소득을 얻는다. 그러나 중간층에 속한 이들이 얻는 이득은 상당히 느려진다. 그리고 일부 인력 부문은 유달리 힘겨운 도전과제에 직면한다. 자신이 일하던 공장과 농장이 문을 닫고, 새로운 공장이나 농장은 생기지 않는다. 취직 기회는 도시와 서비스업에 집중된다. 부와 소득의 불평등은 크게 증가한다.

내가 볼 때, 첫 번째 시나리오의 사회가 불공정하다거나 부당하다고 여기거나, 그곳에서 살고 싶지 않다고 여길 사람은 소수일 것이다. 어쨌든 모든 계층의 사람들은 나아지고 있으며, 제도도 포용적인 상태로 유지된다.

반면에 두 번째 시나리오의 사회에 살고 싶어 할 사람은 거의 없을 것이다. 그 사회는 약탈이 난무하며, 대부분의 주민들은 점점 더 상황이 나빠지고 있다.

세 번째 시나리오는 가장 모호하기 때문에 가장 흥미롭다. 바깥에서 보면, 불공정한 일은 전혀 일어나지 않았다고 쉽게 주장할 수 있을 것이다. 엘리트층이 제도를 장악한 것도 아니고, 기술 발전은 온갖 새로운 상품과 서비스를 내놓는다(무한히 많은 지식, 오락, 통신을 제공하는 저렴한 스마트폰 같은). 그러나 많은 사람이 심각한 도전과제에 직면한다. 일자리가 사라져갈 뿐 아니라, 자신이 속한 공동체와 생활방식이 쇠퇴해간다. 그들은 자신이 계약한 거래 조건—"내가 기술을 습득하고 기꺼이 열심히 일한다면, 경제적으로 사회적으로 안정되고 계층 상승도 이루어질 것이다."—이 현실과 전혀 다르다는 느낌을 당연히 받을 것이다. 자신이 쓰는 스마트폰이 제아무리 좋다고 해도 말이다.

나는 이 시나리오들을 곱씹다보면, 두 가지 결론이 도출될 것이라고 본다. 첫 번째로, 불평등 증가 자체가 문제가 아니라는 것이다. 불공정이 문제다. 노벨상 수상자 앵거스 디턴Angus Deaton은 2017년에 이렇게 말했다. "불평등은 불공정과 같은 것이 아니다.[13] 그리고 내가 볼때, 오늘날 부유한 세계에서 아주 많은 정치적 불안을 일으키고 있는 것은 후자다. 불평등을 일으키고 있는 과정들 중에는 공정하다고 널리 여겨지는 것들도 있다. 반면에 불공정하다는 것이 너무나도 명백한 과정들도 있으며, 그런 과정들은 분노와 불만의 정당한 원천이 되어왔다." 심리학자 크리스티나 스타먼스Christina Starmans, 마크 쉬스킨Mark Sheskin, 폴 블룸Paul Bloom은 디턴의 견해에 전반적으로 동의한다. "사람들이 경제적 불평등 자체에 불평한다는 증거는 전혀 없다.[14] (…) 실험실 연구, 여러 문화를 조사한 연구, 유아와 아동을 대상으로 한 실험에서 나온 결과들을 종합했을 때, 인류는 본래 공평한 분배가 아니라 공정한 분배를 선호하며, 공정성과 평등성이 충돌할 때 불공정한 평등보다 공정한 불평등을 선호하는 경향을 보인다고 말할 수 있다."

두 번째 결론은, 문제를 일으키는 것이 한 집단이 일으키는 객관적인 불공정과 부정의(2번 시나리오)만은 아니라는 사실이다. 지각도 매우 중요하다. 3번 시나리오에서는 나쁜 행위자가 전혀 없음에도, 자신에게 일어나는 일이 공정하지 않다고 느끼는 이들이 많다. 이 지각된 불공정이라는 현상은 다음 장에서 더 깊이 살펴보기로 하자.

13장

유대감의 약화가
불러온 단절

More from Less

우리는 '단결해야(hang together)' 한다.
그러지 않으면 각자 따로 '매달리게(hang)' 될 것이다.
| 1776년 미국 독립선언서 서명식 때 벤저민 프랭클린이 했다는 말 |

미국 해병대 대장 제임스 매티스James Mattis는 오래 재직하면서, 국가와 군대에 거의 수도사처럼 헌신하는 용맹한 전사이자 진지한 학자라는 평판을 얻었다. 2017년 국방장관이 될 무렵에는 '전사 수도사warrior monk'라고 불리곤 했다. 그러니 2018년에 가장 걱정하는 것이 무엇이냐는 질문을 받았을 때 그가 한 답은 무게감을 지닌다고 할 수 있다.

매티스의 답은 핵을 보유한 불량 국가인 북한, 중국의 야심적인 세계 강국으로의 부상, 불안정한 중동 정세, 사이버 공격을 비롯한 다양한 유형의 디지털 전쟁 및 비대칭 전쟁 등 현대 미국의 장군이 통상적으로 걱정하는 것들과 무관했다. 그는 이렇게 답했다.

"근본적인 호의의 결핍[1]입니다. 미국뿐 아니라 전 세계의 아주 많은 사람이 정신적으로나 개인적으로 소외감을 느끼는 것처럼 보입니다. (…) 전쟁터에서 돌아온 퇴역 군인들을 보면, 점점 더 그 고립감과 맞닥뜨리고 있어요. 예전에는 더 나았는데요. 그들은 그것이 PTSD(외상 후 스트레스 장애)라고 생각합니다. 그럴 수도 있겠지만, 사실은 소외감입니다. 자신이 더 큰 무언가에 소속되어 있다는 느낌을 잃는다면, 동료인 인간을 위해 애쓸 필요가 어디 있을까요?"

공격받는 자본

사회과학자는 매티스가 간파한 것을 미국을 비롯한 전 세계에서 사회적 자본social capital이 줄어들고 있다는 식으로 표현할 것이다.

20세기에 들어설 때부터 죽 쓰여왔던 그 용어는 사회학자 로버트 퍼트넘Robert Putnam이 잘 정의했다. "개인 사이의 연결,[2] 즉 사회 관계망과 그 망으로부터 생성되는 호혜성과 신뢰의 규범이다."

이 정의에서 중요한 점은 두 가지다. 첫째는 사회적 자본의 핵심을 이루는 것이 (이를테면 시민과 정부, 학생과 학교 사이의 관계가 아니라) 사람들 사이의 관계라는 것이다. 둘째, 법원에서 인정하는 공식 제도가 아니라, 이 관계가 신뢰와 호혜성, 즉 선의와 선행에 보답하는 행위의 원천이라는 것이다. 사회적 자본은 대단히 가치가 있다. 기계와 건물 같은 물적 자본이나 화폐만큼 중요한 부의 한 형태다. 따라서 매티스가 올바로 간파했고 사회적 자본이 미국에서 감소하고 있다면, 국가의 부도 실제로 감소하고 있다는 의미가 될 것이다. 그리고 이 감소가 실제로 일어나며, 그것도 대규모로 일어나고 있음을 시사하는 증거는 아주 많다. 1970년대 초에는 미국의 노동 연령 중 60퍼센트 이상이 "대부분의 사람들을 신뢰할 수 있다"고 믿었다.[3] 2012년에는 같은 집단에서 그렇다고 믿는 사람이 20퍼센트 남짓에 불과했다. 정부를 신뢰하는 비율은 더욱 낮아졌다. 퓨연구소Pew Research Center는 1958~2015년 사이에 대중의 연방정부 신뢰도[4]가 약 73퍼센트에서 약 19퍼센트로 크게 떨어졌다고 했다.

토크빌이 산업시대 초기에 미국을 여행할 때 매우 깊은 인상을 받은 것 중 하나는 그 젊은 국가에서 사회적 자본이 아주 풍부하다는 것이었다. 그는 자발적인 비정치적 집단들의 '방대한 경관immense picture'을 보고서 놀랐다. "나이나 조건이나 생각이 어떻든 간에 모든 미국인들은 끊임없이 모인다.[5] 각자 모두가 상업이나 산업의 이런저런 협회에 가입하고 있을 뿐 아니라, 종교적이거나, 도덕적이거나, 진지하거나, 사소하거나, 일반적이거나 아주 구체적인, 아주 크거나 아주 작은 수천 가지에 달하는 온갖 모임에 속해 있다. (…) 프랑스에서는 정부가, 영국에서는 군주가 맡는 새로운 사업을 미국에서는 어디에서든 간에 협회가 맡고 있음을 보게 될 것이다."

그러나 로버트 퍼트넘은 제2의 기계시대 초기엔 상황이 전혀 달라졌다는 것을 알아차렸다. 그는 모든 유형의 자발적 협회들이 쇠락했음을 발견했다. 대개 동호회를 이루어서 하는 스포츠에서도 그랬다. 그가 2000년에 낸 책의 제목인 《나 홀로 볼링 Bowling Alone》처럼 말이다.

치명적인 감소

사회적 자본이 사람과 사람 사이의 연대의 산물이므로, 나를 비롯한 이들은 사회적 자본의 감소를 가리킬 때 '단절 disconnection'이라는 용어를 쓴다. 단절은 관계의 약화나 끊김을 말한다. 사람들을 연결하는 매듭의 수 감소다. 이 감소는 경제의 건강에 안 좋다. 신뢰와 호혜성에 의존하는 사업이 너무나 많기 때문이다.* 단절이 사람의 건강에도 매

---

* 설령 법원이 자기 역할을 잘한다고 해도, 우리는 사람들이 거래의 당사자로서 충실히 자기 역할을 함으로써 고소할 일이 없기를 바라며, 서로 간에 신뢰할 수 있기를 바란다.

우 안 좋다는 사실이 최근 들어서 명확히 밝혀지고 있다.

2015년 경제학자 앤 케이스Anne Case와 앵거스 디턴은 미국의 사망률 자료에서 놀라우면서 침울한 추세를 하나 밝혀냈다.[6] 11장에서 살펴보았듯이, 전 세계의 사망률 추세는 대체로 바람직한 방향으로 나아갔다. 수명이 더 늘어나면서 모든 연령 집단에서 사망률도 낮아졌다. 그러나 케이스와 디턴은 이 양상의 예외 사례를 하나 발견했다. 중년 백인의 사망률이 상승한 것이다.

물론 이 상승 추세가 이 집단의 모든 사람들이나 모든 사망 원인에 다 적용되는 것은 아니다. 사망률 증가는 오로지 교육 수준이 가장 낮은 중년 백인들에서 나타났으며, 사망 원인은 세 가지였다. 자살, 약물 남용, (알코올 중독이 원인인) 간경화 같은 만성 간 질환이다. 이 집단에 속한 이들은 전반적인 사망률 감소 추세를 뒤엎을 만큼 많은 수였다. 케이스와 디턴은 이 현상을 '절망의 죽음death of despair'이라고 했다.

이런 사망률은 계속 증가하고 있다. 미국의 자살률은 2009~2016년에 14퍼센트가 증가[7]했다. 2016년에는 제2차 세계대전이 끝난 이래로 유례없는 수준에 도달했다. 약물 남용에 따른 사망률은 더욱 빠르게 상승했다. 2008~2017년에 거의 두 배로 증가했으며, 2017년에는 약물 남용으로 7만 2,000명 이상이 목숨을 잃었다. 베트남전쟁 때 사망한 미국 군인 수인 5만 8,220명보다 훨씬 더 많은 수다.

절망의 죽음에 이르는 이들의 수가 빠르게 지속적으로 늘어나는 것은 미국 공중 보건에 심각한 문제다. 미국 질병통제센터CDC에 따르면, 2016년에 자살, 알코올, 약물 남용 관련 문제로 사망한 사람이 19만

7,000명[8]이다. 1994년 HIV/에이즈 유행병이 정점에 달했을 때 사망한 4만 4,674명보다 네 배 이상 많다.[9]● 또 이 증가의 대부분이 대침체(2009년 6월에 공식적으로 끝난) 때가 아니라, 그 뒤로 경기가 꾸준히 확장될 때 이루어졌기 때문에 이해하기 어려운 수수께끼이기도 하다. 2019년 1월까지 미국 경제는 100개월 동안 연속해서 일자리가 늘었고(기록상 가장 오래 이어진 기간이다), 대침체가 끝난 뒤로 22퍼센트 이상 성장[10]했으며, 실업률은 거우 4퍼센트였다.

앞장에서 살펴보았듯이, 이 경기 확장기에 이루어진 부와 소득 증가는 이때 집중되었다. 대부분의 사람이 이미 부유한 개인과 가정에 속하였다. 경기 확장이 시작될 때보다 경제적으로 더 쪼들리는 사람은 거의 없었다. 정부의 지원과 고용주가 제공하는 건강 보험 같은 혜택[11]을 살펴봐도 그렇다. 극단적인 경제적 궁핍 상태는 분명히 줄어들었다. 한 예로, 연구자 스콧 윈십Scott Winship은 이렇게 말한다. "극심한 아동 빈곤률은 적어도 1979년 이래로 죽 그래왔듯이, 2014년에도 낮았다."[12]

미국의 자살률이 2016년만큼 높았던 때[13]는 대침체 때와 그 직후였다. 본질적으로 정부가 지원하는 안전망이 전혀 없는 상태에서 연간 실업률이 거의 25퍼센트에 달했던,[14] 지독한 가난과 곤경에 처했던 10년 동안이었다. 그렇다면 절망의 죽음이 왜 지금 늘어나고 있는 것일까? 경제가 성장하는 와중에 말이다.

많은 이유가 있는데, 아직 잘 파악되어 있지 않은 것들도 있다. 최

● 2015년경에는 HIV/에이즈에 따른 연간 사망자 수가 8,000명 미만으로 떨어졌다.

근의 자살률과 약물 남용률 증가가 대체로 경제적 곤경이나 다른 어떤 한 가지 요인 때문이라고 말한다면, 분명히 틀린 것이다. 이런 현상은 여러 요인들이 조합되어 나타나는 복잡한 것이다. 예를 들어, 약물 남용의 급증은 다양한 강력한 약물의 이용 가능성이 증가한 데 힘입은 것이 확실하다.• 그러나 자살과 약물 남용 양쪽의 한 가지 중요한 공통 요인은 '단절'이다. 사람들 사이의 유대가 적어진다는 것은 절망의 죽음이 더 늘어난다는 의미다.

이 치명적인 관계는 오래 전부터 잘 알려져 있었다. 사회학의 아버지라고 알려진 프랑스의 석학 에밀 뒤르켐Émile Durkheim은 1897년에 《자살Suicide》이라는 책을 냈다. 그 책에서 그는 자살이 개인의 성격이나 정신질환에서 비롯된 것이라기보다는 주로 사회적 현상이라고 주장했다. 자살은 사람들이 확대 가족, 배우자(이혼을 통해서), 직장(실직을 통해서)과의 긴밀한 유대를 잃을 때 증가한다. 뒤르켐은 (적절하지만 학술적이지 않은 표현을 쓰자면) '사회로부터의 탈락'이 자살의 주된 원인이라고 굳게 믿었고, 한 세기 넘게 쌓인 많은 증거와 연구 결과는 이 견해를 뒷받침해 준다. 2018년에 세계보건기구는 '외로움(고독)'이 전 세계의 자살 위험과 깊은 관련이 있다[15]고 발표했다.

약물 남용도 인간관계, 공동체, 사회적 유대가 무너질 때 더 자주 일어나는 듯하다. 사람들은 투여하는 약물이 강력하기 때문이 아니라, 인생이 마음의 상처와 외로움으로 점철되어 있기 때문에 약물에 중독

• 처방약인 아편 유사제, 블랙타르헤로인, 펜타닐 같은 합성 아편 유사제 등이 그런 약물이다.

되고 약물을 남용하게 된다. 세계의 '마약과의 전쟁'에 관해 연구하고 글을 쓰는 요한 하리 Johann Hari 는 이렇게 말했다. "중독의 반대말은 제정신이 아니라, 연대다." [16] 연구자 마이클 주럽 Michael Zoorob 과 제이슨 샐러미 Jason Salemi 도 이 말에 동의할 것이다. 그들은 2017년 미국의 모든 군을 조사한 연구 결과를 내놓았는데, 사회적 자본과 약물 남용에 따른 죽음 사이에 강력한 반비례 관계가 있음이 드러났다. 모든 조건들이 같을 때, 사회적 자본이 적을수록 사망률이 높아졌다. 연구진은 미국인들이 "홀로 볼링을 치고, 함께 죽어간다" [17]고 결론지었다.

산산이 흩어지다

따라서 절망의 죽음은 어느 정도는 단절에서 비롯된다. 즉 사회적 자본이 쇠퇴함으로써 빚어진다. 그러나 일부 사람들은 사회적 자본을 더 많이 원하지 않는다고, 새롭게 제공되는 유형의 것은 원치 않는다고 시사하는 증거들이 쌓여가고 있다. 10장에서 살펴보았듯이, 대다수 국가는 상당히 더 다원적이 되어가고 있다. 인종적 다양성과 이민, 젠더 평등, 동성혼을 비롯한 비전통적인 생활양식의 지지 등, 다양성을 증진시키는 변화들이 점점 늘어나고 있다.

최근에 나온 한 가지 흥미로운 연구 결과는, 조사한 모든 나라에서 이 더욱 커진 다양성을 선천적으로 용납하지 못하는 사람들의 비율이 상당히 높다는 점이다. 그들은 어디나 모두가 똑같기를 원한다. 믿음,

가치, 관습 등의 통일성에 높은 가치를 부여한다(물론 이 통일성이 자신의 믿음, 가치, 관습을 반영할 때만). 정치학자 캐런 스테너Karen Stenner는 이런 성격 유형을 가진 사람을 '권위주의자authoritarian'라고 했다. 그들이 으레 복종과 순응을 강요하는 강력한 중앙 권력을 원하기 때문이다. 미국, 폴란드, 터키, 헝가리, 필리핀, 브라질처럼 이질적인 나라들에서 보여지는 최근 선거 결과들은 권위주의적 지도자를 원하는 욕망이 전 세계에서 증가하고 있음을 시사한다.

스테너는 권위주의가 어떻게 증가하는지를 설명한다. 어떻게 잠재된 성격 형질에서 능동적인 형질로 변하는지를 말이다. "대개 권위주의자를 활성화하고 악화시키는(그들을 더 인종적이고, 도덕적이고, 정치적으로 불관용적이게 만드는) 고전적인 조건들[18]이 있다. 지도자, 당국, 제도에 대한 [존중/확신/복종]의 상실, 사회적 [합의/공동의 신념]의 상실과 가치 충돌, [인종적/문화적/집단적] 정체성의 침식을 알아차릴 때, 바로 그런 일이 일어나는 경향이 있다. 이것은 때로 [우리 자신/우리 삶의 방식]의 상실이라는 형태로 나타날 수도 있다. 이 [위협적인/안도시키는] 조건들은 현실일 수도 있고, 그저 그렇다고 느낀 것일 수도 있고, 둘 다일 수도 있다. [정치적/사회적] 조건의 실제 변화를 반영할 수도 있고, [언론 보도/정치적 조작]의 산물일 수도 있다."

스테너의 설명이 지각에 유달리 중점을 둔다는 데 주목하자. 권위주의는 사람들이 어떻게 '느끼느냐'에 따라서 촉발된다. 그런 지각은 적어도 경제적·정치적·사회적 현실만큼 중요한 역할을 한다.

권위주의는 사회적 자본에 안 좋다. 복종과 순응이라는 조건에서만 신뢰와 호혜를 제공하기 때문이다. 그런 조건은 다양성을 중시하는 이들에게는 분명히 용납되지 않으므로, 다원주의자와 권위주의자 사이에는 유대가 형성되지 않는다. 권위주의가 잠재 상태에서 활동 상태로 바뀔 때, 기존의 유대는 깨지고 사회적 자본은 침식된다.

퓰리처상을 받은 작가 앤 애플봄Anne Applebaum은 자신과 남편인 정치가 라도스와프 시코르스키Radosław Sikorski가 폴란드의 시골에서 1999년의 마지막 날에 저녁 파티를 열었던 이래로 여러 해가 지난 뒤, 이런 유형의 단절을 직접 경험했다. 당시 손님들은 철의 장막이 역사속으로 사라진 데 따른 연대감과 낙관론을 가득 품은 채로 21세기를 맞이했다. 그러나 2000년대에 들어서 해가 지날수록, 애플봄의 친구와 동료 중 상당수는 노골적인 권위주의자가 되었다. 애플봄은 2018년에 그 결과로 깊은 단절이 일어났다고 적었다.[19] "거의 20년이 지난지금, 나는 그 신년 전날 밤 파티에 함께했던 사람들 중 일부를 피하기위해 거리를 가로지르곤 한다. 그들은 내 집에 들어오는 것을 거부할뿐 아니라, 전에 들어왔었다는 사실을 인정하는 것조차 당혹스러워한다. 사실 그 파티에 함께했던 사람들 중의 약 절반은 나머지 절반과 더이상 말을 하지 않는다."

네 기수가 남긴 것들

네 기수는 이 모든 일에서 어떤 역할을 할까? 또한 사회적 자본의 감소, 단절과 권위주의의 증가에는 어떻게 기여할까? 나는 기수의 첫 번째 쌍인 자본주의와 기술 발전이 두 가지 방향으로 기여한다고 본다. 직접적인 방식과 간접적인 방식으로다.

앞장에서 살펴보았듯이, 경제는 이 두 기수가 전 세계를 질주할 때 지리적으로 점점 더 집중되어간다. 경제가 집중됨에 따라서 기업, 일자리, 일이 지역에서 사라지며, 많은 사회적 유대도 끊어질 수밖에 없다. 이 소멸은 경기 확장이 지속되는 동안에도 일어날 수 있다. 미국의 GDP는 2009년 중반에 대침체가 끝난 뒤로 거의 25퍼센트 성장했지만, 전국의 20퍼센트가 넘는 약 3,000개 군에서는 성장의 정반대 현상이 일어났다.[20] 2010~2017년에 총산출량이 줄어들었다.

경제 활동은 생산과 교환을 위해 사람들을 모으므로, 유대와 사회적 자본을 쌓는다. 따라서 경제 활동이 쇠퇴하면, 사회적 자본도 줄어든다. 한 군에서 공장이 문을 닫고 농장이 농사를 접을 때, 줄어드는 것은 산출량만이 아니다. 인간관계의 수도 줄어든다. 공장의 조립 라인이 멈춘 뒤에 그곳에서 일하는 노동자들이 이전처럼 유대를 유지하기란 어렵다. 경제 활동과 사회적 자본은 서로 강하게 맺어져 있다.

뒤르켐은 그 점을 알아차렸다. 《자살》에서 그는 산업시대에 대변동이 일어날 때 기업이 사회적 자본을 유지하는 중요한 기관이었다고 보았다. "기업은 개인에게 삶의 배경을 제공하는,[21] 즉 정신적 고립 상태에서 빠져나오게 하는 데 필요한 모든 것을 제공한다." 제2의 기계시대에 집중이 지속되고 제조업 같은 산업에서 시설과 일자리가 줄어들수록, 그런 배경도 점점 적어진다. '정신적 고립'이 증가할 때 자살자가 증가하는 것도 놀랍지 않다.

저술가 앤드루 설리번Andrew Sullivan 도 2018년에 쓴 약물 남용에 관한 글에서 산업 일자리가 중요함을 강조했다. 설리번은 유럽 국가들에서는 미국에서만큼 치명적인 약물 남용 사례가 증가하지 않은 이유를 설명하는 데 도움이 될 만한 점을 한 가지 지적한다. "크고 작은 도시들이 산업화 이전부터 존재했던 유럽과 달리,[22] 북아메리카 원주민 사회들이 파괴되었다는 점을 고려할 때, 미국의 주요 지대에는 산업화 이전 시대의 역사가 남아 있는 곳이 그리 많지 않다. 산업의 등뼈를 빼내는 이런 행위—특히 세계화가 시장의 힘에 제약이 가장 덜 가해지는 나라에서 집중되면서 나타나는 행위—는 경제적 사실일 뿐 아니라, 문화적, 심지어 정신적 황폐화도 가져온다." 설리번은 그 황폐화가 현재 많은 목숨을 앗아가고 있다고 본다.

절망의 죽음은 단절을 드러낸다. 나는 경제의 지리적 집중이 심해질수록, 자본주의와 기술 발전이 저 앞에서 달려 나갈 때 뒤에 남겨지는 많은 지역에서 그런 죽음이 늘어나는 걸 결코 우연의 일치라고 보지 않는다. 앞서 살펴보았듯이, 이 두 기수는 탈물질화, 그리고 자연의 상태와 인간 조건 양쪽 모두의 많은 근본적인 개선에 직접적으로 기여하고 있다. 그러나 경제 활동을 집중시키고, 따라서 많은 지역 공동체에서 일을 통해 맺어져 있던 유대관계를 제거함으로써 '단절'에도 직접적으로 기여하고 있다. 케이스와 디턴은 이렇게 썼다. "우리 자료가 보여주는 것[23]은 대학 학위가 없는 (비히스패닉계 백인들의) 사망률과 이환율 양상이 (…) 혼인률 감소, 사회적 고립, 노동 시장에서의 이탈을 비롯한 여타 사회적 기능 장애들과 발맞추어 나아간다는 것이다."

대학 학위가 없는 백인들은 전후 수십 년에 걸쳐 넓게 형성된 미국 중산층의 대부분을 차지한다. 자본주의와 기술 발전이 경제를 집중시킴에 따라서, 이 중산층의 구성원 중에서 절망에 빠지는 이들이 많아졌다.

지각된 불공정

자본주의와 기술 발전은 사람들이 주변에서 벌어지는 일을 어떻게 느끼느냐에 영향을 끼침으로써 '단절'에 간접적으로 기여한다. 자신이 속한 지역 공동체, 사회, 경제의 추세들을 보는 관점에 영향을 미친다. 이 장의 앞부분에서 살펴보았듯이, '지각'은 권위주의의 증가 같은 현상들에 적어도 객관적 사실만큼 중요한 역할을 한다. 앞장의 끝머리에서 제시한 세 번째 시나리오—자본주의와 기술 발전이 많은 기업, 일자리, 지역 공동체를 교란할 만큼 강력한 상황—는 설령 나쁜 행위자가 경제를 장악하지 않았고 제도가 여전히 포용적인 상태를 유지하고 있음에도 불공정하고 약속이 무시되었다는 인식을 쉽사리 널리 퍼뜨릴 수 있다.

자본주의와 기술 발전은 정말로 사람들이 느끼는 방식을 바꾸어왔을까? 또한 둘이 부와 소득의 불평등을 증가시켜온 것은 분명하지만, 불평등하다는 생각을 품게 하는 데에도 기여해왔을까?

2016년 사회학자 앨리 러셀 혹실드Arlie Russell Hochschild는 루이지애나의 티파티Tea Party 지지자들의 신념과 견해를 조사한 결과를 책으로 펴냈다.• 같은 해에 미국 사회학자 케이티 크래머Kathy Cramer는 위스콘신의 농촌 유권자들을 조사한 결과를 담은 비슷한 책을 펴냈다. 이 두 저자가 택한 책제목은 흥미롭다. 혹실드의 책은《자기 땅의 이방인들Strangers in Their Own Land》이고, 크레이머의 책은《분노의 정치학The Politics of Resentment》이다.

두 책의 제목과 내용은 조사 대상자들이 자신이 부당하게 대우받는다는 느낌을 받는다고 묘사한 점을 강조하고 있다. 혹실드는 그들이 번영이라는 미국의 꿈을 향한 줄에 인내심을 갖고 서 있는데, 이런 목소리가 그들의 뇌리에 들린다는 식으로 비유[24]한다. "흑인, 여성, 이민자, 난민, 갈색 펠리컨이 모두 당신의 앞쪽에서 새치기를 해왔다. 그러나 이 나라를 위대하게 만든 것은 바로 당신 같은 사람들이다. 당신은 기분이 나쁘다. 그럼 말을 해야 한다. 새치기하는 자들 때문에 화가 난다고. 그들은 공정성 원칙을 어기고 있다. 당신은 분개한다. 그리고 화를 내는 것이 정당하다고 느낀다."••

이 두 책을 비롯하여, 최근에 이루어진 많은 연구는 중산층과 하중산층과 지역 공동체에 초점을 맞추어왔다. 경제학자 블란코 밀라노비치Branko Milanovic 와 크리스토프 라크너Christoph Lakner 가 그린 유명한 코

• 티파티는 21세기 초에 출범한 미국 우익 정치운동이다. 1773년 영국의 과세에 항의하여 보스턴 항구에 들어온 배에 실린 차 상자들을 바다로 내버린 사건인 보스턴 티파티에서 따온 명칭이다.

•• 갈색 펠리컨은 환경운동가를 상징한다.

끼리 그래프 Elephant Graph [25])는 사회 안에서 이 계층이 왜 그토록 소외감과 분노를 느끼고 있는지 이유를 이해하는 데 도움을 준다.

밀라노비치와 라크너는 본질적으로 세계의 모든 사람들을 가장 가난한 이부터 가장 부자에 이르기까지 죽 늘어세운 뒤, 1988~2008년 사이 [26])에 소득이 얼마나 변했는지 살펴본다는 탁월한 착상을 떠올렸다. 그렇게 얻은 그래프는 코를 치켜들고 있는 코끼리의 그림과 아주 비슷했다.

그래프는 20년 동안 전 세계 거의 모든 사람의 실질소득이 상당히 증가했음을 보여준다. 50퍼센트 넘게 증가한 이들도 많다(1장에서 살펴보았듯이, 산업시대가 시작되기 이전에 세계 전체에서 실질소득이 50퍼센트 증가하는 데에는 8세기가 걸렸다). 따라서 코끼리 그래프는 전 세계에서 대규모로 폭넓게 소득 증가가 일어났다는 11장에서 말한 주장을 뒷받침한다.

그런데 그래프에는 이 긍정적인 추세에서 벗어나는 예외 지점이 하나 보인다. 코끼리의 머리와 코 사이의 낮은 지점이다. 세계 소득 스펙트럼의 이 지점은 가장 부유한 나라들의 중산층에 해당한다. 밀라노비치는 이렇게 말했다. "가장 적게 증가한 이들은 거의 다 '성숙한 경제' [27]) (…) 기존의 부유한 세계에 속해 있었다. (…) 독일 소득 분포의 중앙에 속한 이들은 20년 동안 실질소득이 겨우 7퍼센트 증가했다. 상응하는 미국인들은 26퍼센트가 증가했다."

코끼리 그래프는 구성의 세세한 사항들과 함축된 의미 양쪽으로 아주 많은 논쟁을 촉발했다. 그리고 많은 수정판과 변형판이 제시되어왔다.• 그러나 내가 살펴본 모든 수정판들에서 미국을 비롯한 부유한 나

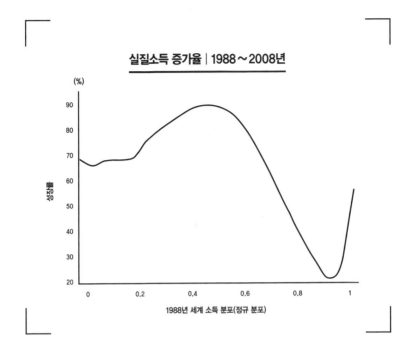

실질소득 증가율 | 1988~2008년

(%)

세장률

0   0.2   0.4   0.6   0.8   1

1988년 세계 소득 분포(정규 분포)

라들의 중산층은 코끼리 그래프의 가장 낮은 지점이나 그 근처에 놓인다. 즉 지난 세대에 세계에서 소득 증가가 가장 적게 일어난 집단이다.

더 이전 시기를 조사한 코끼리 그래프는 모양이 다르다. 아예 코끼리와 비슷하지도 않다. 전 세계의 사람들이 거의 같은 비율로 소득이 증가했음을 보여주는 직선에 훨씬 더 가깝다.[28] 지난 30년 내에서만 코끼리 머리 모양이 나타난다. 세계의 가장 부유한 이들을 나타내는

....

● 　여기에 실린 코끼리 그래프는 각국 국민들의 소득 변화를 계산한 뒤에, 모든 국가들에 걸쳐서 통합하여 세계 전체의 소득 변화를 나타낸 것이다.

치켜든 코와 부유한 세계의 중산층을 대변하는 깊은 골이 보인다.

제2차 세계대전이 끝난 뒤 수십 년 동안은 이 중산층의 소득 증가가 대규모로 유지된 시기였다. 그러나 최근 들어서는 이 집단의 소득 증가가 느려져왔다. 같은 기간에 다른 모든 이들—중국의 조립 라인 노동자에서 인도의 콜센터 직원, 뉴욕의 은행가, 실리콘밸리의 벤처 투자자에 이르기까지—의 소득은 유례없는 수준으로 증가했다.

따라서 부유한 세계의 중산층 중에 불공정한 대우를 받아왔다고 느끼는 이들이 많은 것도 그리 놀랄 일이 아니다. 또한 제2의 기계시대로 더 깊숙이 들어가고 자본주의와 기술 발전이라는 두 기수가 전 세계를 계속 질주함에 따라서, 이 느낌이 더욱 강해질 것처럼 보인다. 단절은 어느 정도는 자본주의와 기술 발전이라는 구조적이면서 일반적인 힘이 신뢰, 호혜, 그리고 매티스가 말한 "더 큰 무언가에 속해 있다는 느낌"을 주는 대신에 분노와 소외감을 일으키기 때문에 증가하고 있다.

자본주의와 기술 발전은 직접적·간접적으로 '단절'이라는 현상에 기여한다. 낙관주의의 다른 두 기수는 어떨까? 반응하는 정부와 대중의 인식은? 우리가 겪는 사회적 자본의 감소와 어떤 관계가 있을까?

단절, 권위주의, 양극화

앞장에서 살펴보았듯이, 미국의 경제와 인구는 지리적으로 집중되고 있다. 경제 활동이 점점 밀집된 공간에서 이루어지고 있으며, 따라서 일자리와 사람들이 더 작은 면적의 땅에 모이고 있다. 해안을 낀 도시와 주(州)는 경제와 인구가 가장 빠르게 증가하는 반면, 전통적인 농업과 산업 지역들은 성장률이 훨씬 낮았으며, 아예 쇠퇴한 곳들도 있었다. 그렇다면 이 집중도 증가는 미국 정부의 반응에 어떻게 영향을 미쳤을까?

사실상 영향을 전혀 미치지 않았다. 최근 들어 미국에서 인구가 가장 많은 주와 가장 적은 주 사이에 격차가 커져왔다는 것은 맞다. 그러나 그 격차는 언제나 컸으며, 상원과 대통령 선거인단 같은 중요한 정치 기관들은 전체적으로 또는 부분적으로 인구 집중에 반응하지 않도록 고안되어 있었다. 이런 기관들이 미국 역사의 더 이전 시기보다 지금 훨씬 덜 반응하는 것은 아닌 듯하다. 정치분석가 필립 범프Philip Bump 는 이렇게 지적한다. "1790년부터의 인구 조사 자료를 훑어보면[29] (…) 미국 인구의 절반을 차지하는 가장 인구가 많은 주들이 뽑는 상원 의석수는 언제나 약 5분의 1에 불과했다. 2016년에도 그렇다." 2000년의 앨 고어Al Gore 와 2016년의 힐러리 클린턴 모두 유권자 투표에서는 이겼지만 선거인단의 다수를 차지하지 못했으며(그래서 대통령이 되지 못했다), 이런 결과는 19세기에도 세 번 일어났다.[30] 지리적 집중 때문에 미국 국가 정치가 예전보다 국민의 의지에 훨씬 더 반응하게 되었는지의 여부는 불분명하다.

그러나 적어도 미국에서는 정치가 더 양극화해왔음을 시사하는 강력한 증거가 있다.[31] 당파를 초월하여 일하는 선출직 공직자들이 예전보다 더 적다. 미국의 양당 체제와 연방 법률이 상하 양원과 대통령을 거치도록 하는 방식은 최근 들어 정치적 양극화와 결합됨으로써, 정부가 국민의 의지에 반응하는 수준이 떨어져왔다.* 여론 조사를 보면, 미국인의 다수가 일관되게 더 강력한 총기 규제,[33] 불법 체류자의 시민권 획득 절차 마련, 낙태 허용, 지구 온난화 대책에 찬성한다. 그러나 1980년대 초부터 꾸준히 점점 더 오른쪽으로 기울어져온 공화당의 지도층은 이 중 어느 것도 지지하지 않는다.**

전 세계에서 반응하는 정부는 최근 들어서 다른 장애물들과 마주쳐 왔다. 1867년 독일 정치가 오토 폰 비스마르크Otto von Bismarck는 유명한 말을 남겼다. "정치는 가능성의 예술이다."[34] 150년 뒤, 산업시대가 제2의 기계시대로 빠르게 대체되고 있는 지금, 단절, 권위주의, 양극화는 효과적인 정부의 가능성을 줄이는 듯하다.

진실이 아닌 것을 믿어버리다

권위주의자들과 다원주의자들은 서로 단절되어 있다. 가치와 도덕이 서로 크게 다르기 때문이다. 이 단절이 지속되고 더 큰 지리적 집중, 정치적 양극화, 사회적 자본과 제도의 신뢰도 감소 같은 현상들과 결합됨에 따라서, 또 다른 심각한 문제가 출현한다. 사람들이 사실fact

---

* 　의회는 대통령의 거부권을 상하 양원에서 3분의 2 찬성으로 재의결로 뒤집을 수 있지만, 그런 일은 흔치 않다. 미국 역사에서 대통령이 행사한 거부권이 재의결로 뒤집히는 일은 10퍼센트도 안 되었다.[32]

** 　미국의 민주당은 왼쪽으로 그만큼 크게 옮겨가지 않았다.

을 점점 덜 믿게 되고, 가짜 뉴스, 음모론, 그 밖에 진실과 거리가 먼 것들을 점점 더 믿는다는 것이다. 이 단절의 결과로 객관적 현실에 대한 대중의 인식은 쉽사리 훼손될 수 있다.

우리 대다수는 자신이 믿는 것이 참이기 때문에 믿는다고 생각한다. 그러나 그저 주변 사람들이 믿기 때문에 많은 것들을 믿는 사례가 더 흔하다. 거기에는 두 가지 이유가 있는 듯하다. 한 가지는, 그저 주변 사람들의 믿음에 따르라는 압력이 강할 수 있기 때문이다. 이 현상은 1950년대에 심리학자 솔로몬 애쉬Solomon Asch가 한 일련의 유명한 실험을 통해 잘 드러났다. 실험에 참가한 이들은 방에 있는 사람들(모두 실험의 '공모자들')의 대다수가 틀린 답을 하자, 뻔한 질문에도 명백히 틀린 답을 했다.

또 한 가지 이유는, 우리 인간이 많은 지식을 남들에게 외주를 주기 때문이다. 자신이 그렇게 하고 있다는 것을 깨닫지 못한 채 그럴 때도 많다. 스티븐 슬로먼Steven Sloman과 필립 페른백Philip Fernbach이 《지식의 착각The Knowledge Illusion》에서 설명했듯이, 많은 이는 수세식 화장실이 어떻게 작동하는지 자신이 잘 알고 있다고 믿지만, 실제로 그 장치가 어떻게 변기를 비우고 다시 물을 채우는지 메커니즘을 설명할 수 있는 사람은 거의 없다. 이 '설명 깊이의 착각'은 깡통 따개가 어떻게 작동하는가부터 오염물질을 줄이는 배출권 거래제가 어떻게 적용되는지에 이르기까지 모든 것에 걸쳐 있다.

우리가 의지하는 지식의 대부분을 남들에게 외주 주는 데에는 나름의 일리가 있다. 현대 세계는 대단히 복잡하다. 대천재라고 해도 돌아가는 세상의 극히 일부만을 이해할 수 있다. 따라서 지식은 전문화하여 사회와 경제를 구성하는 모든 두뇌들에게 나누어 맡겨야 한다.

문제는 한 사회 집단의 많은 두뇌가 틀렸으면서도 해로운 것들을 믿게 될 때 생긴다. 현대 백신이 너무 위험해서 아이에게 백신 접종을 안 하는 편이 더 낫다는 생각이 대표적인 예다. 미국의 몇몇 지역 사회에서는 이 잘못된 믿음이 널리 퍼져 있다. 아동 백신 접종이 전 세계 공중 보건 부문에서 거둔 성과가 엄청난데도 그렇다.

전 세계에서 아동의 약 90퍼센트는 백일해 예방 접종을 한다.[35] 백일해는 유아에게 특히 위험한 감염성이 높은 기침 질환이다.˙ 그런데 로스앤젤레스의 몇몇 유치원에서는 부모의 거부로 이 백신을 맞지 않은 아동의 수가 유치원 원아의 절반을 넘는다. 대개 부유하고 교육 수준도 높은 이런 학군들은 백신 접종률이 차드나 남수단과 비슷한 수준[36]이다. 그 결과 거의 정복되었던 백일해는 현재 미국에서 다시 공중 보건 위험 요인으로 부활했다. 1995년만 해도 미국에서 이 병으로 사망한 사람은 겨우 여섯 명[37]이었는데 2017년에는 13명[38]으로 늘었다.˙˙

이 사례가 보여주듯이, 객관적으로 틀린 나쁜 생각도 일단 다수의 사람들이 믿으면 사회 집단에 자리를 잡을 수 있다. 우리 인간은 지식을 가진 남들에게 매우 심하게 의지하기 때문이다.

˙ 백일해로 생기는 기침은 숨을 쉴 수가 없을 정도로 심하게 계속된다. 기침이 다시 나오기 직전에 재빨리 숨을 들이마시려 애쓰는 바람에 가르랑거리는 소리가 난다.

˙˙ 백신 접종 반대운동은 미국에서만 나타나는 것이 아니다. 유럽에서는 2018년에 홍역에 걸린 사람이 8만 명[39]이 넘었다. 2016년보다 15배 늘었다. 그 중 72명이 사망했다.

또 다른 단절 사례는 가치와 신념이 서로 다른 사람들과는 점점 유대를 덜 맺고, 대신에 생각이 같은 사람들과는 더 많은 시간을 보내는 쪽을 택하는 사람이 점점 늘고 있다는 것이다. 언론인 빌 비숍Bill Bishop은 이 현상을 '대분류big sort'라고 부른다. "사람들이 자신이 선호하는 사회적 배경을 추구함에 따라서,[40] 즉 가장 편한 느낌을 주는 집단을 선택함에 따라서 국가는 점점 정치적으로 분리되고, 다양한 견해를 지닐 때 나오기 마련인 혜택은 자신이 속한 동질적인 집단이 무조건 옳다고 여기는 태도 앞에서 사라진다."

확립된 사실을 대중이 널리 받아들이는 것을 방해하는 또 한 가지 중요한 요인이 있다. 우리가 자기 내면의 가장 깊은 곳에 있는 가치와 신념에 접근하는 주제들에 견해를 바꾸는 걸 유달리 꺼린다는 사실이다. 심리학자 조너선 하이트가 보여주었듯이, 우리 인간은 모두 도덕적 토대를 지니고 있지만, 그 토대가 모두 동일한 것은 아니다. 어떤 이들은 자본주의가 개인적인 자유를 확보하게 해줄 최고의 체제라고 믿는 반면, 그것이 억압의 체제라는 근본적인 믿음을 지닌 이들도 있다. 어떤 이들은 자애로우면서 전능한 신을 깊이 믿는 반면, 어떤 이들은 그에 못지않게 열렬한 무신론자다. 어떤 이들은 공정함이 평등(모두가 똑같이 받는다)을 의미한다고 확신하는 반면, 어떤 이들은 비례(모두가 기여한 바에 따라서 받는다)를 뜻한다고 굳게 믿는다.

지구 온난화가 적들이 미국 자본주의에 침투시킨 사기•라고 믿는

• 그렇지 않다.

이들의 집단에 자신이 속한다고 분류한다면, 당신은 기후 변화에 관한 과학적 이론이 아무리 탄탄하더라도 받아들이지 않을 것이고, 온실가스 배출량을 줄이려는 적극적인 정책을 지지하지 않을 가능성이 높다. 당신이 속한 집단이 GMO가 자연의 신성함과 순수성에 위배되며 따라서 안전하지 못할 것이 틀림없다고 믿는다면,* 당신은 농업에 GMO를 쓰는 것을 강경하게 반대할 것이다.

이 사례들이 보여주듯이, 단절은 중요한 현실에 관한 대중의 인식을 방해할 수 있다. 그러면 효과적인 행동을 하기가 훨씬 어려워진다. 그 행동에 세계의 현황이 어떠하며, 어떤 조치가 필요한지에 관한 폭넓은 동의—국가나 그 이상의 차원에서—가 필요할 때면 더욱 그렇다.

9장에서 살펴보았듯이, 우리는 1980~1990년대에 CFC와 오존층 구멍에 관해서 그런 의견 일치를 보았다. 그러나 그 뒤로, 사회적 자본(사람들 사이의 관계망)은 감소해왔다. 그만큼 대중이 같은 사건을 동일하게 인식하는 사례가 줄어들었다고 해도 놀랄 필요가 없다.

'단절'이라는 주제는 15장에서 인간 조건과 자연의 상태를 개선하기 위해 우리가 뭔가 다른 행동을 해야 할까라는 문제를 논의할 때 다시 살펴보기로 하자.

---

* 그렇지 않다.

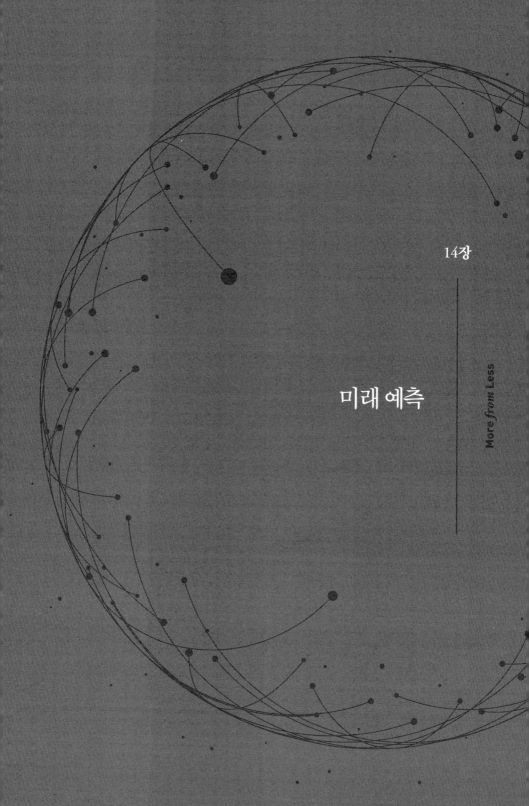

14장

미래 예측

More *from* Less

More from Less

내 장기 예측을 요약하면 이렇다.
대부분의 국가에서 대부분의 시간에 대부분의 사람들은
삶의 물질적 조건이 무한정 계속해서
더 나아질 것이다.

| 줄리안 사이먼, 《와이어드》, 1997년 |

● 사이먼은 곧바로 덧붙였다. "그러나 나는 삶의 조건이 점점 더 나빠지고 있다고 계속해서 생각하고 말하는 사람들도 많이 있을 것이라고 추측한다."

자원 이용, 오염, 앞장들에서 열거한 다양한 지구 착취 행위의 감소는 아주 좋은 소식이다. 그러나 그런 감소가 지속될까? 어쩌면 우리는 그저 산업시대와 지구에 발자국을 더욱 육중하게 찍어대면서 이윽고 대규모 맬서스 붕괴로 이어질 또 다른 약탈기 사이의 기분 좋은 짧은 시기를 살고 있는 것일 수도 있다.

물론 그럴 수도 있겠지만, 나는 아니라고 본다. 대신에 나는 우리 인간이 앞으로 지구를 더 잘 돌볼 것이라고 내다본다. 또한 제2의 기계 시대가 역사적으로 인구가 더 늘고 더 부유해져감에도, 전반적으로 지구로부터 덜 취하고 지구를 더 잘 돌보면서, 지구를 점진적으로 그리고 영구히 더 가볍게 디디기 시작한 시기로 기록될 것이라고 확신한다. 2018년 노벨 경제학상을 공동 수상한 폴 로머 Paul Romer 의 연구는 이 확신의 원천 중 하나다.

성장의 마음 자세

로머가 경제학에 한 가장 큰 공헌은 신기술을 기업이 외부에서 사서 들여오는 것이 아니라, 스스로 창안하는 무언가로 생각하는 편이 최선임을 보여준 것이다(1990년에 발표한 그의 가장 유명한 논문은 제목이 〈내생적 기술 변화〉다). 이런 기술은 디자인이나 요리법과 비슷하다. 로머는 그런 기술이 "원료들을 섞기 위해 우리가 따르는 설명서"[1]라고 했다.

기업은 왜 기술을 창안하고 개선할까? 단순히 말하자면, 이익을 얼기 위해서다. 매출을 늘리거나 비용을 줄이게 해줄 사용법, 요리법, 청사진을 내놓는다. 7장에서 여러 번 말했다시피, 자본주의는 이런 유형의 기술 발전을 도모할 충분한 동기를 제공한다.

지금까지의 이 모든 이야기는 첫 번째 기수 쌍이 어떻게 협력하는지를 설명하는 그럴싸한 표준 논증처럼 보인다. 로머의 탁월함은 기업이 이익을 추구하면서 내놓은 이 기술적 착상들의 두 가지 핵심 속성이 중요하다는 점을 강조한 데 있다. 첫 번째는 '비경합적nonrival'이라는 것이다. 즉 한 번에 둘 이상의 개인이나 기업이 쓸 수 있고, 써도 소모되지 않는다는 것이다. 이 점은 원자로 만들어지는 대다수 자원들과 명백히 다르다. 당신이 강철 한 조각을 자동차 엔진에 집어넣으면, 나는 그 강철을 쓸 수가 없다. 그러나 어떠한 개념과 사용법은 그럴 수 있다. 피타고라스 정리, 증기기관 설계도, 맛있는 초콜릿 쿠키 요리법은 여럿이 써도 '소모되지' 않는다.

기업 기술의 두 번째로 중요한 측면은 '부분 배제적partially excludable'이라는 것이다. 이것은 기업이 남들이 그 기술을 쓰지 못하게 어느 정도 막을 수 있다는 뜻이다. 기술을 비밀로 유지하거나(코카콜라의 정확한 제조법처럼), 특허를 비롯하여 지적 재산권으로 보호받는 등의 방법을 쓰면 된다. 그러나 이 방법들 중에 완벽한 것은 없다(그래서 부분적 또는 그와 비슷한 수식어가 따라붙는다). 영업 비밀은 새어나오기 마련이다. 특허는 소멸되며, 소멸하기 전이라고 해도 특허 출원할 때 어떤 발명인지 상세히 기술해야 하므로 남들도 그것을 참고해 연구할 수 있다.

그런 면에서 부분 배제성은 좋은 것이다. 얼마간 자신만이 혜택을 볼 수 있는 유용하면서 이익을 증진시키는 신기술을 만들도록 강력한 동기를 기업에 제공하는 한편으로, 그 신기술이 이윽고 '유출되도록' 하기 때문이다. 즉 시간이 흐르면서 확산되어 점점 더 많은 기업이 채택하도록 한다. 설령 창안자가 원치 않는다고 해도 그렇다.

로머는 기술 발전을 기업의 비경합적, 부분 배제적 착상의 생성과 동일시했고, 그런 착상이 경제의 성장을 가져온다는 것을 보여주었다. 게다가 그는 이 착상으로 추진되는 성장이 시간이 흐르면서 반드시 느려질 필요가 없다는 것도 보여주었다. 그 성장은 노동력의 규모, 천연자원의 양 같은 요인들에 제약을 받지 않는다. 경제 성장은 시장 내에 있는 사람들의 착상 생성 능력에만 제약을 받는다. 로머는 이 능력을 '인적 자본human capital'이라 했고, 1990년 논문의 말미에 이렇게 썼다. "이 모델이 함축한 가장 흥미로운 긍정적 의미는 인적 자본의 총량이 더 큰 경제일수록 더 빨리 성장한다는 것이다."

'수확 체증 법칙increasing returns to scale'이라는 이 개념은 강력한 동시에 반직관적이다. 경제 성장의 공식 모델들뿐 아니라, 우리 대다수가 일상생활에서 비공식적으로 으레 쓰는 심리 모델들의 대부분은 수확 체감을 상정한다. 즉 전반적으로 경제가 커질수록 성장은 느려진다고 본다. 이는 직관적으로 와닿는다. 우리는 1조 달러 규모의 경제보다 10억 달러 규모의 경제가 5퍼센트 성장하기가 더 수월할 것이라고 느낀다. 그러나 로머는 경제에 인적 자본―신기술을 창안하고 실용화하는 구성원들의 전반적인 능력―이 계속 늘어나는 한, 경제가 커질수록 사실상 성장 속도가 더욱 빨라진다는 것을 보여주었다. 유용하면서 비경합적이고 비배제적인 착상들의 양이 계속 증가할 것이기 때문이다. 로머가 설득력 있게 보여주었듯이, 경제는 착상을 토대로 운영되고 성장한다.

번영의 기구

로머의 개념은 디지털 도구—하드웨어, 소프트웨어, 네트워크—가 지구에 혜택을 줄 것이라고 우리가 낙관적으로 볼 이유를 세 가지 제시한다. 첫째, 이 도구들이 기술의 중추적인 역할을 아주 잘 해내고 있음을 보여주는 사례가 무수히 많다. 즉 "원료들을 섞기 위해 우리가 따르는 설명서"를 제공하는 일이다. 원료를 구하는 데에는 돈이 드므로, 수익을 최대화하려는 기업은 원료를 덜 쓸 방법을 찾기 위해 무척 애를 쓴다. 그래서 디지털 도구를 써서 알루미늄을 덜 쓴 맥주 캔, 강철과 연료를 덜 쓰는 자동차 엔진, 종이 지도책의 필요성을 없애는 지도 소프트웨어 등을 개발한다. 이 중 어느 것도 오로지 지구를 위해서 이루어지는 것이 아니지만—자본주의의 핵심인 이익 추구를 위해 이루어진다—앞서 살펴보았듯이, 우리가 덜 써서 더 많이 얻을 수 있도록 함으로써 결과적으로 지구에도 혜택을 준다.

디지털 도구는 기술을 만드는 기술이다. 지금까지 인류가 내놓은 기술 중에서 가장 다산성이고 다재다능하다. 많은 착상을 창안하는 데 쓰는 기계다. 동일한 CAD 소프트웨어는 더 얇은 알루미늄 캔이나 더 가볍고 연료 효율적인 엔진을 만드는 데 쓸 수 있다. 드론은 농장에서 관개가 더 필요한지 살펴보는 데 쓸 수도 있고, 영화를 찍을 때 헬기의 대용으로 쓸 수도 있다. 스마트폰은 분자 하나도 더 소모하지 않은 채 뉴스를 읽고, 음악을 듣고, 물건을 사는 등의 일을 하는 데 쓸 수 있다.

제2의 기계시대에 세계 디지털 도구의 양은 유례없이 급속도로 증가하고 있다. 이익을 추구하는 기업들이 자원을 덜 쓰는 방식으로 원료들을 결합하기 위해 무수한 방식으로 사용한다. 미국 등 경제가 발전된 나라들에서, 이 자본주의와 기술 발전의 조합이 쌓이면 미친 영향은 상당하다. 경제와 사회의 절대적인 탈물질화와 그에 따른 지구에 찍히는 발자국 감소를 이뤄냈다.

로머의 기술과 성장에 관한 개념이 현재 보여주고 있는 두 번째 방식은 배제성 감소를 통해서다. 만연한 디지털 도구는 좋은 디자인과 요리법이 전 세계로 훨씬 더 쉽게 널리 퍼지도록 하고 있다. 기업이 원치 않을 때도 많지만―비용을 크게 줄일 착상을 남들이 쓰지 못하게 만들고 싶기에―배제하기가 예전처럼 쉽지 않다.

특허 보호가 더 약하기 때문이 아니라, 디지털 도구가 더 강하기 때문이다. 일단 어느 한 기업이 무엇이 가능한지를 보여주면, 다른 기업들도 하드웨어, 소프트웨어, 네트워크를 써서 선두 기업을 따라잡으려 한다. 지적 재산권의 제약 때문에 똑같이 모방할 수는 없을지라도, 디지털 도구를 써서 다른 방법으로 같은 목적을 달성할 수 있게 할 수는 있다. 그래서 많은 농민은 설령 물과 비료 같은 원료들을 결합하는 방식이 서로 다를지라도, 원료들을 덜 쓰면서 수확량을 늘리는 방법을 터득한다. 스티브 잡스는 아이폰을 개발한 뒤에 애플이 유일한 스마트폰 공급자가 되기를 원했지만, 아무리 많은 특허를 지니고 아무리 소송해도 독점을 유지할 수가 없었다. 다른 기업들도 프로세서, 기억장치, 센서, 터치스크린, 소프트웨어를 결합하여 전 세계 수십억 명의 고객을 만족시킬 스마트폰을 만들 방법들을 찾아냈다.

애플 스마트폰 이외의 대다수 스마트폰에 탑재된 운영체제는 안드로이드로서, 무료로 쓰고 자유롭게 변경할 수 있다. 구글의 모기업인 알파벳은 배제 가능하게 만들려는 시도조차도 하지 않은 채 안드로이드를 개발하여 출시했다. 가능한 널리 모방할 수 있게 만들겠다는 것을 공개적인 목표로 내세웠다. 이는 가치 있는 기술을 무료로 제공한다는 디지털 산업에 널리 퍼진 추세 중 하나다.

아마 자유롭게 쓸 수 있는 오픈소스 소프트웨어 중 가장 잘 알려진 것은 안드로이드의 근원인 리눅스 운영체제이겠지만, 그런 소프트웨어는 많다. 온라인 소프트웨어 창고인 깃허브GitHub는 '세계 최대의 오픈소스 공동체'[2]이며, 그곳에서는 수백만 가지의 소프트웨어 창작(개발) 계획들이 진행되고 있다. 아두이노Arduino 공동체는 전자기기 하드웨어를 대상으로 비슷한 활동을 하고 있으며, '인스트럭터블즈Instructables' 웹사이트에는 미세먼지 측정기부터 전동 공구에 이르기까지 다양한 기기를 만드는 상세한 설명서가 올라와 있다. 모두 자유롭게 쓸 수 있다.

이런 노력의 기여자들은 다양한 동기를 지니지만(알파벳이 안드로이드를 만든 목적은 이타주의적인 것과 거리가 멀었다. 무엇보다도 구글의 모기업은 전 세계의 휴대전화

사용자들을 통해서 양자 도약을 이루고 싶어 했다. 구글 검색과 유튜브 같은 서비스를 이용할 수 있도록 만듦으로써다), 모두 배제성 없는 기술이라는 추세에 속해 있다. 그 점은 성장에 아주 좋은 소식이다.

10장에서 살펴보았듯이, 스마트폰을 쓰고 인터넷을 쓰는 인구는 지구 전체에서 빠르게 늘어나고 있다. 이는 사람들이 더 이상 지식을 얻기 위해 좋은 도서관이나 학교에 가거나, 능력을 계발하러 애쓸 필요가 없음을 뜻한다. 현재, 전 세계의 사람들은 신기술이 제공하는 능력 향상 기회를 활용하고 있다. 이것이 바로 디지털 도구의 확산이 미래의 성장을 담보할 것이라고 우리가 낙관하는 세 번째 이유다. 이 도구들은 인적 자본이 빠르게 성장하도록 돕고 있다.

예를 들어, 무료 듀오링고Duolingo 앱은 현재 외국어를 배우는 세계에서 가장 인기 있는 방법[3]이다. 2018년 7월 기준으로 위키피디아는 거의 150억 페이지[4]에 달하며, 그 중 절반은 영어가 아닌 다른 언어로 작성[5]되어 있다. 구글의 수석 경제학자 할 배리언Hal Varian은 매일 유튜브에서 이런저런 것들을 만드는 방법을 설명하는 동영상을 시청하는 횟수가 수억 번에 달한다고 지적한다. "필요할 때 언제든 이렇게 많은 사람을 무료로 가르칠 수 있는 기술을 전에는 결코 가진 적이 없었다."[6]

로머의 연구는 우리에게 희망을 안겨준다. 성장과 번영을 추진하는 방법이 숲을 없애거나, 광산을 파거나, 화석연료를 태우는 것이 아니라, 인적 자본을 구축하는 것임을 보여주기 때문이다. 또 그의 경제 성장 모형은 자본주의와 기술 발전이 협력을 아주 잘한다는 점을 강조한다. 그 점은 이 책의 요지이기도 하다. 수익을 올리는 가장 확실한 방법은 비용을 줄이는 것이며, 현대 기술, 특히 디지털 기술은 비용을 줄이는 방식으로 물질을 결합하고 재결합할—교환하고, 줄이고, 최적화하고, 증발시키는—방법을 무한정 제공한다. 자본주의와 기술 발전이라는 두 기수가 언제라도 곧 협력을 중단할 것이라고 기대할 이유는 전혀 없다. 정반대다. 로머의 통찰은 경제가 성장할수록 두 기수가 더 빨리 더 멀리까지 질주할 가능성이 높음을 보여준다.

더 밝고, 더 가벼운 미래

세계에는 여전히 수십억 명의 극빈자가 있지만, 언제까지 그런 상태로 남아 있지 않을 것이다. 모든 가용 증거는 대다수가 수십 년 동안 해가 갈수록 훨씬 부유해질 것임을 강하게 시사한다. 그들이 더 많이 벌고 더 많이 쓴다면, 지구에 어떤 영향을 미치게 될까?

산업시대의 역사학과 경제학은 이 중요한 질문에 비관적이다. 자원 이용량은 제임스 와트가 증기기관을 선보였을 때부터 첫 지구의 날 행사가 열릴 때까지 두 세기 동안 경제 성장에 발맞추어서 증가했다. 맬서스와 제번스는 옳았던 듯했고, 우리가 지구적인 성장의 한계에 직면할지의 여부가 아니라, 언제 그런 일이 일어날지가 문제였다.

그러나 미국을 비롯한 부유한 나라들에서 기이하고 예기치 않으면서 놀라운 일이 일어났다. 우리는 덜 쓰면서 더 많이 얻기 시작했다. 인구와 경제 성장이 자원 소비, 오염, 기타 환경 피해와 분리되었다.

맬서스와 제번스의 개념은 로머의 개념에 밀려났고, 앞으로의 세계는 결코 전과 똑같지 않을 것이다. 이는 우리가 세계의 가난한 이들이 부유해질 것인지를 걱정하는 대신에, 가능한 빨리 그리고 많이 경제적으로 나아지도록 도와야 할지를 걱정해야 한다는 의미다. 그렇게 하는 것이 도덕적으로 옳을뿐더러, 지구에도 바람직한 일이다. 지금의 가난한 나라들이 더 부유해질수록 그들의 제도도 개선될 것이고, 대다수 국가는 이윽고 리카르도 하우스만이 "생산의 자본주의적 재편"이라고 부르는 단계를 지날 것이다. 이 재편은 사람을 노예로 만들지도, 지구를 더럽히지도 않을 것이다.

현재의 가난한 이들은 더 부유해질수록 더 많이 소비하겠지만, 이전 세대들과 크게 다른 소비를 할 것이다. 그들은 종이로 된 신문과 잡지를 읽지 않을 것이다. 그들은 재생 에너지원과 (그러기를 바라는데) 원자력에서 많은 에너지를 얻을 것이다. 이런 에너지원들이 가장 저렴할 것이기 때문이다. 12장에서 살펴보았듯이, 그들은 도시에서 살아갈 것이다. 사실 이미 그렇다. 그들은 자동차를 소유할 가능성이 더 적을 것이다. 다양한 교통수단을 쉽게 이용할 수 있기 때문이다. 가장 중요한 점은 성장을 지속시키고, 우리 인류와 우리가 사는 지구 양쪽에 혜택을 줄 착상들을 계속 내놓으리라는 것이다.

기술 발전이 정확히 어떻게 펼쳐질지 예측하는 것은 날씨를 예측하는 것과 흡사하다. 단기적으로는 가능하지만, 더 긴 기간은 알기가 불가능하다. 불확실성과 복잡성이 너무 커서, 앞으로 30년 뒤에 우리가 어떤 컴퓨터 장치를 쓸지, 2050년 이후의 주된 인공지능은 어떤 유형일지를 정확히 예측하기란 불가능하다.

그러나 설령 날씨를 장기 예측할 수는 없다고 할지라도, 기후는 정확히 예측할 수 있다. 예를 들어, 우리는 평균적으로 1월보다 8월이 아주 덥고 해가 더 쨍쨍하리라는 것을 알며, 대기로 온실가스를 계속 더 많이 뿜어낼수록 지구의 평균 기온이 더욱 올라가리라는 것도 안다. 마찬가지로 우리는 자본주의가 가장 영향을 미칠 수 있는 영역에서 많이 응용될 지식부터 출발하여 미래의 기술 발전이라는 '기후'를 예측할 수 있다. 앞서 되풀이하여 살펴보았듯이, 기술 발전은 탈물질화를 통해서 비용을 줄일 (그리고 성능을 개선할) 기회를 제공하며, 자본주의는 그렇게 할 동기를 제공한다.

그 결과 제2의 계몽운동은 21세기로 더 깊이 들어가는 동안 계속될 것이다. 나는 디지털 기술이 계속 개선되고 불어나고 세계적인 경쟁이 계속 확대됨에 따라서, 계몽운동이 가속될 것이라고 확신한다. 우리는 바로 그럴 기회가 가장 많은 곳에서 줄이고, 교환하고, 증발시키고, 최적화하는 가장 놀라운 사례들을 보게 될 것이다. 여기서 폭넓은 예측을 몇 가지 해보자. 인류의 가장 큰 산업들에 걸쳐서다.

제조업. 복잡한 부품들은 산업시대에 개발된 기술이 아니라, 3차원 프린팅을 통해 만들어질 것이다. 몇몇 로켓 엔진을 비롯한 극도로 비싼 물품들은 이미 그 방식으로 만들어지고 있다. 3D 프린팅은 개선되고 저렴해짐에 따라서 자동차 엔진 부품, 관들이 복잡하게 배열되어 있는 장치, 항공기 뼈대와 날개 등 무수한 부품들을 만드는 데에 쓰일 것이다. 3D

프린팅은 폐기물을 거의 생성하지 않고 거대한 주형도 필요 없으므로, 탈물질화를 촉진한다.

또 우리는 현재 쓰는 것과 전혀 다른 물질로 물품들을 만들 것이다. 우리는 기계 학습과 엄청난 성능의 컴퓨터를 사용해 세계에 있는 엄청난 양의 분자들을 솎아내는 능력을 빠르게 향상시키고 있다. 이 능력을 써서 어느 물질이 구부릴 수 있는 태양 전지판, 더 효율적인 배터리 같은 중요한 물품들을 만드는 데 가장 좋을지를 파악하게 될 것이다. 지금까지는 적절한 물질을 찾는 과정이 너무나 느리고 고되었다. 이제 상황이 바뀌려 하고 있다.

자연의 단백질을 이해하고 새로운 단백질을 만드는 능력도 그렇다. 모든 생물은 단백질이라는 커다란 생체분자로 되어 있으며, 거미줄 같은 놀라운 물질도 그렇다. 우리 몸의 세포는 단백질을 만드는 조립 라인과 같지만, 우리는 아직 이 조립 라인이 어떻게 작동하는지를 거의 이해하지 못하고 있다. 아미노산들이 죽 이어진 사슬이 어떻게 삼차원으로 접혀서 단백질을 형성하는지를 거의 알지 못한다. 그러나 디지털 도구 덕분에, 우리는 빠르게 배우고 있다. 2018년에 이루어진 한 경연대회에서, 구글 딥마인드가 개발한 소프트웨어 알파폴드AlphaFold는 제시된 43가지 단백질 중 25가지의 구조를 올바로 추측했다. 2위를 한 소프트웨어는 세 가지만 제대로 추측했다. 딥마인드의 공동 창업자인 데미스 하사비스Demis Hassabisv는 이렇게 말했다. "우리는 단백질 접힘 문제를 아직 해결하지 못했으며, 이것은 그저 첫 단계일 뿐이지만[7] (…) 우리는 좋은 시스템을 갖고 있으며 아직 해보지 않은 착상들이 아주 많다." 이런 좋은 착상들이 쌓일 때, 거미줄 강도의 물질을 만들어낼 수도 있을 것이다.

에너지. 21세기 인류의 가장 시급한 과제 중 하나는 온실가스 배출량을 줄이는 것이다. 여기에는 두 가지 방법이 있는데, 에너지를 더 효율적으로 사용하는 방법과 에너지를 생성할 때 화석연료에서 배출되는 탄소를 걸러내는 것이다. 디지털 도구는 양쪽에 모두 큰 도움을 줄 것이다.

최근에 몇몇 집단은 기계 학습과 다른 기술들을 결합하여 데이터 센터의 에너지 효율을 30퍼센트까지 높일 수 있음[8]을 보여주었다. 이 큰 폭의 개선은 두 가지 이유로 중요하다. 첫째, 데이터 센터는 에너지를 아주 많이 쓴다. 세계 전기 수요량의 약 1퍼센트를 차지한다.[9] 따라서 이런 시설들의 효율 증가는 도움이 된다. 둘째, 더욱 중요한 점인데, 이 개선이 다른 모든 복잡한 기반 시설들(전력망에서 화학공장과 제철소에 이르기까지 모든 것)의 에너지 사용량을 대폭 줄일 수 있음을 시사한다는 것이다. 이 시설들은 모두 가능한 수준보다 에너지 효율이 훨씬 떨어진다. 현재 우리는 그 효율을 개선할 충분한 기회와 충분한 동기를 다 지닌다.

풍력과 태양력 둘 다 훨씬 더 저렴해지고 있기에, 세계의 많은 지역에서는 현재 설령 정부의 보조금 지원제도가 없다 하더라도 새로운 발전을 위한 가장 비용 대비 효과적인 대안이 되고 있다. 이런 에너지원들은 사용될 때 자원을 거의 전혀 소비하지 않으며, 온실가스도 전혀 생성하지 않는다. 탈물질화의 세계 챔피언에 속한다.

수십 년 안에 핵융합 기술도 쓰일 수 있을지 모른다. 핵융합은 태양 같은 별들의 내부에서 일어나는 경이로울 만치 강력한 과정이다. 핵융합 연구는 반세기 넘게 이루어졌지만, 성과는 감질날 만치 적었다. 그래서 언제나 20년 뒤에는 가능해질 것이라는 농담을 으레 한다. 가장 큰 문제는 융합 반응을 가둘 원자로를 만들기가 어렵다는 것이지만, 센서와 컴퓨터 성능 쪽으로는 상당한 개선이 이루어졌기에, 한 세대 뒤에는 핵융합을 실용화할 수 있을 것이라는 희망이 커지고 있다.

교통. 현행 교통 체계는 매우 비효율적이다. 차량은 대부분의 시간에 놀고 있으며, 움직일 때에도 인원이 꽉 차 있는 일이 거의 없다. 모든 운전자, 승객, 화물, 차량이 매순간 어디에 있는지를 알려줄 기술을 이제는 지니고 있으므로, 앞으로 교통의 모든 요소들의 효용과 효율을 크게 늘릴 수 있다.

교통수단을 소유하는 대신에 빌리는 방식은 이 전환의 한 결과일 가능성이 높다. 대개 90퍼센트 이상의 시간을 놀고 있는 자동차를 소유하는 대신에, 필요할 때 교통수단을 접하는 쪽을 택하는 이들이 늘어날 것이다. 이미 우버Uber와 리프트Lyft 같은 차량 공유 기업들에서 그런 사례를 보고 있다. 이런 서비스는 빠르게 전 세계로 퍼지고 있으며, 모터바이크, 자전거, 전동 스쿠터에 이르기까지 점점 더 많은 교통수단들로 확대되고 있다. 장거리와 단거리 화물 운송 같은 상업 분야로까지 넓어지는 중이다. 이 전환이 계속될수록 사람과 상품을 이동시키는 데 강철, 알루미늄, 플라스틱, 휘발유 같은 자원을 점점 덜 쓰게 될 것이다.

또한 교통 혼잡과 교통 정체를 덜 겪게 될 것이다. 자전거와 스쿠터는 자동차에 비해 공간을 덜 차지하므로, 거리에 훨씬 더 많이 수용될 수 있다. 더불어 기술은 다양한 유형의 '혼잡 통행료' 정책을 실행할 능력을 제공한다. 다른 대안을 찾아볼 만큼 자동차가 혼잡한 도로로 진입하는 비용을 비싸게 매기면, 정체가 줄어든다는 것이 드러났다. 가장 흥미로운 미래 교통 플랫폼은 하늘일 것이다. 작은 드론을 날리는 데 쓰이는 기술의 규모를 확대하면, 프로펠러가 여덟 개 달린 자율주행 '항공 택시'를 만들 수 있다. 지금은 과학소설처럼 들리지만, 금세기 중반에는 사람을 싣고 다닐 만큼 기술이 더욱 발전할지도 모른다.

농업. 5장에서 보았듯이, 앞서나가는 농장들은 땅, 물, 비료 같은 투입량을 줄이는 한편으로, 해마다 산출량을 늘리는 능력을 보여주었다. 최적화를 향한 이 추세는 '정밀농업 precision agriculture'이라는 이름의 혁신 집합 덕분에 계속될 것이다.

정밀농법은 동식물의 건강 상태, 토질과 습도 등을 감지하는 첨단 센서들, 비료와 살충제와 물을 필요한 만큼만 공급하는 능력, 각각의 동식물에 맞추어 작동하는 기계 등을 통해 이루어진다. 이 모든 다양한 정밀농업은 서로 결합하여 기존 농장들이 덜 쓰면서 더 많이 생산하도록 해줄 것이다.

동식물의 유전체에도 변화가 일어날 것이다. DNA를 변형함으로써 질병과 가뭄에 대한 내성을 높이고, 작물이 자랄 수 있는 지역을 확대하고, 각 작물이나 가축으로부터 더 많은 것을 얻을 수 있게 될 것이다. 황금벼를 비롯한 영양소를 강화한 농작물을 만들어서 가난한 나라의 유아 같은 취약한 집단을 더 잘 돌볼 수 있을 것이다. 또한 예전 방식들보다 크게 개선된 유전자 편집 도구를 이용하여 훨씬 더 정밀한 맞춤 유전자 변형을 할 수 있을 것이다. 유전자 변형 작물에 격렬하게 반대하는 이들도 있긴 하지만, 그런 주장들은 이성이나 과학에 토대를 둔 것이 아니다. 이 반대가 수그러들기를 바란다.

인류 역사 내내, 거의 모든 경작은 논밭에서 이루어졌었다. 지금은 그렇지 않은 작물들이 나타나고 있다. 실내에서 빛, 습도, 비료, 심지어 공기 조성 같은 변수들을 정밀하게 지켜보고 제어하면서 경작이 이루어지고 있다. 도시 건물, 운송 컨테이너 등 다양한 곳에서 작물은 서서히 노동력과 물질의 투입량을 줄이면서 재배되고 있다.

이런 사례들은 자본주의와 기술 발전이라는 두 기수가 제공한 가능성이 대단히 폭넓고 흥분된다는 것과 그것들이 우리 소비의 탈물질화를 계속하고, 지구를 더 가볍게 디디면서 부를 쌓을 수 있게 해준다는 것을 시사하기 위해서 제시했을 뿐이다.

더 뜨거워진 세계를 치유하기

다음 장에서는 21세기에 지구 기후 변화가 얼마나 안 좋아질지, 그리고 위험과 피해를 줄이기 위해 취할 수 있는 가장 효과적인 조치들은 무엇인지를 논의할 것이다. 한 가지 중요한 점은 이 피해가 수십 년에 걸쳐 나타나리라는 것이다.

지구 온난화뿐 아니라 지구의 나머지 생물들이 더 건강해지도록 공기, 물, 땅의 오염에도 맞서 싸울 필요가 있다. 숲이 재생하고 동물이 되돌아올 수 있도록 땅을 자연에 돌려줄 필요가 있다. 광산, 유정, 벌목지로 땅에 입힐 상처를 더 줄여야 한다. 에너지 생산이 온실가스를 비롯한 다른 오염물질들을 생성한다면, 그 에너지를 덜 쓰는 법을 배워야 한다. 그리고 사람들을 가난에서 구하고, 사망률과 질병 부담을 줄이고, 맑은 물과 위생 시설을 확보하고, 더 많은 이를 가르치고, 경제적 기회를 늘리고, 다른 무수한 방법으로 인간의 조건을 개선하는 일을 계속해야 한다.

이 중 어느 것도 지구 온난화보다 덜 중요하지 않다. 따라서 소비를 탈물질화하고 자연의 상태와 인간의 조건을 함께 개선하는 일에 우리가 최근에 거둔 승리들은 엄청나게 중요하다.

지구의 운명을 건 내기, 2차전

1980년의 줄리안 사이먼처럼, 나도 기꺼이 내기를 걸련다. 사이먼은 천연자원의 가격이 떨어질 것이라고 믿었고, 자신의 예측에 기꺼이 내기를 걸었다. 나는 가격이 아니라, 양에 내기를 걸 생각이다. 나는 미국의 천연자원에 대한 총소비량이 앞으로도 계속 줄어들 것이라고 믿으며, 그쪽에 기꺼이 돈을 걸 생각이다. 또 온실가스 배출량이 미국에서 줄어들 것이고, 미국의 환경 발자국이 다른 방면들에서도 줄어들 것이라는 쪽에 내기를 걸겠다. 경제와 인구가 얼마나 빨리 성장하든 간에, 누가 선출되든 간에, 세계의 다른 곳에서 어떤 일이 일어나는 간에 말이다. 나는 줄리안 사이먼과 폴 얼리치가 걸었던 것과 똑같이 10년을 기한으로 내기를 제안한다.

사이먼은 얼리치에게 내기를 제안했다. 나는 나 자신과 내기를 받아들일 모든 이에게 제안하련다. 이 책을 읽는 여러분이 내 예측이 틀렸

다고 믿는다면, 내기에 응해서 누가 이기는지 알아보자. 그러나 판돈
은 승자가 갖는 것이 아니다. 대신에 양쪽이 건 돈을 지정한 자선단체
가 받도록 하자. 여러분이 이긴다면 여러분이 자신이 지지하는 대의를
위해 자신의 판돈에다가 내 판돈까지 더해서 기부하는 방법이라고 생
각해도 좋다. 여러분이 진다면, 내가 지지하는 대의를 위해 여러분의
판돈까지 대는 셈이다.

내가 제안하는 내기는 다음과 같다. 2019년에 비해서 2029년에 미
국은 다음의 물질들을 덜 소비할 것이다.

- 금속
- '산업용 물질'(다이아몬드, 운모 등)
- 목재
- 종이
- 비료
- 농업용수
- 에너지

2019년에 비해 2029년에 미국은 이런 모습일 것이다.

- 경작지를 덜 쓴다
- 온실가스를 덜 배출한다

내기에 관한 세부사항들(어떤 자료를 쓰는지, 물질의 양을 어떻게 계산할지, 판돈

은 어떻게 처리할지 등)은 '롱베츠' 웹사이트 longbets.org 에 나와 있다. 여러분이 이 사이트에서 관심이 있는 내기를 하나 이상 골라서, 그 예측이 잘못되었다고 확신한다면 판돈을 걸 수 있다. 내기마다 50~1,000달러를 걸 수 있다. 나는 10만 달러를 걸어두었다.

이 내기들은 미국을 대상으로 했는데, 거기에는 네 가지 이유가 있다. 첫째, 나는 미국이 낙관주의의 네 기수—자본주의, 기술 발전, 반응하는 정부, 대중의 인식—가 꽤 굳건히 자리를 잡은 지역이며, 적어도 앞으로 10년 동안 계속 그러할 것이라고 믿기 때문이다. 둘째, 단순히 말하자면 경제의 규모 때문이다. 미국은 세계 총산출량의 약 25퍼센트를 차지[10]한다. 셋째, 미국의 탈물질화 추세는 세계적인 추세를 앞서 보여주는 지표이며, 따라서 미국에서 일어나는 일을 지켜보는 것이 중요하다. 넷째, 미국에서는 자원 이용, 오염, 그 밖의 관련 지표들의 자료가 정기적으로 신뢰할 수 있는 수준으로 집계되기 때문이다.

물론 인간의 조건과 자연의 상태가 앞으로 계속 개선될 것이라고 확신한다고 해서, 지금 충분히 빠르게 개선되고 있다는 말은 아니다. 결코 그렇지 않다. 우리는 네 기수가 전 세계를 더 빨리 더 멀리까지 질주하도록 더 노력할 수 있고, 그래야 한다.

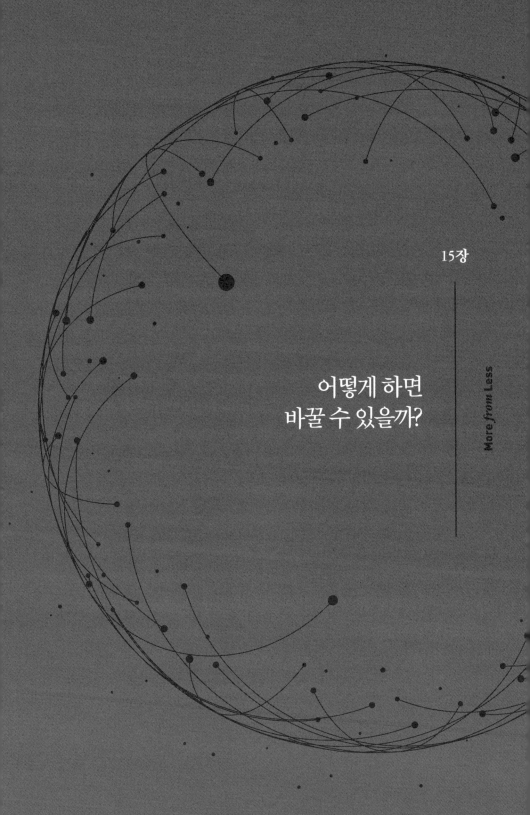

15장

어떻게 하면
바꿀 수 있을까?

More *from* Less

More from Less

사려 깊고 헌신적인 시민들의 소집단이
세상을 바꿀 수 있다는 것을 결코 의심하지 마라.
사실, 지금껏 세상은 오로지 그런 식으로 바뀌어왔다.

| 마거릿 미드(1901~1978) |

이 책에서 내내 보여주고자 애썼지만, 현재의 질주 경로는 고무적이지만 완벽한 것과는 거리가 멀다. 기술 발전, 자본주의, 대중의 인식, 반응하는 정부라는 네 기수는 전 세계를 질주하면서 대부분의 가장 중요한 방식들에서 세상을 개선하고 있다. 인간의 조건과 자연의 상태는 전반적으로 점점 나아지고 있다. 나는 이런 긍정적인 추세들이 앞으로도 이어질 것이라고 예측한다. 바로 앞장에서 살펴보았듯이, 나는 그 예측에 실제로 내기를 걸었다.

그러나 세계는 여전히 심각한 문제들에 직면해 있다. 우리의 관심과 노력을 필요로 하는 것들이다. 우리가 지금 하는 대로 현재 궤도를 계속 따라간다면, 21세기에 걸쳐서 지구는 해로운 수준까지 뜨거워질 가능성이 높다. 또한 기업들은 우리가 막지 않는다면 환경을 오염시키고 동물 종을 착취할 것이다. 그리고 우리가 변화를 일으키지 않는다면, 미국에서 절망의 죽음을 비롯한 단절의 증상들이 계속 증가하고 전 세계에서 사회적 자본이 계속 감소하는 모습을 보게 될 것이다. 우리는 이런 피해를 예방할, 아니 적어도 최소화할 능력을 갖추고 있다.

우리는 경제의 탈물질화와 많은 이의 부 증가를 계속하고 촉진하는 한편으로, 오염 같은 부정적 외부 효과와 사회적 자본의 감소에 대처하는 것을 목표로 삼아야 한다. 이를 달리 표현하자면, 우리는 기술 발전과 자본주의라는 기수의 첫 번째 쌍이 우리를 제2의 기계시대로 더 깊이 태우고 갈 수 있도록 재촉하는 한편으로, 기수의 두 번째 쌍인 대중의 인식과 반응하는 정부가 자본주의를 적절히 제약하고 급속한 변화로 생기는 그 밖의 피해들에 대처할 수 있도록 해야 한다는 것이다.

다음은 정부, 기업, 자선사업가와 비영리 단체, 개인과 가정을 위해 어떤 탁월한 행동과 조처를 취할 수 있는지를 개괄한 지침들이다. 이 네 행위자를 차례로 살펴보기로 하자.

국가 정책

시장은 외부 효과에 잘 대처하지 못한다. 오염은 고전적인 외부 효과이고, 온실가스는 지구(우리 자신)의 장기 건강을 가장 위협하는 유형의 오염이다. 따라서 현재와 미래에 반응하는 정부의 가장 중요한 과제는 경제 활동의 탄소 배출 농도를 줄이는 것이다.

지구 온난화는 얼마나 나쁠까? 이 질문에 답하는 것은 복잡하다. 온난화가 얼마나 일어날지, 지구의 생물들에게 특정한 수준의 온난화가 얼마나 피해를 입힐지가 매우 불확실하기 때문이다. 경제학자 윌리엄 노드하우스William Nordhaus는 기후 변화의 미래 궤도가 불확실하다는 점을 알리고자 '기후 카지노climate casino'라는 용어를 쓴다.

그러나 노드하우스는 지구가 역사상 유례없는 수준으로 더워지고 있다는 것은 분명하다고 강조한다. "인류 문명은 우리가 현재 목격하고 있는 속도와 범위의 기후 변화를 한 번도 접한 적이 없다.[1] (…) 다음 세기에 인류가 겪을 지구의 기후 변화 속도가 지난 5,000년 동안 겪었던 그 어떤 변화보다 약 열 배는 클 것이라고 보는 것이 가장 나은 추측이다." 이 온난화가 점점 더 강수 양상 변동, 해양 산성화, 특정 지역의 가뭄 증가 등, 심각한 변화를 일으킬 것이라는 데 과학자들은 강하게 의견 일치를 보인다.

　노드하우스는 이렇게 덧붙인다. "또 우리는 놀라운 일들을 접할 가능성이 높고, 그 중에는 불쾌한 것들도 있을 것[2]이다. 가령 북반구는 겨울에 눈이 훨씬 많이 내릴 것이다. 태풍은 훨씬 강력해질 것이고, 진행 경로도 바뀔 것이다. 그린란드의 거대한 빙원은 빠르게 녹기 시작할 것이다. 또한 남극 대륙 서부의 해저부터 솟아 있는 빙하는 빠르게 붕괴하면서 바다로 흘러나올 것이다." 우리는 기후 카지노에서 도박을 하고 싶지 않다. 가능한 거기에서 멀리 떨어져 있으려면 어떻게 해야 할까?

　노드하우스는 2018년에 앞장에서 논의한 폴 로머와 함께 노벨 경제학상을 받았다. 주로 지구 온난화의 위험을 정량화하고 그 위험에 맞서는 타당한 전략들을 파악한 공적 덕분이었다. 노드하우스를 비롯한 이들이 제시한 전략들은 친숙한 것들이다. 잘 파악된 기법들을 써서 온실가스 오염의 외부 효과에 대처하자는 것이다. CFC는 몬트리올 의정서를 통해서 쉽사리 퇴출시켰고, 여러 가지 미세먼지들은 미국을 비롯한 각국에서 배출권 거래제를 통해 크게 줄었다.

　노드하우스의 주된 제안 중 하나인 탄소세는 배출권 거래제보다 더욱 직접적이다. 그런 세금은 탄소를 많이 배출하는 제품과 에너지원을 더 비싸게 만듦으로써, 많은 구매자가 풍력, 태양력, 원자력으로 생산되는 전기를 쓰는 등의 저탄소 대안 쪽으로 옮겨가도록 유도할 것이다. 탄소세를 서서히 올리면, 구매자는 탄소를 많이 배출하는 생산자를 멀리하려는 동기가 더욱 강해질 것이고, 그런 생산자들이 저탄소 대안으로 옮겨갈 시간도 제공할 것이다.

'세수 중립적revenue-neutral' 탄소세는 이 기본 개념을 변형한 흥미로운 사례다. 탄소 배출자로부터 걷은 돈이 정부에 가는 것이 아니라, 사람들에게 직접 배분되는 방식이다. 캐나다의 브리티시컬럼비아주 정부는 노드하우스와 공동으로 세수 중립적 탄소세를 연구하여 2008년에 시행에 들어갔다.[3] 처음에는 이산화탄소 톤당 10캐나다달러의 세금을 걷었고, 그 돈은 세액 공제와 소득세 감면이라는 형태로 주민들에게 돌아갔다. 2019년 1월에 미국의 저명한 경제학자들(노벨상 수상자, FED 의장, 재무장관 등)은 미국에 세수 중립적 탄소세를 채택할 것을 촉구하는 공개편지[4]에 서명했다.

최근 들어서 탄소세를 도입하는 나라들은 점점 늘어나고 있다. 칠레, 멕시코, 남아프리카, 아일랜드도 도입했다. 하지만 늘어나고 있다고는 해도, 아직 부족하다. 세계 탄소 배출량의 약 45퍼센트를 차지하는 중국과 미국이[5] 아직 국가 차원에서 탄소세를 채택하지 않고 있다. 그리고 EU의 탄소 배출권 거래제는 아직 배출량을 크게 줄이지 못하고 있다. 배출 상한선이 너무 높게 설정되어 있어서, 탄소 배출자가 배출 형태를 바꿀 필요성을 그다지 느끼지 못하기 때문이기도 하다.

탄소세 접근법을 가로막는 커다란 장애물 중 하나는 세금이 인기가 없다는 것이다. 지구 온난화를 줄인다는 아주 좋은 목표를 위한 것이라고 해도 그렇다. 프랑스 대통령 에마뉘엘 마크롱은 2018년 말 석유세금을 올렸을 때 프랑스 전역에서 터져나온 항의 집회를 통해 이 사실을 깨달았다. 시위가 점점 늘어나면서 폭력적인 양상을 띠자, 정부는 세금 부과를 연기하겠다고(아마도 무한정) 발표[6]하면서 물러섰다.

프랑스의 이웃인 독일도 지구 온난화에 맞서는 일을 하면서 문제에 빠져들고 있으며, 독일의 곤경은 대중의 인식과 반응하는 정부의 교차점에서 한 가지 중요한 실패가 일어날 수 있음을 잘 보여준다. 독일은 야심적인 '에너지 전환Energiewende' 계획에 착수했다. 화석연료에서 재생에너지원으로의 전환이다. 그러나 지금까지의 성과는 그다지 인상적이지 않다. 2000년 이래로 소비자용 전기료는 두 배로 올랐고,[7] 탄소 배출량은 최근 들어서 현상 유지를 하거나 증가해왔다(1990년부터 10여 년 동안 상당히 감소한 뒤에).[8]

왜 그럴까? 독일이 값비싼 풍력과 태양력에 집중 투자를 하는 한편으로, 기존 원자력 발전소를 폐쇄하고 새 발전소를 짓지 않는 식으로 원자력을 계속 멀리해온 탓[9]도 얼마간 있다.˙ 원자력 발전 용량이 줄어듦에 따라서, 독일은 바람이 약하거나 날이 흐릴 때(독일은 햇볕이 잘 드는 곳이 아니다) 탄소 배출량이 많은 석탄 발전소에 의지하여 전기를 생산해야 한다.

독일인들은 원자력을 몹시 기피하며,[10] 그들만 그런 것이 아니다. 2011년 여론 조사에 따르면, 24개국에서 시민들의 대다수[11]가 원자력 이용에 반대하는 것으로 나왔다. 이유를 알기란 어렵지 않다. 방사선에 중독된다는 것은 생각만 해도 끔찍하며, 미국의 스리마일섬, 우크

˙ 독일은 최근 들어서 제조업과 교통 부문이 활기를 띠면서 탄소 배출량이 늘었다.

라이나의 체르노빌, 일본의 후쿠시마에서 일어난 사고들은 원자력 발전소가 안전하게 운영될 리가 없다는 증거를 필요로 하는 이들에게 모든 증거를 제공하는 듯하다.

그러나 환경 정책 분석가이자 자칭 '에코모더니스트ecomodernist'인 마이클 셸런버거Michael Shellenberger는 원자력이 사실은 신뢰할 수 있는 가장 안전한 에너지원이라는 증거가 확실하다고 강조한다. 2007년 〈랜싯〉[12]에는 오염에 따른 사망률을 15년에 걸쳐 조사한 결과가 실렸는데, 원자력보다 석탄, 천연가스, 석유로 인한 사망률이 대체로 수백 배 더 높았고, 원자력은 사고율도 비교적 낮다고 나왔다.• 셸런버거는 이렇게 지적한다. "스리마일섬이나 후쿠시마의 방사선으로 죽은 사람은 아무도 없었고,[13]•• 체르노빌 사고로 죽은 사람은 30년 동안 50명이 안 되었다."•••

원자력은 나쁜 평판을 받을 이유가 없다. 백신, 글리포세트, GMO의 사례처럼, 원자력을 둘러싼 대중의 인식은 실상과 크게 어긋나 있다. 핵분열로부터 에너지를 얻는 일은 폐기물을 안전하게 처리하고, 반응로 설계를 현대화하고 표준화하는 등 나름의 과제를 안고 있지만,

---

•   천연가스 발전소가 원자력 발전소보다 직업병 사망률이 낮다는 것이었다.

••   2018년 9월, 후쿠시마 정화 작업에 참가했던 노동자 1명이 폐암으로 사망했다. 일본 정부는 사고사라고 했다.[14]

•••   2016년 체르노빌 포럼,[15] 유엔, 세계보건기구의 보고서는 체르노빌에서 누출된 방사선으로 암 사망자가 총 4,000명 더 늘었을 것이라고 결론지으면서도, 이렇게 단서를 달았다. "인구 중 약 4분의 1은 체르노빌 방사선이 아닌 자연 발생하는 암으로 사망하였으므로, 방사선으로 야기된 약 3%의 증가는 관찰하기가 어려울 것이다."

운영자들은 이 에너지가 일정하고, 깨끗하고, 안전하고, 규모 확대가 가능하고, 신뢰할 수 있음을 그동안 보여주었다.

현재로서는 원자력이 이 모든 특징들을 지닌 유일한 에너지원이다. 따라서 탄소세와 더불어, 원자력은 지구 온난화에 맞서 싸울 주된 무기가 되어야 한다. 그러나 세계의 많은 정부는 올바른 과학과 증거에 따라 행동하는 대신에, 대중의 정서에 굴복해왔다. 그 점은 이해가 가지만, 불행한 일이기도 하다. 좋은 소식은 몇몇 국가에서 대중의 견해가 바뀌고 있으며, 원자력에 찬성하는 쪽으로 가고 있다는 것이다. 2017년 한국의 시민위원회는 두 원자로의 건설을 재개할 것을 권고[16]했고, 2018년 말 대만 유권자들은 투표를 통해서 2025년까지 원자력을 퇴출시킨다는 계획을 뒤집었다.[17]

정부가 온실가스뿐 아니라 다른 유형의 오염들도 기업이 오염시키지 않는 쪽을 택할 만큼 비용을 높이는 정책을 계속해야 한다는 것도 분명하다. 하지만 실제론 아직 거기까지 이르지 못했다. 9장에서 살펴보았듯이, 해양 플라스틱 쓰레기는 심각한 문제이며, 대부분 아프리카와 아시아의 강에서 흘러나오는 쓰레기들로 생긴다.

대체로 부유한 국가들은 개발도상국보다 오염을 억제하는 일을 훨씬 더 잘하지만, 부유한 국가들에서도 우려할 것이 있다. 예를 들어, 미국의 트럼프 정부는 한 전직 EPA 관료가 오염의 "규제 체제의 조용한 해체the quiet dismantling of the regulatory framework"[18]라고 부른 것을 시행해왔다. 이 해체에는 정유회사의 메탄 누출을 감시할 책임을 줄이고,[19] 석탄 화력발전소의 수은 배출량 제한을 완화[20]하고, 하천과 습지에서 특정한 행위를 금지하는 맑은물법을 재해석[21]하는 등의 규칙을 바꾸는 행위가 포함되어 있다. 이는 사람과 지구보다 이윤을 앞세우는 명명백백한 사례들이다.

정부는 온실가스를 비롯한 오염에 맞서 싸울 뿐 아니라, 취약한 지역과 야생생물을 자본주의 체제 바깥에 놓는 일도 계속해야 한다. 11장에서 살펴보았듯이, 여기에서도 육지와 바다 양쪽으로 전 세계에서 보전 구역이 늘어나는 고무적인 추세가 나타나고 있다. 동물을 사냥할 시기, 장소, 방법, 그리고 잡은 동물에서 나오는 산물의 거래에 제약을 가하는 방법은 매우 효과가 좋았다. 덕분에 우리는 많은 종을 멸종 위기에서 구했다.

우리는 정부가 동물의 복지에 대한 대중의 관심에 적절히 반응한 감동적인 사례들을 계속 보고 있다. 2018년 10월 중국 국무원은 1993년부터 호랑이와 코뿔소의 산물의 수입, 판매, 사용을 막는 '세 가지 엄격한 금지' 조치를 완화하겠다고 발표했다. 그러자 곧바로 많은 부문에서 강력한 항의가 빗발쳤다. 결국 11월에 국무원 부비서장 딩쉐둥丁學東은 이렇게 발표했다. "'세 가지 엄격한 금지' 조치는 계속 유지될 것[22]이다."

일부 동물을 시장에서 빼낼 때, 정부는 여러 착상을 시장에 도입하기 위해서도 노력해야 한다. 앞장에서 살펴보았듯이, 경제는 가용 착상의 총량을 토대로 성장한다. 이윤 추구 기업은 이런 착상과 기술을 많이 생성하지만, 상업화의 가능성이 너무 적거나 먼 훗날에나 가능하다고 여겨지는 영역에서는 새로운 구상에 덜 기여하는 경향이 있다.

따라서 대다수 경제학자는 정부가 연구 초기 단계나 더 사변적인 연구에 지원자 역할을 해야 한다고 본다. 성공하면 인류의 복지에 큰 혜택을 줄 만한 영역에서 특히 그렇다. 배터리, 태양력과 원자력, 다른 많은 에너지 기술은 명백히 이 범주에 들며, 따라서 연구 지원을 더 늘릴 필요가 있다.

성장을 부추기고 부정적 외부 효과에 대처하는 경제적 방법들은 아주 잘 개발되어 있다. 하지만 불행히도 단절과 사회적 자본의 쇠퇴에 대처하는 방법은 그렇지 못하다. 이는 심각한 문제다. 13장에서 살펴보았듯이, 미국을 비롯한 부유한 국가들에서 '단절'이 증가하고 있다. 미국은 정치적 양극화가 증가하고 있고, 선동가와 포퓰리스트가 선거에서 이기고 있고, 사람이 다원주의자와 권위주의자라는 서로 적대하는 집단으로 나뉘고 있으며, 절망의 죽음도 급증하고 있다.

단절 증가에 기여하는 요인 중 하나는 지리적 집중 증가다. 점점 더 적은 농장, 공장, 지역에서 점점 더 많은 산출이 이루어짐에 따라서, 점점 더 많은 노동자와 공동체가 붕괴에 직면하고 있다. 특정한 일자리들이 어딘가로 옮겨지거나 완전히 사라짐에 따라서 많은 사람이 뒤에 남겨진다.

이 추세를 과연 어떻게 뒤집을 수 있을지는 전혀 알 수 없다. 자본주의와 기술 발전이라는 두 기수는 더욱 균등하게 분포한 세계가 아니라, 더욱 집중된 세계로 우리를 데려가고 있다. 이는 몇몇 측면에서는 개선이다. 예를 들어, 우리는 땅에 발자국을 더 적게 남기고 나머지 땅을 자연에 돌려주면서 식량의 총수요를 충족시킬 수 있다. 그러나 그

것은 도전 과제이기도 하다. 공장이 문을 닫고 농장이 농사를 짓지 않는 지역 공동체에 좋은 일자리와 사회적 자본을 어떻게 돌려놓을 수 있을지 도무지 알 수 없다.

이는 우리가 특정한 지역을 겨냥한 개입에 성공한 경험이 그리 많지 않기 때문이기도 하다. 경제학자 벤저민 오스틴Benjamin Austin, 에드 글레이저Ed Glaeser, 래리 서머스Larry Summers는 2018년에 이렇게 썼다. "전통적으로 경제학자들은 (장소 기반) 정책에 회의적[23]이었다. 구제는 가난한 지역보다 가난한 사람을 표적으로 할 때 가장 효과가 좋다는 확신 때문이기도 하고, 어쨌거나 가난한 지역의 소득이 부유한 지역의 소득 쪽으로 수렴되고 있었기 때문이다."

그러나 이 수렴은 최근 들어서 발산 쪽으로 방향을 틀어왔으며, 따라서 이제는 장소 기반의 정책을 더 실험할 때가 된 듯하다. 어려워진 지역에 일자리를 만드는 기업의 세금을 감면하고, 그런 곳에서 일하는 노동자의 임금을 보전하고, 특정한 지역에 전문성과 자본을 기꺼이 들여오려는 이민자에게 '기업가 비자'를 내주는 등의 조치가 거기에 포함될 수 있다. 이런 조치들이 얼마나 잘 먹힐까는 아직 알 수 없다. 글레이저는 대체로 꽤 자신만만한 집단인 경제학자들이 단절과 줄어드는 사회적 자본 문제에 어떻게 대처할지를 놓고서는 확신을 갖지 못한다고 말한다.[24] "임금 보조가 필요하다고 말할 때 우리는 이렇게 말하고 있는 것이다. '우리는 이 점을 이해할 수가 없다. 민간 부문이 알려주기를 기대한다.'"

좋은 기업

나는 단절이 우리가 직면한 가장 걱정스러운 단기적 문제라고 생각한다. 적어도 미국을 비롯한 부유한 나라들에서는 그렇다. 글레이저의 인용문은 그 문제가 정부의 행동만으로는 해결되지 않을 것임을 강조하고 있다. 일자리는 꽤 많은 사회적 자본을 창출하고, 대부분의 일자리는 국가가 아니라 민간 부문에서 나온다. 장소 기반의 정책은 자본주의와 기술 발전이 줄달음칠 때 뒤에 남겨진 지역 공동체에 기업이 터를 잡고, 투자를 하고, 일자리를 창출하도록 촉진할 수 있을 것이다.

기업은 그렇게 하려면 추세를 역행해야 할 것이다. 현재의 집중화 추세—시간이 흐를수록 지리적 발자국을 점점 적게 찍으면서 점점 더 산출량을 늘리는—에 맞서서 움직이고, 업무를 분산시키기 시작해야 할 것이다. 경제 활동의 이 '재분산rediffusion'을 장려할 영리한 정책들도 있을 것이다. 그러면 뒤에 남겨지는 지역들도 엄청난 인적 자본을 지닐 수 있다. 사회사업가 레일라 자나Leila Janah 는 이렇게 말한다. "재능은 균일하게 분포해 있다. 기회는 그렇지 않다."[25]

이 사실은 기업에 좋은 일을 함으로써 잘해나갈 기회가 엄청나게 있음을 알려준다. 단절된 공동체에 존재하는 인적 자본을 구축하고 활용함으로써 잘해나갈 기회다. 시장의 힘과 인재를 원하는 세계의 엄청난 욕구 양쪽을 활용함으로써 현재 부족한 지역들에서 기회를 창출하려는 흥미로운 시도들이 많이 이루어지고 있다.

자나가 2008년에 설립한 사마소스Samasource는 초보 단계의 기술 작업(데이터 입력과 이미지 분류 같은)을 가르친 뒤, 고용주와 이어주는 일을 한다. 유다시티Udacity, 코세라Coursera, 람다Lambda 같은 온라인 교육 기업들은 더 높은 수준의 온라인 교육을 제공하는 것을 목적으로 한다. 나는 이런 노력들을 좋아한다. 인터넷에 연결되기만 하면 어디에서든 사람들에게 직업 교육을 할 수 있기 때문이다. 모든 코더나 데이터과학자가 대도시에 살고자 하는 것도 아니며, 새 기술을 습득하기 위해 대도시로 이사해야 하는 것도 아니다. 나는 유망한 대안들이 지금 출현하고 있는 것을 보면서 고무되어 있다.

또 업계 지도자들이 단절 문제를 진지하게 받아들이고 있고, 세계화와 기술 발전이 질주할 때 뒤에 남겨질 위험이 있는 지역 공동체에 경제적 기회를 되돌려주려고 노력하는 것을 보면서 고무되어 있다. AOL 공동 창업자 스티브 케이스Steve Case는 라이즈오브더레스트Rise of the Rest라는 벤처투자펀드를 설립했다. 캘리포니아 북부, 뉴욕, 보스턴(이 세 지역에 미국의 모든 벤처투자 자금의 약 75퍼센트가 몰려 있다)[26] 이외의 지역에 설립된 기술 기업들에 초기 투자를 하는 펀드다. JP모건체이스앤컴퍼니의 CEO 제이미 다이먼Jamie Dimon은 이렇게 썼다. "지원이 부족한 기업가에게 투자[27]함으로써, 우리는 모두에게 혜택이 돌아가고 모든 공동체가 미국의 미래 일부가 될 수 있도록 하는 포용적 성장을 도모할 수 있다."

나는 경제적 집중의 전반적인 추세가 뒤집힐 수 있을지 확신하지 못하지만, 슈퍼스타가 아닌 지역들을 포기하기에는 아직 이르다고 확신한다. 민간 부문의 지도자들이 지역에 상관없이 인재가 기회를 찾도록 돕는 노력을 더 많이 했으면 하는 바람이다.

현재 직면한 가장 우려되는 장기적인 문제는 지구 온난화다. 기업들이 이 문제를 악화시키는 데 엄청난 기여를 한다는 것은 분명하다. 그렇다면, 기업들은 해결책에도 의미 있는 기여를 하고 있을까?

몇몇 부문에서는 그렇게 하고 있다. 소프트웨어 기업 세일스포스Salesforce는 전 세계에 있는 자사의 데이터 센터에서 배출되는 CO_2를 상쇄시킬 수 있을 만큼 카본 오프셋(탄소 상쇄권)을 구입하고 있다.[28] 이 덕분에 세일스포스의 모든 클라우드 컴퓨팅 고객들은 그 기업과의 상호작용이 탄소 중립적이라고 말할 수 있다. 또 세일스포스는 2022년까지 화석연료 에너지원에서 완전히 벗어난다는 목표를 제시했다.[29] 애플, 페이스북, 마이크로소프트 등 다른 기술 대기업들도 비슷한 계획을 갖고 있다. 2017년 구글은 데이터 센터와 사무실을 포함한 전 세계의 모든 업무를 100퍼센트 재생에너지로 가동하기에 이르렀다.[30] 그럼으로써 세계 최대의 재생에너지 구매 기업이 되었다.

자사의 최대 시장인 곳에 의미 있는 수준의 탄소세가 아예 없는데, 왜 기업들은 이런 일을 하는 것일까? 그런 지도자들 중 몇 명과 이야기를 나누어보았기에, 나는 그들이 진지하게 지구 온난화에 맞서려는 의지를 갖고 있다고 믿는다. 그러나 또 다른 중요한 이유는 대중의 인식이며, 그것이 기업의 활동에 영향을 미친다고 본다. 전 세계 인구의 대다수는 지구 온난화 문제가 현실적으로 닥친 과제임을 인식하고 맞서 싸우고자 한다. 따라서 그 싸움에 합류하고, 기후 변화에 맞서 싸우고 있는 모습으로 비치는 것이 기업의 평판과 브랜드(가치)에 좋다.

운수산업에는 온실가스 배출량을 줄이는 노력의 폭과 깊이를 보여주는 사례가 많다. 현재 교통이 화석연료의 연소에 매우 크게 의지하고 있기 때문에, 교통은 지구 온난화의 주된 기여자다. 그러나 많은 기업은 상황을 개선하고자 노력하고 있다.

유나이티드 항공사는 2050년까지 온실가스 배출량을 절반으로 줄일 계획[31]이다. 대형 해운회사인 A.P.몰러머스크는 더 나아가서 금세기 중반까지 선박들의 탄소 중립성을 달성하겠다고 선포했다. 대단히 야심찬 목표다. 그 회사가 담담하게 표현[32]했듯이, "파나마에서 로테르담까지 컨테이너 수천 개를 싣고 가는 배는 약 8,800킬로미터"를 항해하기 때문이다. "배터리가 금방 닳고 중간에 충전소가 없으므로, 혁신적인 발전이 이루어져야 한다." 몰러머스크는 2030년까지 탄소 중립적인 원양 화물선을 개발하려는 노력에 협력사들이 동참해줄 것을 요청했다. 도요타, 포드, BMW, 제너럴모터스, 폴크스바겐을 비롯한 주요 자동차 회사들도 수십 년 안에 내연기관 생산을 중단한다는 계획을 발표했다. 2050년까지 또는 그 전에 내연기관 자동차를 금지하겠다는 노르웨이, 프랑스, 영국 같은 나라들의 선언에 자극을 받은 것이 거의 확실하다.

이런 선언을 얼마나 진지하게 받아들여야 할까? 사실, 말하기가 어렵다. CEO의 연설과 기자회견은 굳은 약속과 전혀 다르다. 현재의 모습은 마치 대중의 정서라는 거대한 물결이 솟아오르면서 지구 온난화와 맞서 싸우도록 기업을 부추기고, 해결책을 찾는 일부의 기업이 아니라 문제를 일으키는 일부라고 인식되는 기업은 외면받는 분위기다.

사실, 이것은 중요한 발전이다. 효과적인 탄소세 같은 정부의 온실가스 오염 저감 대책이 널리 쓰이지 않고 있는 상황에서, 우리는 대중의 인식과 자본주의를 적절히 제약하라는 대중의 압력에 더 의지해야 한다. 몇몇의 고무적인 징후들이 있다. 예를 들어, 이산화탄소 배출이 없는 에너지원을 써서 알루미늄을 만드는 제련소는 제품에 더 높은 가격을 매길 수 있는 상황이다.[33] 〈로이터 Reuter〉는 이렇게 썼다. "기업은 고객들로부터 탄소 발자국을 줄이라는 압력을 받고 있다."

기업은 세계의 상태와 인간의 조건을 개선하기 위해 또 어떤 행동에 변화를 일으켜야 할까? 어떤 변화가 도움이 될까? 공기, 땅, 물을 오염시키거나, 멸종 위기종을 잡는 기업은 그런 행동을 중단해야 한다. 나는 그런 뻔한 조언을 하기 위해 더 이상 시간을 낭비하고 싶지 않다. 중요하지 않기 때문이 아니라, 어떤 CEO가 이 장을 읽고서 이렇게 말할 것이라고는 상상할 수가 없기 때문이다. "우와, 여러분 나는 이 책을 읽고 깨달았어요. 우리가 그동안 해오던 나쁜 행동을 이제 당장 멈춥시다."

내 말의 요지는, 나쁜 행동을 한다고 기업을 비난하는 것은 비난하는 사람에겐 고결하다는 느낌을 주지만(요즘에는 이런 형태의 비난을 '도덕적인 척하기 virtue signaling'라고 비꼬기도 한다), 그 이상의 효과는 거의 없다. 다른 힘들이 필요하다. 이 책이 강조하고자 하는 것 중 하나는 기수의 두 번째 쌍인 대중의 인식과 반응하는 정부야말로 기업의 나쁜 행동을 멈추는 데 필요한 강력한 조합이라는 사실이다.

따라서 나쁜 행동을 하는 기업을 상대로 불매운동 같은 항의운동을 조직하고, 그들의 악행을 널리 알리고(미국 연방대법원 판사 루이스 브랜다이스Louis Brandeis의 표현을 빌리자면, "햇빛은 최고의 살균제다"), 오염과 맞서 싸우고 멸종 위기종을 보호할 정부의 책임을 진지하게 받아들이는 후보자에게 투표하는 것이 CEO를 비난하는 것보다 더 효과적이고 중요하다.

CEO를 비롯한 업계 사람들에게 탈물질화를 계속 추구하도록 격려할 필요는 없다. 어쨌든 그렇게 할 테니까. 많은 경이로운 기술을 이용할 수 있고, 전 세계의 아주 많은 자본이 수익률을 추구하고 있을 때 더욱 그렇다. 이런 상황에서는 많은 기발한 착상들—핵융합 상용화에서의 합성 거미줄, 전기로 움직이는 자율주행 항공 택시에 이르기까지—은 스스로를 증명할 기회를 얻을 것이다. 그 중 일부는 성공할 것이다. 그렇지 못하는 것들도 우리의 지식을 늘릴 것이다. 나는 그 결과 자본주의와 기술 발전이라는 첫 번째 두 기수가 최근에 해오던 일, 즉 총소비를 점점 탈물질화하는 일을 계속할 것이라고 확신한다.

비영리 단체

자본주의와 기술 발전이 탈물질화를 일으키는 데 충분하고, 정부가 오염 같은 부정적 외부 효과에 대처하는 데 적절한 기관이라면, 자선 사업가를 비롯한 비영리 단체들의 역할은 어디에 있을까? 우리가 지구에 더 가볍게 발자국을 찍도록 하는 데 어떤 역할을 할까? 앞서 말했듯이, 그들은 기수가 더 빨리 달리도록 돕고, 그들을 위한 대안을 제공하는 두 가지 중요한 일을 한다.

카본 오프셋은 정부가 온실가스 오염에 맞서 취해야 하는, 탄소세를 비롯한 조치들의 창의적인 대안이다. 어떤 기업이나 개인이 이런 탄소 상쇄권을 사면, 세계 어딘가에서 감축한 일정한 양(대개 1톤)의 온실가스를 사는 것이다. 이 감축은 여러 방식으로 이루어질 수 있다. 탄소를 흡수하는 나무를 심거나, 장작불보다 에너지 효율이 더 높은 화로를 사람들에게 제공하거나 하면 된다. 카본 오프셋의 지원을 받는 모든 계획이 지닌 공통점은 그 계획이 없었다면 발생했을 대기로 들어가는 탄소를 줄인다는 것이다.

온실가스는 세계적인 오염물질이므로, 카본 오프셋은 지구 전체에 혜택을 준다. 쿨이펙츠Cool Effects 와 카본펀드Carbonfund.org 같은 비영리 기관들은 기금 지원을 받는 탄소 감축 계획이 본래 일어났을 배출량을 실제로 줄인다는 것을 인증한다. 이 특성을 '부가성additionality'이라고 한다(우리집 뒤뜰에 있는 나무도 탄소를 흡수하지만, 쿨이펙츠는 내게 돈을 주지 않을 것이다. 자연이 이미 하고 있는 수준을 넘어서 내가 부가적으로 감축한 것이 아니기 때문이다).

11장에서 살펴보았듯이, 정부는 공원을 지정하여 사냥을 불법화함으로써 동물을 보호해왔다. 자선사업가와 비영리 단체도 땅을 사서 정부나 보전할 기관에 기증함으로써 비슷한 일을 하곤 한다. 미국 와이오밍주의 잭슨홀 국립 기념공원은 1920년대에 존 D. 록펠러 주니어John D. Rockefeller Jr.가 매입하여[34] 연방정부에 기증한 땅으로서, 나중에 그랜드티턴 국립공원에 편입되었다. 2018년 칠레는 환경 보전에 힘쓰는 크리스틴 맥디빗 톰킨스Kristine McDivitt Tompkins와 더글러스 톰킨스Douglas Tompkins 부부가 기증한 40만 헥타르의 땅에다가 약 36만 헥타르의 땅을 추가하여 남부에 파타고니아 국립공원을 지정함으로써, 자국의 공원 면적을 40퍼센트 늘렸다.[35] 전 세계에서 수많은 보전 단체들은 땅을 매입하여 보전 기관 등 법적으로 개발, 사냥, 기타 착취적 이용으로부터 보호하는 일을 하는 기관에 양도해왔다.

한편 땅 대신에 동물에 초점을 맞추는 비영리 단체들도 있다. 9장에서 이야기한 아프리카 전체의 코끼리 개체수 조사는 마이크로소프트의 공동 창업자 폴 앨런Paul Allen이 설립한 재단의 지원을 받아 이루어졌다. 그리고 2018년 중국이 호랑이와 코뿔소에서 나온 산물의 거래를 금지하는 조치를 완화하려 했을 때, 세계야생생물기금WWF, 와일드에이드WildAid 등 많은 보전 단체들은 격렬하게 항의했다.[36] 그 결과 중국은 곧 입장을 바꾸어서 금지 조치를 유지하기로 결정했다.

이 사례는 한 가지 중요한 진리를 보여준다. 보전주의자들의 감시, 연구, 대중의 노력이 없다면, 많은 동물 종은 지금보다 훨씬 더 열악한 상태에 놓였을 것이라는 사실이다.

매우 기이하게도, 사냥꾼이나 낚시꾼이 설립한 비영리 단체들도 많은 종에게 도움을 주었다. 이런 단체들에게는 자신들이 관심을 갖는 동물들이 크고 건강한 집단을 유지하고 있는지의 여부가 큰 관심사다. 그래서 종을 보호하는 데 중요한 역할을 할 수 있다(설령 각 회원이 동물 개체를 사냥한다고 해도 그렇다).

예를 들어, 덕스언리미티드Ducks Unlimited는 1937년에 설립된 이래로 북아메리카의 570만 헥타르의 면적을 보호해왔다.[37] 웨스트버지니아주만 한 면적이다. 1990년 이래로 북아메리카 평원의 물새는 3,700만 마리가 늘었다. 보전과학자 론 로버 Ron Rohrbaugh 는 "물새가 꽤 번성하고 있는 이유 중의 하나는 (덕스언리미티드를 비롯한) 사냥꾼들이 그런 동물들에게 뭐가 필요한지를 이해하고 보전 계획을 성공적으로 이행하는 환상적인 일을 해온 덕타이다"라고 했다. 트라우트언리미티드 Trout Unlimited, 샐먼언리미티드 Salmon Unlimited, 페전트포에버 Pheasants Forever 등 많은 단체도 스포츠와 식량을 위해 자신들이 사냥하는 종들을 보전하는 일에 마찬가지로 노력하고 있다.

첫 지구의 날 이래로 우리가 알아차린 가장 중요하면서 고무적인 사실 중 하나는 경제 성장이 환경의 적이 아니라는 점이다. 미국을 비롯한 부유한 국가들은 이미 지구 착취의 정점 이후 단계에 들어섰다. 그 나라들의 성장이 꾸준하게 유지되고 있어서 그런 것이 아니다. 바로 그 성장 때문에 그런 것이다. 따라서 전 세계에서 경제 성장이 지속되는 것이야말로 환경을 더 잘 돌보기 위한 핵심 요소다.

폴 로머를 비롯한 이들의 연구 덕분에, 이제 우리는 경제 성장을 함양할 방안에 관한 훨씬 더 나은 착상을 지니고 있다. 바로 앞장에서 살펴보았듯이, 이 방안의 중요한 요소 두 가지는 많은 인적 자본(혁신에 필요한 기술을 지닌 사람들)과 비배제적인 기술(특허 같은 지적 재산권으로 보호를 받아서 일반적으로 사용할 수가 없는 기술이 아닌 것들)이다.

우리는 자선사업가와 비영리 단체가 이 양쪽 분야에서 중요한 기여를 한다는 것을 살펴보았다. 칸아카데미 Khan Academy 는 2006년 살칸Sal Khan이 사촌들에게 온라인으로 교육하면서 찍은 동영상을 인터넷에 올리기 시작하면서 출범했다. 그 뒤로 확장되어 모든 연령의 사람들을 교육하는 세계적인 기관이 된 칸아카데미는 다양한 기업과 자선사업가의 지원을 받고 있다.

인적 자본 형성의 새로운 접근법을 이야기할 때 내가 즐겨 드는 또 한 가지 사례는 42다. 42는 프랑스 기업가 그자비에 니엘Xavier Niel이 설립한 기술학교다.* 42의 모든 강좌는 무료이며, 온라인이 아니라 직접 만나서 이루어진다. 이 학교에는 정식 교사도, 따로 정해진 강좌도 없다. 전적으로 동료 학습과 과제 중심 학습에 의지한다. 입학은 학생의 배경이나 자격증이 아니라, 추론 능력을 살펴보는 몇 가지 시험과 짧은 시범 학습의 성적만을 토대로 결정한다. 입학자는 약 3년에 걸쳐서 42의 교과 과정을 이루는 모든 과제를 완수하도록 되어 있다. 이 학교는 파리와 실리콘밸리에 교정이 있으며, 남아프리카, 모로코, 루마니아, 불가리아 등의 나라들에 있는 비슷한 기관들에 자문을 하고 있다.

2장에서 살펴보았듯이, 노먼 볼로그를 비롯한 연구자들이 밀과 벼의 품종을 개량하기 위해 기울인 노력들은 대단히 중요했기에, 정말로 녹색혁명이라고 불릴 만하다. 그 연구는 록펠러재단과 포드재단이 여러 해에 걸쳐서 지원했다. 또 그 재단들은 개량된 품종들을 전 세계의 농민들이 무료로 쓸 수 있도록 지원했다. 이런 혁신들은 언제나 전적

----

* 더글러스 애덤스의 유명한 과학소설 《은하수를 여행하는 히치하이커를 위한 안내서》에는 42라는 숫자가 "생명, 우주, 만물의 궁극적인 질문"에 대한 답이라고 나온다.

으로 비배제성을 띠고 있었다.

이런 관습은 황금벼 같은 신기술에도 이어진다. 황금벼는 아프리카와 아시아에서 아동의 건강을 크게 개선할 가능성을 지니고 있다(사람들과 정부가 GMO에 대한 근거 없는 두려움을 극복할 수만 있다면). 록펠러재단이 지원하는 황금벼 계획 Golden Rice Project은 인도주의적인 차원에서 개발도상국의 육종 기관에 무료 사용권을 제공한다. 이 계획은 '공공-민간 협력'의 성공 사례다. 스위스 생명공학기업 신젠타 Syngenta가 황금벼 연구뿐 아니라 관련 특허를 확보하여 비영리 단체에 기증하는 일을 했기 때문이다.[38]

비영리 활동의 또 한 가지 흥미로운 유형은 전통적인 일자리를 보존함으로써 사회적 자본의 쇠퇴와 단절에 맞서려는 시도다. 마서스빈야드피셔먼즈프리저베이션트러스트 Martha's Vineyard Fishermen's Preservation Trust가 한 예다. 이 트러스트는 '어업권 은행 permit bank'을 구축했다. 매사추세츠주의 마서스빈야드섬에 주변 해역의 여러 해산물 어업권을 모은 것이다.

어업권은 가격이 너무 뛰는 바람에 대다수의 지역 어민들은 살 여력이 없었다. 피셔먼즈프리저베이션트러스트는 자체 기금으로 공개시장에서 어업권을 구입해 섬 주민들에게 시세보다 낮은 이율로 어업권을 대여했다. 주민들 중에는 대대로 어업에 종사한 이들이 많았다. 이 트러스트 같은 기관들은 땅과 동물을 보전하는 것뿐 아니라, 일자리와 그 일자리를 중심으로 한 지역 공동체를 보전하는 것도 가능할 수 있음을 보여주었다.

계몽된 시민

어쩌면 독자들은 내가 자본주의와 기술 발전이 우리가 지구와 더 건강한 관계를 맺게 해줄 가장 중요한 힘이라고 여긴다는 인상을 받을지도 모르겠다. 어쨌거나, 내가 이 책에서 많은 지면을 들여서 그것들이 어떻게 탈물질화라는 굉장하고 놀라운 현상을 일으켜왔는지를 상세히 다루었으니 말이다.

그러나 나는 더욱 중요한 것이 있다고 본다. 나는 우리 인간이 핵심이라고 믿는다. 그 이유는, 한 사회를 이루는 사람들의 선택과 욕망으로부터 너무나 많은 것이 흘러나오기 때문이다. 정부는 잘 반응하기만 한다면, 시민들의 말에 귀를 기울이게 된다. 앞서 살펴보았듯이, 권위적인 중국조차도 시민들의 의지를 따라서 공기 오염을 크게 줄였다. 그리고 물론 기업은 시민들에게 평판과 브랜드 가치를 알리고 유지하고 싶어 한다.

따라서 정부, 기업, 기술이 아니라 대중이야말로 지구의 건강을 빚어내는 가장 중요한 힘이다. 이 점은 우리에게 막중한 의무를 부과한다. 단순히 행동할 의무가 아니라, 사실에 부합되도록 행동할 의무다. 나는 우리가 지구를 위해 할 수 있는 월등히 가장 중요한 일이 올바른 지식을 갖추고, 가장 나은 가용 증거를 자기 행동과 결정의 지침으로 삼는 것이라고 믿는다. 어쩌면 이 말은 굳이 적을 가치조차 없을 정도로 약하면서 뻔한 조언처럼 들린다. 그러나 실제로는 매우 급진적인 조언이다. 현실이 그것과 너무나 거리가 멀기 때문이다.

　대부분의 사람(이 책을 쓰기 위해 조사하기 전의 나도 포함된다)은 인간과 지구의 관계에 관한 자신의 믿음과 습관을 최고의 가용 증거가 아니라, 전혀 다른 토대에 둔다. 우리의 견해는 1970년 첫 지구의 날 당시에는 매우 설득력이 있어 보였던 이론과 예측에 토대를 두고 있지만, 그런 이론과 예측은 그 뒤로 크게 틀렸다는 것이 드러났다. 우리의 견해는 히로시마와 나가사키에서 일어난 폭발을 보면서 지니게 된 핵반응의 엄청난 힘에 대한 두려움에 토대를 두고 있지만, 그 뒤로 세상은 크게 변모해왔다. 또 상식적인 개념에서 보면, 우리가 사는 행성이 유한하므로, 지구의 자원과 풍요를 모조리 써버릴 위험은 실제로 있다. 인류가 계속 불어나면서 번영을 누린다면 더욱 그럴 것이다.

　우리는 주변 사람들이 어떤 것들을 믿기 때문에, 또는 자신과 정치 성향이 같은 이들이 무언가를 믿기 때문에, 아니면 정치 성향이 반대인 이들이 다른 것을 믿는다는 이유로 무언가를 믿고 따른다. 또한 많은 이가 본질적으로 제로섬zero-sum 관점에서 바라보기에 무언가를 믿는다. 즉 누군가가 무언가를 더 잘하면, 다른 누군가가 잘 못하기 때문에 그런 것이 틀림없다고 본다. 그리고 우리 대다수는 무언가를 충분히 많이 들으면, 그 말을 믿게 될 가능성이 더 높아진다. 인간의 정신적 하드웨어에 친숙함을 진리라고 착각하는 결함이 들어 있기 때문이다. 마찬가지로, 끊임없이 흘러나오는 섬뜩한 뉴스 제목, 쇠퇴와 종말을 시사하는 전문가의 예측, 뭔가 잘못되어 가고 있음을 생생하게 보여주는 영상이 우리가 타고난 부정적인 편향을 강화하기 때문에, 우리는 많은 것을 그런 식으로 믿는다.

이런 태도들은 어느 것도 우리에게 별 도움이 안 된다. 우리와 지구의 관계처럼 중요한 무언가에 관해 결정을 내리고 행동을 취하는 문제에서는 더욱 그렇다. 그래서 나는 이 책에서 두 가지를 시도해왔다. 첫째, 나는 인간의 조건과 자연의 상태, 둘 사이의 관계에 관해 많은 증거를 제시했다. 둘째, 나는 이 모든 증거를 하나의 이론에 담았다. 경영 전문가 클레이튼 크리스텐슨Clayton Christensen의 표현을 빌리자면, 무엇이 무엇의 원인이고, 왜 그러한지, 그리고 어떤 상황에서 그러한지에 관한 이야기로 말이다.

내 이야기는 기본적으로 경제 이론이다. 자본주의, 기술 발전, 반응하는 정부, 대중의 인식이라는 낙관주의의 네 기수로 표현한 것이다. 이 이야기는 최근 들어서 자본주의와 기술 발전이 결합하여 인류를 더욱 번영하게 할 뿐 아니라, 미국을 비롯한 부유한 국가들이 자원 소비량의 정점 이후 단계로 들어가서 이윽고 덜 쓰면서 더 많이 얻도록 하고 있다는 내용이다. 이 일은 자원 구입에 비용이 들고, 이익을 추구하는 경쟁자들은 굳이 필요하지 않다면 그 돈을 쓰지 않으려 하며, 기술 발전은 이제 자원을 절약하고 교환하고 증발시키고 최적화할 다양한 방법들을 제공하기 때문에 일어났다. 그 결과 우리는 계속 더욱더 소비하고 있지만, 소비는 지금 탈물질화하고 있다. 우리는 제2차 계몽운동을 향하고 있다.

그러나 이야기는 거기에서 끝나지 않는다. 자본주의와 기술 발전은 오염이라는 부정적 외부 효과에 스스로 대처하지 않을 것이며, 취약한 생태계와 동물을 시장의 힘이 미치지 못하는 곳으로 떼어놓지도 않을 것이다. 이 중요한 목표를 달성하려면, 반응하는 정부와 대중의 인식이 필요하다. 이 인식은 두 가지를 말한다. 대처해야 할 도전 과제(대처할 필요가 없는 가짜 도전 과제가 아니라)가 무엇인지를 인식하고, 대처할 최상의 방법이 무엇인지를 인식하는 것이다.

이 인식은 너무나 중요하므로 편 가르기, 인지적 편향, 낡은 이론, 직관과 미신, 불합리한 두려움, 기득권 집단의 잘못된 정보에 토대를 둔 선전에 내맡겨서는 안 된다. 그보다 더 잘해야 한다. 아주 많은 것이 걸려 있기 때문이다. 우리는 최고의 가용 증거를 따라야 하며, 설령 그 증거가 우리를 출발점에서 아주 먼 곳으로 이끈다고 해도 따라가야 한다.

증거를 파악하고, 인류와 우리 모두가 사는 지구를 위해 옳은 일을 하고자 하는 가정과 개인이 할 수 있는 일이 몇 가지 있다. 가장 중요한 것 중의 하나는 투표를 하고, 남들에게 투표하도록 설득하며, 선출된 공직자를 만나고, 대중에게 알리고, 집회를 열고, 평화 시위를 하는 등 온갖 시민 참여 수단을 써서 정부에 영향을 미치는 것이다. 그렇게 할 때, 나는 일곱 가지 현안에 초점을 맞추기를 권한다.

오염 감소. 오염은 사업할 때 필수적으로 드는 비용이 아니다. 사람들과 환경에 큰 피해를 입히는 부정적 외부 효과다. 그런데 현재 미국을 비롯한 여러 나라에서는 사업비를 줄이기 위해 오염 규제 조치를 완화하려는 시도들이 있다. 하지만 기업의 이윤 증가보다 우리의 건강 증진이 훨썬 더 중요하다.

온실가스 감축. 온실가스는 다른 오염들과 따로 논의해야 마땅하다. 지구에 미칠 수 있는 장기적인 피해 때문이기도 하고, 우리가 외부 효과에 대처할 때 쓰는 규제, 세금, 그 밖의 많은 도구들의 통제를 아직 받지 않고 있기 때문이기도 하다.

원자력 이용 확대. 현재 온실가스를 배출하지 않으면서 규모를 확대할 수 있고, 안전하며, 신뢰할 수 있고, 널리 이용 가능한 동력원은 단 하나뿐이다. 우리는 원자력의 발전 단가를 낮추고, 그것의 채택을 가로막는 장벽을 극복하기 위해 노력해야 한다.

종과 서식지 보전. 많은 나라에서 지리적 발자국을 줄이고 있긴 해도, 자본주의는 여전히 매력적인 땅과 많은 동물을 몹시 갈망하고 있다. 땅을 보전하고, 사냥을 억제하고, 위협 받는 종으로 만든 산물들의 거래를 금지하는 것은 대단히 효과가 좋은 개입 조치다.

GMO의 확대. 다양한 연구를 통해 안전하다는 것이 드러났다. 또 작물의 수확량을 크게 늘리고, 살충제 사용량을 줄이고, 영양가를 높일 가능성도 지닌다. 그러나 여전히 세계의 많은 지역에서 격렬하게 반대하고 있다. 이 상황은 바뀌어야 한다.

기초 연구 지원. 민간 기업은 연구 개발에 많은 돈을 쓰지만, 단기간에 상품화가 이루어지지 않을 분야에는 투자하지 않는 경향이 있다. 이는 정부가 기초 과학과 기술 연구에 더 많은 지원을 하는 중요한 역할을 맡아야 된다는 뜻이다.

시장, 경쟁, 일자리의 확대. 자본주의는 현재 인기가 없으며, 사회주의적 개념이 다시 돌아오는 중이다. 그러나 시장, 경쟁, 혁신은 과거에는 상상도 할 수 없었을 번영을 우리에게 가져다주었다. 앞서 살펴보았듯이, 그 덕분에 우리는 마침내 지구로부터 덜 취하면서 더 많이 얻을 수 있게 되었다. 그러니 현재 그것들로부터 등을 돌릴 이유가 없다. 대신에 우리는 사회로부터 단절될 위험에 처한 이들에게 의미 있는 기회를 찾아주기 위해서 그것들에 초점을 맞추어야 한다.

내가 이 일곱 가지 영역을 강조하는 이유는 두 가지다. 첫째, 그것들이 중요하기 때문이다. 이 각 분야에서 이루어지는 발전은 인간의 조건과 자연의 상태를 크게 개선할 것이며, 쇠퇴는 우리와 우리 행성에 피해를 줄 것이다. 둘째, 이 분야들이 전쟁터이기 때문이다. 각 분야에는 내가 권고하는 것들에 반대하는 영향력 있는 집단들이 상당수 있다. 내 반대편에는 정부, 기업 쪽 로비스트, 옹호 단체 등이 포함되며, 현안에 따라서 달라진다. 그러나 나는 모든 사례에서 그들이 타당한 개념과 명확한 증거의 반대편에 서 있다고 본다. 그래서 나는 이 자리에서 대중의 인식과 지지를 요청하는 것이다.

각 개인과 가정은 정부와 상호작용하여 정부를 좋은 착상에 더 반응하도록 만드는 한편으로, 변화를 도모할 수 있는 방법이 두 가지 더 있다. 지출과 개인적 활동을 통해서다. 이 장의 앞부분에서 살펴보았듯이, 기업은 자신이 지구 온난화에 기여하고 있다는 사실을 점점 더 민감하게 의식한다. 따라서 앞으로 더 많은 기업이 온실가스 배출량을 줄이는 노력에 나서는 모습을 보게 될 것이다. 게다가 가정은 기업들의 노력 중에서 어느 것이 가장 진지하고 효과적인지를 판단할 수 있는 방법을 더 많이 알게 될 것이다. 또한 그런 기업들의 상품과 서비스를 구입함으로써 탄소 저감 노력에 기여할 것이다.

기업이 선한 행동과 사회적으로 책임감 있는 사업 방식을 강조하는 노력이 효과가 있다는 것을 시사하는 강력한 증거들이 있다. 경제학자 라루카 드라구사누Raluca Dragusanu와 네이선 넌Nathan Nunn은 1999~2014년까지 코스타리카의 커피 생산자들에게 공정무역 인증서가 어떤 영향을 미쳤는지[39]를 조사했다. 공정무역 인증서는 생산자가 노동자들을 노동 기준에 맞게 대우한다는 것과 그들로부터 커피를 사는 기업들이 결코 최저 가격 밑으로 떨어지지 않는 시세보다 높은 가격에 구입한다는 것을 보증한다. 연구진은 공정무역 인증을 받은 생산자들이 비록 생산비가 더 들긴 해도, 매출액이 더 높다는 것을 밝혀냈다. 또 공정무역 생산 인증이 "모든 가정, 특히 그 커피 농장에서 일하는 이들이 속한 가정의 더 높은 소득과 상관관계가 있다"는 것도 밝혀냈다.

이 책의 주된 주제 중 하나는 자본주의 체제의 기업은 가격 변화에 민감하므로, 세금이나 탄소 배출권 거래제를 통해서 오염의 비용을 증가시키는 것이 오염을 줄이는 확실한 방법이라는 것이다. 탄소세가 온실가스를 줄이는 탁월한 개념인 이유가 바로 그 때문이다. 기업은 여러 가지 이유로 평판에 민감하다. 사람들은 평판이 좋은 기업의 제품을 더 많이 사고, 평판이 안 좋은 기업의 제품을 꺼리는 경향이 있기 때문이다. 따라서 '탄소 저감' 인증서는 긍정적인 효과를 미칠 것이다. 온실가스 배출량을 줄이는 기업이라고 인증받은 기업은 매출이 올라갈 것이다.

가정이 시장의 힘을 활용할 수 있는 또 하나의 방법은 청정에너지 제품을 구입하는 것이다. 가정이 자가용 원자로를 구입하는 것은 어렵지만(앞으로는 구입할 수 있게 만들어져야 하겠지만), 태양전지판과 배터리를 구입하는 건 쉽다. 설령 이 구입으로 가정 에너지를 완전히 교체한다는 의미보다 실험에 더 가깝다고 할지라도, 그것은 한 가지 중요한 목적엔 부합한다. 청정기술 제품의 수요가 있음을 알린다는 목적이다. 앞서 반복하여 살펴보았듯이, 시장은 공급을 늘리고 연구개발에 더 투자를 함으로써 이 수요 신호에 반응한다.

수요 증가는 경쟁을 더 부추기고, 경쟁은 가격을 떨어뜨린다. 덕분에 배터리와 태양력 제품들의 가격은 빠르게 급격히 떨어졌다. 이런 엄청난 가격 하락 추세를 유지하고 촉진하는 가장 확실한 방법은 청정에너지 제품의 수요를 계속해서 늘리는 것이다. 가정은 이런 제품을 구입하고 사용함으로써, 수요를 강하게 유지할 수 있다.

가정이 지구에 혜택을 주기 위해 할 수 있는 일들이 또 뭐가 있을까? 5장에서 살펴본 영국 경제의 탈물질화를 규명한 연구를 한 크리스 구달과, 9장에서 살펴본 글리포세이트를 옹호하는 마크 라이너스는 기후 변화에 맞서는 데 도움을 줄 탁월한 개인 지침서를 써왔다. 구달의 《저탄소 삶을 사는 법 How to Live a Low-Carbon Life》과 라이너스의 《탄소 계수기 Carbon Counter》는 가정에서 배출한 탄소의 양과 교통 부문을 합치면 인간의 전체 탄소 발자국 중에서 거의 절반을 차지한다고 강조한다. 따라서 난방과 에어컨을 끄고, 단열제품과 LED 전구를 써서 집을 더 에너지 효율적으로 만들고, 운전을 더 적게 하고, 비행기를 덜 타는 것은 모두 효과적인 방법들이다.

채식을 택하는 것도 그렇다. 하지만 동물로 만든 음식을 완전히 포기하는 사람이 쉽게 늘지는 않을 거로 보인다. 2018년 기준, 미국인 중에서 3퍼센트만이 채식주의자[40]였다. 이런 극단적인 조치에는 못 미치지만, 쇠고기와 유제품을 덜 먹는 것도 온실가스를 줄이는 데 도움이 될 것이다. 에코모더니스트 싱크탱크 브레이크스루연구소 Breakthrough Institute 의 라이너스 블롬크비스트 Linus Blomqvist 는 이렇게 말한다. "닭고기와 돼지고기가 들어 있지만 유제품이나 쇠고기가 전혀 없는 식단[41]은 우유와 치즈가 든 채식주의 식단보다 온실가스를 덜 배출하며, 거의 채식 식단에 가깝다." 가정에서 피치 못할(또는 피하지 않기로 선택한) 온실가스 생성 활동들에는 상쇄시킬 탄소 배출권을 구입할 수 있다.

개인이 할 수 있는 또 한 가지 중요한 일은 많은 사회와 지역 공동체에서 겪고 있는 단절 증가 추세를 되돌리기 위해 노력하는 것이다. 이일은 어렵다. 같은 생각을 지닌 사람들끼리 어울리려는 인간의 타고난 부족주의 성향과 욕구 때문이다. 그러나 하기 쉽기도 하다. 사회적 자본을 늘리고 단절을 줄일 수 있는 방법은 여러 가지다. 풀뿌리 정치운동이나 옹호운동에 참여하거나, 장애를 입은 퇴역 군인, 난민, 독거노인 같은 취약 계층을 돕는 자원봉사를 하거나, 종교 행사나 관련 활동에 참여하거나, 자신의 기술을 남에게 가르치는 것 등은 사람들 사이에 유대를 구축하는 좋은 방법들이다.

이런 활동들을 생각이 다른 이들과 하는 것이 중요하다. 중요한 현안들에서 우리와 다른 생각을 갖고 있는 사람들을 만나고, 그들과 논쟁하여 이기려고 시도하지 않는 것이 특히 중요하다. 많은 이가 신념과 도덕적 토대가 다른 사람들과 상호작용할 때, 그들의 생각이 왜 틀렸는지를 보여주려고 성급하게 시도하는 경향이 강하다. 논리에 결함이 있다거나, 내세우는 증거가 가짜 뉴스라고 하거나, 신념에 근거가 없다는 식으로 말이다. 그러나 그런 시도가 먹히는 일은 거의 없다. 대개 그저 상대를 더 완고하게 만들고, 기존 신념을 더욱 굳히게 만들 뿐이다. 많은 논쟁과 토론은 단절을 증가시킨다.

그보다는 공통의 토대를 찾는 것부터 시작하는 편이 더 낫다. 심리학자 조너선 하이트는 자유주의자와 보수주의자의 윤리적 토대를 살펴보면, 양쪽 다 우리가 돌볼 책임이 있다고 굳게 믿고 있음을 알 수 있다고 말한다. 이 책임감은 다른 사람들과 자연계의 생물들에게 다 적용된다. 아픈 아이, 굶주린 동물, 해변에 쌓인 쓰레기 더미를 보고서 울컥하지 않는 사람은 거의 없다. 따라서 생각이 다른 이들과 관계를 맺는 일을 시작하는 좋은 방법은, 인간과 세계의 어느 측면을 돌봐야 할지를 알아낸 뒤에, 거기에서부터 나아가는 것이다. 그렇게 한다면, 우리는 서로 상처를 주지 않으면서 더 많은 유대를 맺을 수 있을 것이다.

결론

우리의 다음 행성

이 태양계의 모든 행성에 로봇 탐사선을 보냈기에 안다.
지구가 월등히 더 나은 최고의 행성이라는 것을.

| 제프 베조스, 트위터, 2018년 |

어느 천재가 시간 여행하는 방법을 발명하여, 자연 애호가들이 20만
년 전의 세계를 둘러볼 수 있다고 가정하자. 호모 사피엔스가 터전인
아프리카에 출현하여 지구 전체로 퍼지기 시작하기 전이다.[•]

이 여행자들은 무엇을 보게 될까?

• 　우리 호모 사피엔스가 18만 년 전에 아프리카를 떠났을 수도 있음을 시사하는 화석들이 일부 있
으므로,¹⁾ 20만 년 전이라면 초기 조상들이 아프리카를 떠나기 전이라고 보아도 무리가 없을 듯하다.

바다에는 지금은 존재하지 않는 동물들이 살고 있을 것이다. 그 중 가장 큰 동물은 아마 스텔라바다소일 것이다. 켈프를 먹는 이 점잖고 수염이 난 초식동물은 몸무게가 10톤이 넘고, 몸길이가 통학버스만 했다. 자연사학자 게오르크 빌헬름 스텔러Georg Wilhelm Steller는 1741년 베링해협의 섬들에서 스텔라바다소들을 보았다. 그를 비롯하여 같은 배의 선원들이 한 마리를 잡으려 했지만 수차례 실패했다. 가죽이 너무 두꺼워서 그들이 가진 도구로는 뚫을 수 없었기 때문이다. 작살로 끈덕지게 달려든 뒤에야 마침내 잡는 데 성공했다. 그렇게 하여 선원들은 바다소의 고기, 지방, 가죽을 얻기 시작했다. 그러나 그 기간은 짧았다. 1768년 무렵, 스텔라바다소는 다 잡혀서 멸종했다.[2]

거대한 동물을 향한 우리의 탐욕은 바다에서 그치지 않았다. 우리는 육지에서도 마찬가지로 그런 동물들을 뒤쫓았다. 인간이 지구 전체로 퍼질 때, 새로 들어간 지역에서 가장 큰 동물들을 가장 먼저 멸종시켰다는 흥미로운 증거[3]가 있다(가장 큰 동물이 잡았을 때 가장 많은 고기가 나오므로, 그럴 만도 하다). 따라서 그 시대로 간 시간 여행자들은 칠레에서는 거대한 땅늘보, 호주에서는 웜뱃, 브라질에서는 아르마딜로처럼 생긴 글립토돈을 보게 될 것이다. 그것들은 모두 적어도 자동차만 했다.

뉴저지에는 마스토돈이, 런던에는 매머드가 돌아다녔다. 이런 털북숭이 후피동물(포유동물 중에서 가죽이 두꺼운 동물)들은 북반구 고위도 지역 전체에 퍼져 있었다. 그 수가 아주 많아서 초원이 숲으로 변하는 것을 막았을 가능성이 높다. 약 1만 년 전 그들이 멸종하자, 그들이 살던 땅의 상당 부분은 숲으로 변했다.[4] 어린 나무가 채 자라기도 전에 짓밟곤 했던 무거운 짐승들이 대폭 줄어들었기 때문이다. (초원은 숲보다 지구 기온을 더 낮추므로,[*] 현재 매머드와 마스토돈이 없다는 사실은 기후 변화에 안 좋은 소식이다.)

큰뿔사슴에겐 폭이 3.7미터에 달하는 뿔이 있었다. 그리고 그들을 사냥하던 다이어늑대도 있었다. 태즈메이니아에는 오늘날의 아프리카에 있는 사자만큼 크고 사나운 유대류인 주머니사자가 있었다. 뉴질랜드에는 키가 3미터를 넘고 몸무게가 230킬로그램이 넘는 날지 못하는 거대한 새인 모아가 살았다.[**]

그들은 모두 사라졌다.

자연을 사랑하는 시간 여행자들이 현대로 돌아왔을 때, 얼마나 슬플지 상상해보라. 그들은 지하 세계로 돌아가야 했던 에우리디케만큼 슬픔을 달랠 길이 없을 것이다.

그들은 인간이 얼마나 지구를 황폐화시켰는지를 보면서 절망할 것이다. 우리가 그 장엄한 종들을 뼈만 남겼으니까. 우리가 일으킨 멸종은 대부분 부주의로 일어난 것이며, 아마 그렇기에 좀 용서할 만한 것이 될지도 모른다. 그렇다고 해서 가슴이 덜 아픈 것은 아니다. 인간은 전 세계로 퍼지고 지구를 목적에 맞게 변형시키면서 동식물의 종수를 크게 줄였다.

---

[*] 숲에 비해서, 초원은 두 가지 방식으로 지구 기온을 더 낮게 유지한다. 더 많은 햇빛을 우주로 반사하며, 땅이 덜 단열되어 있어서 겨울에 더 깊이 더 오래 얼어붙게 된다.

[**] 뉴질랜드에는 커다란 포유동물 포식자가 산 적이 없었기에, 그곳의 새들 중에는 나는 능력을 버린 종류가 많았다. 날아서 달아날 필요가 없었기 때문이며, 그러면서 아주 거대해지는 쪽으로 진화한 새들도 있었다.

산업시대와 그 이전 시대에는 히브리 성서에 실린 신의 명령을 진지하게 받아들이는 이들이 무수히 많았다. 〈창세기〉에는 신이 인류를 창조한 직후에 이렇게 선언했다고 나온다. "하느님께서는 그들을 축복하면서 말씀하셨다.[5] 자식을 낳고 번성하여 땅을 가득 채우고 지배하여라. 그리고 바다의 물고기와 하늘의 새와 땅을 기어 다니는 온갖 생물을 다스려라."

인간은 자식을 많이 낳았다. 그리고 번성했다. 또한 많은 것을 너무나 철저하게 지배했다. 그럼으로써 우리 인간의 지배가 신이 내린 명령이라고 쉽사리 믿게 되었다. 그러나 땅을 가득 채우는 일에는 비참할 만큼 실패했다. 신이 내린 그 중요한 단어 '번성'은 마치 듣지 못한 듯 말이다.

지금 우리에게는 그 실수를 속죄할 기회가 있다. 세계 대부분의 지역에서 인간이 철수하는 데 필요한 도구와 착상과 제도를 지니고 있다. 더 좁은 땅에서 필요한 모든 식량을 얻고, 나머지 땅을 자연에게 돌려줄 수 있다. 하늘과 바다를 빠르게 고갈시키는 일을 멈추고, 그곳들을 오염시키는 일을 늦출 수 있다. 광산을 덜 파고, 숲을 덜 베어내고, 산을 덜 깎을 수 있다. 세계의 넓은 지역에서 보물을 벗겨먹지 않으면서 시간을 보낼 수 있다.

매우 놀랍게도, 이 모든 일은 경제나 사회의 진행 경로를 급진적으로 바꾸지 않고서도 할 수 있다. 그저 낙관주의의 네 기수—자본주의, 기술 발전, 대중의 의식, 반응하는 정부—가 지금 하고 있는 일을 더 많이 하도록 놔두기만 하면 된다. 그 말은 곧 우리 자신과 지구가 번성하도록 놔둔다는 것이다. 탈물질화를 처음으로 규명한 대학자인 제시 오스벨은 "우리는 자연을 무가치하게 만들어야 한다"[6]고 조언한다. 물론 그 말은 자연을 경제적으로 무가치하게 만들어서 자본주의의 탐욕스러운 시선으로부터 안전하게 만들어야 한다는 뜻이다. 그렇게 하면 우리는 자연의 진정한 가치를 즐길 수 있다.

세계에서 네 기수가 가장 멀리까지 달려나간 지역들에서 마침내 우리는 덜 쓰면서 더 많이 얻을 수 있게 되었고, 지구를 착취하고 지구에 피해를 입히는 단계가 정점을 넘어섰다. 물론 그 일은 충분히 빨리 일어난 것도, 아직 충분한 수준으로 일어난 것도 아니다. 그러나 계속 점점 더 많은 지역에서 덜 쓰면서 더 많은 것을 얻고 있다.

이 책에서 살펴본 많은 이의 연구 덕분에, 우리는 그 기쁜 이정표가 어떻게 놓이게 되었으며, 어떻게 하면 그 추진력을 계속 유지할지를 이제 알게 되었다. 어떻게 하면 더 온전한 지구에서 더 번영하면서 건강한 삶을 누릴 수 있는지를 말이다. 우리의 창조주들과 후손들은 이 전환점을 보면서 아주 흡족하게 여길 것이다.

옮기고 나서

이 책에서 저자는 대놓고 말한다. 읽기가 불편할 수 있다고. 독자의 생각과 맞지 않을 수도, 아니 독자의 마음을 불편하게 하고 더 나아가 분노를 자극할 수도 있다고 말한다. 독자가 깊이 품고 있는 개념과 신념을 건드릴 수 있는 내용이 실려 있기 때문이다. 그리고 그런 신념을 바꿔보겠다고 설득하려던 이들이 거의 다 실패했다는 사실도 잘 안다고 말한다.

그럼에도 저자가 똑같이 바보 같은 짓을 시도하는 이유는 근거 없는 신념보다는 입증된 사실을 믿는 것이 옳다고 보기 때문이다. 잘못된 믿음은 사회에 큰 피해를 끼칠 수 있으니까. 저자는 독자를 설득하거나 자극하려는 의도로 이 책을 쓴 것이 아니라고 말한다. 그저 독자가 열린 마음으로 읽으면서, 세상이 어떻게 변해가는지를 객관적 증거를 토대로 판단해보라고 말할 뿐이다.

전작인 《제2의 기계시대》에서도 보여주었듯이, 저자는 현재 인류가 어떤 미래를 향해 나아가고 있는지에 관심이 많다. 이 책에서는 우리 대다수가 미처 알아차리지 못한, 그래서 잘못 믿고 있는 한 가지 추세에 주로 초점을 맞춘다. 바로 덜 쓰면서 더 많이 얻고 있는 추세다. 우리는 디지털화로 종이 같은 물질의 소비량이 줄어들었을 것이라고 막연히 생각하곤 하는데, 저자는 종이만 그런 것이 아님을 보여준다.

사회가 발전하고 경제가 커지고 생활수준도 높아지는 가운데, 우리가 쓰는 모든 물질의 소비량은 증가 속도가 느려지거나 오히려 줄어들었다는 것이다. 인류는 이미 탈물질화의 시대에 들어섰다는 것이다. 책에 실린 다양한 그래프들은 그 믿기 힘든 사실을 명확히 보여준다.

저자는 이런 추세가 어떻게 전개되고 있는지, 그리고 원인은 무엇이며, 앞으로 어떤 방향으로 나아갈지를 하나하나 살펴본다. 그러다 보니 때로 진보주의자의 신경을 건드리는 내용이 나오기도 하고, 보수주의자의 눈살을 찌푸리게 하는 이야기도 나오기도 한다. 지금까지 해온 대로 자본주의를 발전시켜야 한다거나, 환경 파괴를 막을 더욱 강력한 규제를 해야 한다는 이야기 등이 그렇다. 게다가 저자가 확실한 증거라고 제시하는 것을 아예 믿지 못하겠다는 독자도 있을 듯하다.

그러나 이 책에서 저자가 현재의 인류 발전 추세를 보는 새로운 시각을 제시한다는 점은 분명하다. 또 이 추세의 추진력이라고 말하는 네 가지는 언뜻 의아하다는 생각이 들 수도 있지만, 저자의 설명을 듣다 보면 우리가 나아가는 방향이 한눈에 펼쳐지는 느낌을 받게 된다. 그리고 저자의 낙관론에 자연스럽게 물들 수도 있다. 우리가 인류와 환경 양쪽에 도움이 되는 점점 더 효율적인 사회로 나아가고 있다는 희소식과 이 흐름을 어떻게 하면 계속 이어나갈 것인가가 우리의 과제라는 말에 고개를 끄덕이게 된다.

이 한 음

주석

서문

1〉 Jesse Ausubel, "The Return of Nature: How Technology Liberates the Environment," *Breakthrough Journal* 5(Summer 2015), https://thebreakthrough.org/journal/issue-5/the-return-of-nature.

1장

1〉 Thomas Malthus, *An Essay on the Principle of Population,* as it Affects the Future Improvement of Society with Remarks on the Speculations of Mr. Godwin, M. Condorcet, and Other Writers (1798; repr., Electronic Scholarly Publishing Project, http://www.esp.org,1998), 12, http://www.esp.org/books/_althus/population/_althus.pdf.

2〉 Ibid., 10.

3〉 Ibid., 4-5.

4〉 Data from Gregory Clark, "The Condition of the Working Class in England, 1209-2004," *Journal of Political Economy* 113, no. 6 (2005): 1307-40. Data, calculation details, and sources are available at morefromlessbook.com/data.

5〉 Gregory Clark, "The Long March of History: Farm Wages, Population and Economic Growth, England 1209-1869" (Working Paper 05-40, University of California-Davis, Department of Economics, 2005), 28, http://hdl.handle.net/10419/31320.

6〉 Rodney Edvinsson, "Pre-industrial Population and Economic Growth: Was There a Mal-thusian Mechanism in Sweden?" (Working Paper 17, Stockholm Papersin Economic History, Stockholm University, Department of Economic History, 2015), http://www.historia.se/SPEH17.pdf.

7〉 Chris Stringer and Julia Galway-Witham, "When Did Modern Humans Leave Africa?," *Science* 359 (January 2018): 389-90, https://doi:10.1126/science.aas8954.

8〉 Susan Toby Evans, *Ancient Mexico and Central America: Archaeology and Culture History* (New York: Thames & Hudson, 2013), 549.

9〉 Clive Emsley, Tim Hitchcock, and Robert Shoemaker, "A Population History of London," Old Bailey Proceedings Online, www.oldbaileyonline.org, version 7.0, accessed February 28, 2019, https://www.oldbaileyonline.org/static/Population-history-of-london.jsp.

10〉 Max Roser and Esteban Ortiz-Ospina, "World Population Growth," Our World in Data, last updated April 2017, https://ourworldindata.org/world-populationgrowth.

11〉 James C. Riley, "Estimates of Regional and Global Life Expectancy, 1800-2001," *Population and Development Review* 31 (September 2005): 537, http://www.jstor.org/stable/3401478.

12〉 Angus Maddison, *Growth and Interaction in the World Economy: The Roots of Modernity* (Washington, DC: AEI Press, 2005), 5.

2장

1〉 John Enys, "Remarks on the Duty of the Steam Engines Employed in the Mines of Cornwall at Different Periods," *Transactions of the Institution of Civil Engineers* vol. 3 (London: Institution of Civil Engineers, 1842), 457.

2〉 William Rosen, *The Most Powerful Idea in the World: A Story of Steam, Industry, and Invention* (New York: Random House, 2010).

3〉 Roland E. Duncan, "Chilean Coal and British Steamers: The Origin of a South American Industry," Society for Nautical Research, August 1975, https://snr.org.uk/chilean-coal-and-british-steamers-the-origin-of-a-south-american-industry/.

4〉 James Croil, *Steam Navigation: And Its Relation to the Commerce of Canada and the United States* (Toronto:William Briggs, 1898), 57, https://books.google.com/books?id=Xv2ovQEACAAJ&printsec=frontcover#v=onepage&q&f=false.

5〉 Bernard O'Connor, "The Origins and Development of the British Coprolite Industry," *Mining History: The Bulletin of the Peak District Mines Historical Society* 14, no. 5 (2001): 46-57.

6〉 David Ross, ed., "The Corn Laws," *Britain Express*, accessed February 28, 2019, https://www.britainexpress.com/History/victorian/corn-laws.htm.

7〉 Paul A. Samuelson, "The Way of an Economist," in *International Economic Relations: Proceedings of the Third Congress of the International Economic Association*, ed. Paul Samuelson (London: Macmillan, 1969), 1-11.

8〉 Stephen Broadberry, Rainer Fremdling, and Peter Solar, "Chapter 7: Industry, 1700-870" (unpublished manuscript, n.d.), 34-35, table 7.6, fig. 7.2.

9〉 Gregory Clark, "The British Industrial Revolution, 1760-1860" (unpublished manuscript, Course Readings ECN 110B, Spring 2005), 1.

10〉 Ibid., 36.

11〉 Ibid., 38-39, fig. 10.

12〉 Data on wages from 1200 to 2000 and population from 1200-1860 from Clark, "Condition of the Working Class," 1307-0. Data for population in later years from GB Historical GIS, University of Portsmouth, England Dep., Population Statistics,

Total Population, A Vision of Britain through Time, and the UK Office for National Statistics. Data, calculation details, and sources are available at morefromlessbook. com/data.

13〉 Karl Marx, *Capital: A Critique of Political Economy*, vol. 1, pt. 1, The Process of Capitalist Production, ed. Friedrich Engels, trans. Ernest Untermann (1867; repr., New York: Cosimo, 2007), 708-9.

14〉 George Meyer, Sam Simon, John Swartzwelder, and Jon Vitti, "The Crepes of Wrath," *The Simpsons*, season 1, episode 11, April 15, 1990.

15〉 Jeffrey G. Williamson, "Was the Industrial Revolution Worth It? Disamenities and Death in 19th Century British Towns," *Explorations in Economic History* 19, no. 3 (July 1982): 221-45, https://doi:10.1016/0014-4983(82)90039-0.

16〉 "Cholera," World Health Organization Fact Sheets, updated January 17, 2019, https:// www.who.int/en/news-room/fact-sheets/detail/cholera.

17〉 Jacqueline Banerjee, "Cholera," Victorian Web: Literature, History, & Culture in the Age of Victoria, last modified January 19, 2017, http://www.victorianweb.org/ science/health/cholera/cholera.html.

18〉 Simon Rogers, "John Snow's Data Journalism: The Cholera Map That Changed the World," *Guardian Datablog*, March 15, 2013, https://www.theguardian.com/news/ datablog/2013/mar/15/john-snow-cholera-map.

19〉 C.W., "Did Living Standards Improve during the Industrial Revolution?," *Economist*, Economics: Free Exchange, September 13, 2013, https://www.economist.com/free- exchange/2013/09/13/did-living-standards-improve-during-the-industrial-revolution.

20〉 Williamson, "Was the Industrial Revolution Worth It?," passim.

21〉 Williamson, "Was the Industrial Revolution Worth It?," 227, table 1.26.

22〉 "Child and Infant Mortality in England and Wales: 2016," Office for National Statistics, accessed March 1, 2019, https://www.ons.gov.uk /peoplepopulationandcommunity/ birthsdeathsandmarriages/deaths /bulletins/childhoodinfantandperinatalmortality inenglandandwales/2016.

23〉 Gregori Galofre-Vila, Andrew Hinde, and Aravinda Guntupalli, "Heights across the Last 2,000 Years in England," Discussion Papers in Economic and Social History, no. 151 (Oxford: University of Oxford, January 2017).

24〉 Felipe Fernandez-Armesto, *Near a Thousand Tables: A History of Food* (New York: Free Press, 2002), Kindle, location 3886.

25〉 Charles Elme Francatelli, *A Plain Cookery Book for the Working Classes* (1852; repr., Stroud, Gloustershire: History Press, 2010), "No. 15. Cocky Leeky," https://books. google.com/books?id=5ikTDQAAQBAJ&printsec=frontcover&source=&cad=0#v=o nepage&q&f=false.

26> B. S. Rowntree, *Poverty and Progress: A Second Social Survey of York* (London: Longmans, Green, 1941), 172-97.

27> June Young Choi, "The Introduction of Tropical Flavours into British Cuisine, 1850-1950" (unpublished paper for AP European History class, Korean Minjok Leadership Academy, Fall 2009).

28> Ian Morris, *The Measure of Civilization: How Social Development Decides the Fate of Nations* (Princeton, NJ: Princeton University Press, 2013).

29> Ibid. Data, calculation details, and sources are available at morefromlessbook.com/data.

30> Ian Morris, Why the West Rules—for Now: The Patterns of History, and What They Reveal About the Future (New York: Farrar, Straus & Giroux, 2010), Kindle, location 8098.

31> Ibid. Data, calculation details, and sources are available at morefromlessbook.com/data.

32> Dylan Tweney, "Feb. 25, 1837: Davenport Electric Motor Gets Plugged In," *WIRED*, February 25, 2010, https://www.wired.com/2010/02/0225davenport-electric-motor-patent/.

33> Warren D. Devine, "From Shafts to Wires: Historical Perspective on Electrification," *Journal of Economic History* 43, no. 2 (June 1983): 356.

34> Andrew C. Isenberg, *The Destruction of the Bison: An Environmental History*, 1750-1920, Studies in Environment and History (Cambridge, UK: Cambridge University Press, 2000), Kindle, location 3660.

35> Devine, "From Shafts to Wires," 359.

36> David M. Cutler and Grant Miller, "The Role of Public Health Improvements in Health Advances: The Twentieth Century United States," Demography 42, no. 1 (February 2005): 1-22.

37> Harvey Green, *Fit for America: Health, Fitness, Sport, and American Society* (New York: Pantheon Books, 1986), 108.

38> Robert A. Caro, *The Path to Power: The Years of Lyndon Johnson* (New York: Knopf, 1982), 505.

39> Edmund Lindop, *America in the 1930s, Decades of Twentieth-Century America Series* (Minneapolis: Twenty-First Century Books, 2010), 57.

40> Charles C. Mann, *The Wizard and the Prophet: Two Remarkable Scientists and Their Dueling Visions to Shape Tomorrow's World* (New York: Knopf, 2018), Kindle, location 167.

41> Ibid., 170.

42> Anne Bernhard, "The Nitrogen Cycle: Processes, Players, and Human Impact,"

Nature Education Knowledge Project, accessed March 15, 2019, https://www.nature. com/scitable/knowledge/library/the-nitrogen-cycle-processesplayers-and-hu man -15644632.

43〉 Mann, Wizard and the Prophet, 168-72 passim.

44〉 Ibid., 171-72.

45〉 Ibid, 170.

46〉 Ibid., 171.

47〉 Roser and Ortiz-Ospina, "World Population Growth."

48〉 Max Roser, "Life Expectancy," *Our World in Data*, accessed March 15, 2019, https:// ourworldindata.org/life-expectancy.

49〉 Max Roser, "Average Real GDP Per Capita across Countries and Regions," *Our World in Data*, accessed March 15, 2019, https://ourworldindata.org/grapher/average-real-gdp-per-capita-across-countries-and-regions.

50〉 Michael Marshall, "Humanity Weighs in at 287 Million Tonnes," *New Scientist*, June 18, 2012, https://www.newscientist.com/article/dn21945-humanity-weighs-in-at-287-million -tonnes/.

3장

1〉 Steven Pinker, *Enlightenment Now: The Case for Reason, Science, Humanism, and Progress* (New York: Penguin, 2018), Kindle, location 408.

2〉 Ibid., preview location 4117.

3〉 Abraham Lincoln, letter to Albert G. Hodges, April 14, 1864, Abraham Lincoln Online: Speeches & Writings, accessed March 18, 2019, http://www.abrahamlincolnonline. org/lincoln/speeches/hodges.htm.

4〉 "Civil War Casualties," American Battlefield Trust, accessed March 18, 2019, https:// www.battlefields.org/learn/articles/civil-war-casualties.

5〉 Lawrence W. Reed, "Child Labor and the British Industrial Revolution," Foundation for Economic Education, last updated October 23, 2009, https://fee.org/articles/child -labor-and-the-british-industrial-revolution/.

6〉 Douglas A. Galbi, "Child Labor and the Division of Labor in the Early English Cotton Mills," *Journal of Population Economics* 10 (1997): 357-75.

7〉 Emma Griffin, "Child Labour," Discovering Literature: Romantics & Victorians, last updated May 15, 2014, https://www.bl.uk/romantics-and-victorians/articles/child-labour#.

8〉 Bartolome de las Casas, *A Short Account of the Destruction of the Indies*, trans. Nigel Griffen (1542, published 1552; repr., Harmondsworth, UK: Penguin, 1992), 52-53, http://www.columbia.edu/~daviss/work/files/presentations/casshort/.

9> "Colonialism," Wikiquote, last revised September 5, 2018, https://en.wikiquote.org/wiki/Colonialism.

10> "Non-Self-Governing Territories," United Nations and Decolonization, accessed March 19, 2019, http://www.un.org/en/decolonization/nonselfgovterritories.shtml.

11> William Blake, "Jerusalem," Poetry Foundation, accessed March 20, 2019, https://www.poetryfoundation.org/poems/54684/jerusalem-and-did-those-feet-in-ancient-time.

12> Department for Environment, Food & Rural Affairs, "Chapter 7: What Are the Main Trends in Particulate Matter in the UK?," GOV.UK, https://uk-air.defra.gov.uk/assets/documents/reports/aqeg/ch7.pdf.

13> Brian Beach and W. Walker Hanlon, "Coal Smoke and Mortality in an Early Industrial Economy," *Economic Journal* 128 (November 2018): 2652-75.

14> Tim Hatton, "Air Pollution in Victorian-Era Britain—Its Effects on Health Now Revealed," *The Conversation*, November 14, 2017.

15> town of Donora, Pennsylvania: Sean D. Hamill, "Unveiling a Museum, a Pennsylvania Town Remembers the Smog That Killed 20," *New York Times*, November 1, 2008, https://www.nytimes.com/2008/11/02/us/02smog.html.

16> Ibid.

17> Tom Skilling, "Ask Tom: Is 'Smog' a Combination of 'Smoke' and 'Fog'?," *Chicago Tribune*, August 30, 2017, https://www.chicagotribune.com/news/weather/ct-wea-asktom-0831-20170830-column.html.

18> "Yuval Noah Harari," *Wikiquote*, last revised December 21, 2018, https://en.wikiquote.org/wiki/Yuval_Noah_Harari.

19> Carl Zimmer, "Century After Extinction, Passenger Pigeons Remain Iconic—and Scientists Hope to Bring Them Back," *National Geographic*, August 30, 2014, https://news.nationalgeographic.com/news/2014/08/140831-passenger-pigeon-martha-deextinction-dna-animals-species/.

20> Jaymi Heimbuch, "How Many Hairs Does a Sea Otter Have in Just One Square Inch of Coat?," MNN, August 9, 2018, https://www.mnn.com/earth-matters/animals/blogs/how-many-hairs-does-a-sea-otter-have-in-just-one-square-inch-of-coat.

21> Roland M. Nowak, *Walker's Mammals of the World*, vol. 2, 5th ed. (Baltimore and London: Johns Hopkins University Press, 1991), 1141-43.

22> Jim Sterba, *Nature Wars: The Incredible Story of How Wildlife Comebacks Turned Backyards into Battlegrounds* (New York: Broadway Books, 2013), Kindle, location 73.

23> Isenberg, *Destruction of the Bison*, Kindle, location 2735.

24> Ibid., Kindle, location 3763.

25> "Whales and Hunting," New Bedford Whaling Museum, accessed March 25, 2019, https://www.whalingmuseum.org/learn/research-topics/over view-of-north-american-whaling/whales-hunting.

26> Ibid.

27> J. R. McNeill, *Something New Under the Sun: An Environmental History of the Twentieth-Century World, Global Century Series* (NewYork: W. W. Norton, 2000), Kindle, location 3748.

28> Ibid., Kindle, location 3793.

29> William Stanley Jevons, *The Coal Question: An Enquiry Concerning the Progress of the Nation, and the Probable Exhaustion of Our Coal-Mines* (Macmillan, 1865), 171.

30> Ibid., 177.

31> Alfred Marshall, Principles of Economics, vol. 1 (Macmillan, 1890), 150.

4장

1> "The History of Earth Day," Earth Day Network, accessed March 25, 2019, https://www.earthday.org/about/the-history-of-earth-day/.

2> John Noble Wilford, "On Hand for Space History, as Superpowers Spar," *New York Times*, July 13, 2009, https://www.nytimes.com/2009/07/14/science/space/14mission.html?auth=login-smartlock.

3> Archibald MacLeish, "A Reflection: Riders on Earth Together, Brothers in Eternal Cold," *New York Times*, December 25, 1968, https://www.nytimes.com/1968/12/25/archives/a-reflection-riders-on-earth-together-brothers-in-eternal-cold.html.

4> Michael Rotman, "Cuyahoga River Fire," *Cleveland Historical*, accessed March 25, 2019, https://clevelandhistorical.org/items/show/63.

5> Gerhard Gschwandtner, Karin Gschwandtner, Kevin Eldridge, Charles Mann, and David Mobley, "Historic Emissions of Sulfur and Nitrogen Oxides in the United States from 1900 to 1980," *Journal of the Air Pollution Control Association* 36, no. 2 (1986): 139-49, https://doi.org:10.1080/00022470.1986.10466052.

6> Patrick Allitt, A Climate of Crisis, Penguin History American Life (New York: Penguin, 2014), Kindle, location 43.

7> Ibid.

8> Paul R. Ehrlich, *The Population Bomb* (New York: Ballantine Books, 1968), 11.

9> William Paddock and Paul Paddock, *Famine* 1975! America's Decision: Who Will Survive? (Boston: Little, Brown, 1967).

10> "Implications of Worldwide Population Growth for U.S. Security and Overseas Interests" ("The Kissinger Report"), National Security Study Memorandum NSSM 200, December 10, 1974, https://pdf.usaid.gov/pdf_docs/Pcaab500.pdf.

11 > US GDP from Louis Johnston and Samuel H. Williamson, "What Was the U.S. GDP Then?," MeasuringWorth, 2019, https://www.measuringworth.com/datasets/usgdp/. Resource consumption from the US Geological Survey. Data, calculation details, and sources are available at morefromlessbook.com/data.

12 > Donella Meadows, Dennis Meadows, Jørgen Randers, and William Behrens III, *The Limits to Growth* (New York: Universe Books, 1972), 56-58.

13 > Ronald Bailey, "Earth Day, Then and Now," *Reason*, May 1, 2000, http://reason.com/archives/2000/05/01/earth-day-then-and-now.

14 > "Atoms for Peace Speech," IAEA, July 16, 2014, https://www.iaea.org/about/history/atoms-for-peace-speech.

15 > "Amory Lovins: Energy Analyst and Environmentalist," *Mother Earth News*, November/December 1977, https://www.motherearthnews.com/renewable-energy/amory-lovins-energy-analyst-zmaz77ndzgoe.

16 > FAS Public Interest Report, May-June 1975, https://fas.org/faspir/archive/1970-1981/May-June1975.pdf.

17 > Earl Cook, "The Flow of Energy in an Industrial Society," *Scientific American* 225, no. 3 (September 1971): 134-47.

18 > US GDP from Johnston and Williamson, "What Was the U.S. GDP Then?" Resource consumption from the US Energy Information Administration. Data, calculation details, and sources are available at morefromlessbook.com /data.

19 > Walter E. Williams, "Environmentalists Are Dead Wrong," Creators, April 26, 2017, https://www.creators.com/read/walter-williams/04/17/environmen talists-are-dead-wrong.

20 > Bailey, "Earth Day."

21 > Matt Ridley, "Apocalypse Not: Here's Why You Shouldn't Worry About End Times," *WIRED*, August 17, 2012, https://www.wired.com/2012/08/ff-apoc alypsenot/.

22 > Bailey, "Earth Day."

23 > Ibid.

24 > Paul R. Ehrlich and John P. Holdren, "Impact of Population Growth," *Science* 171 (1971): 1212-17, https://www.agro.uba.ar/users/fernande/EhrlichHoldren1971 impactPopulation.pdf.

25 > N. Koblitz, "Mathematics as Propaganda," in *Mathematics Tomorrow*, ed. Lynn Steen (New York: Springer-Verlag, 1981), 111-20.

26 > "A History of Degrowth," *Degrowth*, accessed March 25, 2019, https://www.degrowth.info/en/a-history-of-degrowth/.

27 > Andre Gorz, *Ecology as Politics*, trans. Patsy Vigderman and Jonathan Cloud (Boston: South End Press, 1980), 13.

28〉 Barry Commoner, *The Closing Circle* (New York: Bantam Books, 1974), 294-95.

29〉 Kenneth E. Boulding, "The Economics of the Coming Spaceship Earth," in *Environmental Quality* in a Growing Economy, ed. H. Jarrett (Baltimore: Resources for the Future/Johns Hopkins University Press, 1966), 3-14.

30〉 Gregory Scruggs, "A Brief Timeline of Modern Municipal Recycling," *Next City*, February 12, 2015, https:// nextcity. org/daily/entry/history-city-recycling-pickup-modern.

31〉 Ehrlich, *Population Bomb*, 127.

32〉 Meadows, Meadows, Randers, and Behrens, *Limits to Growth*, 167-68.

33〉 Holly Hartman, "Milestones in Environmental Protection," *Infoplease*, accessed March 25, 2019, https://www. infoplease. com/spot/milestones-environmental-protection.

34〉 "EPA History: The Clean Air Act of 1970," US EPA web archive, October 4, 2016, https://archive. epa. gov/epa/aboutepa/epa-history-clean-air-act-1970. html.

35〉 "Stewart Brand and His Five Pounds of Ideas for the '80s," *Christian Science Monitor*, January 15, 1981, https://www. csmonitor. com/1981/0115/011556 . html.

36〉 Tove Danovich, "The Foxfire Book Series That Preserved Appalachian Foodways," NPR, March 17, 2017, https://www. npr. org/sections/thesalt/2017/03/17/520038859/the-foxfire-book-series-that-preserved-appalachian-foodways.

37〉 Julian Simon, *The Ultimate Resource* (Princeton, NJ: Princeton University Press, 1981), 3.

38〉 R. Buckminster Fuller, *Utopia or Oblivion* (Zurich: Lars Muller, 1969), 293.

39〉 Ibid., 297.

40〉 Ed Regis, "The Doomslayer," *WIRED*, December 15, 2017, https://www. wired. com/1997/02/the-doomslayer-2/.

41〉 Paul Kedrosky, "Taking Another Look at Simon vs. Ehrlich on Commodity Prices," *Seeking Alpha*, February 19, 2010, https:// seekingalpha. com/article/189539-taking-another-look-at-simon-vs-ehrlich-on-commodity-prices?page=2.

42〉 Christopher L. Magee and Tessaleno C. Devezas, "A Simple Extension of Dematerialization Theory: Incorporation of Technical Progress and the Rebound Effect," *Technological Forecasting and Social Change* 117 (April 2017): 196-205, https://doi. org/10. 1016/j. techfore. 2016. 12. 001.

5장

1〉 "When the Facts Change, I Change My Mind. What Do You Do, Sir?," *Quote Investigator*, July 7, 2011, https://quoteinvestigator. com/2011/07/22/keynes-change-mind/.

2〉 Personal communication, May 10, 2018.

3> Robert Herman, Siamak A. Ardekani, and Jesse H. Ausubel, "Dematerialization," *Technological Forecasting and Social Change* 37, no. 4 (1990): 333-48.

4> Ausubel, "Return of Nature."

5> Duncan Clark, "Why Is Our Consumption Falling?," *Guardian*, October 31, 2011, https://www.theguardian.com/environment/2011/oct/31/consumption-of-goods-falling.

6> Chris Goodall, " 'Peak Stuff': Did the UK Reach a Maximum Use of Material Resources in the Early Part of the Last Decade?," research paper, October 13, 2011, http://static.squarespace.com/static/545e40d0e4b054a6f8622bc9/t/54720c6ae4b06f326a8502f9/14 16760426697/Peak_Stuff_17.10.11.pdf.

7> Data from the US Geological Survey. Data, calculation details, and sources are available at morefromlessbook.com/data.

8> US GDP from Johnston and Williamson, "What Was the U.S. GDP Then?" Metal consumption from the US Geological Survey. Data, calculation details, and sources are available at morefromlessbook.com/data.

9> Crop tonnage from https://www.usda.gov/topics/farming/crop-produc tion. Fertilizer from https://www.usgs.gov/centers/nmic/historical-statisticsmineral-and-material-commodities-united-states. Water from https://waterdata.usgs.gov/nwis/water_use?format=html_table&rdb_compression=file&wu_year=ALL&wu_category=ALL. Cropland from https://www.ers.usda.gov/data-products/major-land-uses/major-land-uses. Data,calculation details, and sources are available at morefromlessbook.com/data.

10> US GDP from Johnston and Williamson, "What Was the U.S. GDPThen?" Wood consumption from https://www.fpl.fs.fed.us/documnts/fplrp/fpl_rp679.pdf, table 5a. Paper consumption from https://pubs.er.usgs.gov/publication/fs20173062. Building products consumption from the US Geological Survey. Data, calculation details, and sources are available at morefromlessbook.com/data.

11> Data from Noah Smith, "China Is the Climate-Change Battleground," *Bloomberg Opinion*, October 14, 2018, https://www.bloomberg.com/opinion/articles/2018-10-14/china-is-the -climate-change-battleground.

12> US GDP from Johnston and Williamson, "What Was the U.S. GDP Then?" Resource consumption from the US Energy Information Administration. Data, calculation details, and sources are available at morefromlessbook.com/data.

13> "Environmental Impacts of Natural Gas," Union of Concerned Scientists, accessed March 25, 2019, https://www.ucsusa.org/clean-energy/coal-and-other-fossil-fuels/environmental-impacts-of-natural-gas#.Wvc1_9MvzUI.

1〉 "Real Gross Domestic Product," FRED, February 28, 2019, https://fred.stlouisfed.org/series/A191RL1A225NBEA.

2〉 "Population," FRED, February 28, 2019, https://fred.stlouisfed.org/series/B230RC0A052NBEA.

3〉 "Shares of Gross Domestic Product: Personal Consumption Expenditures: Services," FRED, February 28, 2019, https://fred.stlouisfed.org/series/DSERRE1Q156NBEA.

4〉 Joseph J. Shapiro and Reed Walker, "Why Is Pollution from U.S. Manufacturing Declining? The Roles of Trade, Regulation, Productivity, and Preferences" (January 1, 2015), US Census Bureau Center for Economic Studies Paper no. CES-WP-15-03, https://ssrn.com/abstract=2573747 or https://dx.doi.org/10.2139/ssrn.2573747.

5〉 US GDP from Johnston and Williamson, "What Was the U.S. GDP Then?" Industrial production from https://fred.stlouisfed.org/series/INDPRO. Metals consumption from the US Geological Survey. Data, calculation details, and sources are available at morefromlessbook.com/data.

6〉 Alexis de Tocqueville, *Democracy in America: A New Translation by Arthur Goldhammer* (New York: Library of America, 2004), 617.

7〉 John F. Papp, *2015 Minerals Yearbook: Recycling—Metals* (advance release), US Department of the Interior, US Geological Survey, May 2017, https://minerals.usgs.gov/minerals/pubs/commodity/recycle/myb1-2015-recyc.pdf.

8〉 "Paper and Paperboard: Material-Specific Data," US EPA, July 17, 2018, https://www.epa.gov/facts-and-figures-about-materials-waste-and-recycling/paper-and-paperboard-material-specific-data.

9〉 Jeffrey Jacob, *New Pioneers: The Back-to-the-Land Movement and the Search for a Sustainable Future* (University Park, PA: Penn State University Press, 2010), 22.

10〉 "Population and Housing Unit Costs," US Census Bureau, Table 4: Population: 1790 to 1900, https://www.census.gov/population/censusdata/table-4.pdf.

11〉 Nigel Key, "Farm Size and Productivity Growth in the United States Corn Belt" (presentation at Farm Size and Productivity Conference, Washington, DC, February 2-3, 2017), https://www.farmfoundation.org/wp-content/uploads/attachments/1942-Session%201_Key_US.pdf.

12〉 Ibid.

13〉 Edward L. Glaeser, Matthew Kahn, Manhattan Institute, and UCLA, "Green Cities, Brown Suburbs," *City Journal*, January 27, 2016, https://www.city-journal.org/html/green-cities-brown-suburbs-13143.html.

14〉 Maciek Nabrdalik and Marc Santora, "Smothered by Smog, Polish Cities Rank Among Europe's Dirtiest," *New York Times*, April 22, 2018, https://www.nytimes.

com/2018/04/22/world/europe/poland -pollution.html.

15> John U. Nef, "An Early Energy Crisis and Its Consequences," *Scientific American*, November 1977, 140-50.

16> Andrew Balmford et al., "The Environmental Costs and Benefits of High-Yield Farming," *Nature Sustainability* 1 (September 2018): 477-85, https://www-nature-com.libproxy.mit.edu/articles/s41893-018-0138-5.pdf.

17> Matt Ridley, "The Western Environmental Movement's Role in China's One-Child Policy," *Rational Optimist* (blog), November 7, 2015, http://www.rationaloptimist.com/blog/one-child-policy/.

18> Barbara Demick, "Judging China's One-Child Policy," *New Yorker*, June 19, 2017, https://www.newyorker.com/news/news-desk/chinas-new-two-child-policy.

19> Amartya Sen, "Population: Delusion and Reality," *New York Review of Books*, September 22, 1994.

20> Wang Feng, Yong Cai, and Baochang Gu, "Population, Policy, and Politics: How Will History Judge China's One-Child Policy?," in *Population and Public Policy: Essays in Honor of Paul Demeny*, suppl., Population and Development Review 38 (2012): 11-29.

21> https://twitter.com/paulrehrlich/status/659814941633986560.

22> "History of Reducing Air Pollution from Transportation in the United States," US EPA, April 19, 2018, https://www.epa.gov/transporta tion-air-pollution-and-climate-change/accomplishments-and-success -air-pollution-transportation.

23> Scott D. Grosse, Thomas D. Matte, Joel Schwartz, and Richard J. Jackson, "Economic Gains Resulting from the Reduction in Children's Exposure to Lead in the United States," *Environmental Health Perspectives*, June 2002, https://www.ncbi.nlm.nih.gov/pmc/articles/PMC1240871/.

24> Barry Yeoman, "Why the Passenger Pigeon Went Extinct," *Audubon*, May-June 2014, http://www.audubon.org/magazine/may-june-2014/why-passenger-pigeon-went-extinct.

25> William Souder, "How Two Women Ended the Deadly Feather Trade," *Smithsonian*, March 2013, https://www.smithsonianmag.com/science-nature/how-two-women-ended-the-deadly-feather-trade-23187277/.

26> "Basic Facts about Bison," *Defenders of Wildlife*, January 10, 2019, https://defenders.org/bison/basic-facts.

27> "Basic Facts about Sea Otters," *Defenders of Wildlife*, January 10, 2019, https://defenders.org/sea-otter/basic-facts.

1〉 "Major Land Uses," USDA ERS—ajor Land Uses, accessed March 25, 2019, https://www.ers.usda.gov/data-products/major-land-uses/.

2〉 "Ranking of States by Total Acres," *Beef2Live*, accessed March 25, 2019, https://beef2live.com/story-ranking-states-total-acres-0-108930.

3〉 https://twitter.com/HumanProgress/status/1068596289485586432.

4〉 Vaclav Smil, *Making the Modern World: Materials and Dematerialization* (Hoboken, NJ: John Wiley & Sons, 2014), 123.

5〉 Steve Cichon, "Everything from This 1991 Radio Shack Ad I Now Do with My Phone," *Huffington Post*, December 7, 2017, https://www.huffingtonpost.com/steve-cichon/radio-shack-ad_b_4612973.html.

6〉 "Forbes in 2007: Can Anyone Catch Nokia?," Nokiamob.net, November 12, 2017, http://nokiamob.net/2017/11/12/forbes-in-2007-can-anyone-catch-nokia/.

7〉 Walt Mossberg et al., "Elop in July: It's 'Hard to Understand the Rationale' for Selling Nokia's Devices Business," *All Things D*, accessed March 25, 2019, http://allthingsd.com/20130903/elop-in-july-its-hard-to-understand-the-rationale-for-selling-nokias-devices-business.

8〉 Arjun Kharpal, "Nokia Phones Are Back as Microsoft Sells Mobile Assets to Foxconn," CNBC, May 18, 2016, https://www.cnbc.com/2016/05/18/nokia phones-are-back-after-microsoft-sells-mobile-assets-for-350-million-to-foxconn-hmd.html.

9〉 "RadioShack Files for Bankruptcy, Again, Placing Future in Doubt," *CNN Money*, March 3, 2017, http://money.cnn.com/2017/03/09/news/companies/radioshack-bankruptcy/index.html.

10〉 "Annual Coal Report 2007," US Energy Information Administration, February 2009, https://www.eia.gov/coal/annual/archive/05842007.pdf.

11〉 "Independent Statistics and Analysi—oal," US Energy Information Administration, accessed March 25, 2019, https://www.eia.gov/coal/review /coal_consumption.php.

12〉 "Annual Energy Outlook 2007," US Energy Information Administration, https://www.eia.gov/outlooks/aeo/.

13〉 "Crude Oil: Uncertainty about Future Oil Supply Makes It Important to Develop a Strategy for Addressing a Peak and Decline in Oil Production," US Government Accountability Office, https://www.gao.gov/assets/260/257064.pdf.

14〉"Fracking Now Fuels Half of U.S. Oil Output," *CNN Money*, March 24, 2016, http://money.cnn.com/2016/03/24/investing/fracking-shale-oil-boom/index.html.

15〉 "America Unseats Russia, Saudi Arabia, as No. 1 Oil Producer," *CNN Money*, September 12, 2018, https://money.cnn.com/2018/09/12/investing/us-oil-production-russia-saudi-arabia/index.html.

16> "U.S. Natural Gas Marketed Production (Million Cubic Feet)," US Energy Information Administration, accessed March 25, 2019, https://www.eia.gov/dnav/ng/hist/n9050us2A.htm.

17> "Independent Statistics and Analysis—oal Data Browser," US Energy Information Administration, accessed March 25, 2019, https://www.eia.gov/coal/data/browser/#/topic/20?agg=0,2,1&geo=vvvvvvvvvvvvvo&freq=A&start=2001&end=2016&ctype=map <ype=pin&rtype=s&maptype=0&rse=0&pin=.

18> Javier Blas, "Remember Peak Oil? Demand May Top Out Before Supply Does," *Bloomberg*, July 11, 2017, https://www.bloomberg.com/news/articles/2017-07-11/remember-peak-oil-demand-may-top-out-before-supply-does.

19> Jeffrey Ball, "Inside Oil Giant Shell's Race to Remake Itself for a Low-Price World," *Fortune*, January 1, 2018, http://fortune.com/2018/01/24/royal -dutch-shell-lower -oil-prices/.

20> Personal communication, January 2019.

21> "How Real-Time Railroad Data Keeps Trains Running," RTInsights.com, December 10, 2015, https://www.rtinsights.com/how-real-time-railroad-data-keeps-trains-running/.

22> "Technical Information," *Railinc*, accessed March 25, 2019, https://www.railinc.com/rportal/technical-information.

23> Keith Bradsher, "Amid Tension, China Blocks Vital Exports to Japan," *New York Times*, September 22, 2010, https://www.nytimes.com/2010/09/23/business/global/23rare.html.

24> Sarah Zielinski, "Rare Earth Elements Not Rare, Just Playing Hard to Get," *Smithsonian*, November 18, 2010, https://www.smithsonianmag.com/science-nature/rare-earth elements-not-rare-just-playing-hard-to-get-38812856/?no-ist=.

25> "Rare Earths Crisis in Retrospect," Human Progress, accessed March 25, 2019, https://humanprogress.org/article.php?p=1268.

26> Mark Tyrer and John P. Sykes, "The Statistics of the Rare Earths Industry," *Significance*, April 2013, 12-16, https://rss.onlinelibrary.wiley.com/doi/pdf/10.1111/j.1740-9713.2013.00645.x.

27> Mark Strauss, "How China's 'Rare Earth' Weapon Went from Boom to Bust," Io9 (blog), December 16, 2015, https://io9.gizmodo.com/how-chinas-rare-earth-weapon-went-from-boom-to-bust-1653638596.

28> Eugene Gholz, "Rare Earth Elements and National Security," Council on Foreign Relations Energy Report, October 2014, https://cfrd8-files.cfr.org/sites/default /files/pdf/2014/10 /Energy%20Report_Gholz.pdf.

29> "US Coal Prices by Region," Quandl, accessed March 25, 2019, https://www.quandl.

com/data/EIA/COAL-US-Coal-Prices-by-Region.

30〉 Arne Beck, Heiner Bente, and Martin Schilling, "Railway Efficiency—an Overview and a Look at Opportunities for Improvement," OECD International Transport Forum Discussion Paper #2013-12, https://www.itf-oecd.org/sites/default/files/docs/dp201312.pdf.

31〉 Marion Brunglinghaus, "Fuel Comparison," www.euronucler.org, accessed March 25, 2019, https://www.euronuclear.org/info/encyclope dia/f/fuelcomparison.htm.

32〉 Ethan Siegel, "How Much Fuel Does It Take to Power the World?," *Forbes*, September 20, 2017, https://www.forbes .com/sites/startswithabang/2017/09/20/how-much-fuel-does-it-take-to-power-the-world/#114bc5f316d9.

33〉 "Airline Capacity Discipline: A New Global Religion Delivers Better Margins—but for How Long?," CAPA—entre for Aviation, February 8, 2013, https://centreforaviation.com/analysis/reports/airline-capacity-discipline-a-new-global-religion-delivers-better-margins-but-for-how-long-96762.

34〉 Michael Goldstein, "Meet the Most Crowded Airlines: Load Factor Hits All-Time High," *Forbes*, July 9, 2018, https://www.forbes.com/sites/michaelgoldstein/2018/07/09/meet-the-most-crowded-airlines-load-factor-hits-all-time-high/#6d753fb454fb.

35〉 "World Wood Production Up for Fourth Year; Paper Stagnant as Electronic Publishing Grows," UN Report, *UN News*, United Nations, accessed March 25, 2019, https://news.un.org/en/story/2014/12/486692-world-wood-production-fourth-year-paper-stagnant-electronic-publishing-grows-un#.Vq6bffFilI-.

36〉 Adam Thierer, "Defining 'Technology,' " *The Technology Liberation Front*, July 5, 2017, https://techliberation.com/2014/04/29/defining-technology/.

37〉 Ursula K. Le Guin, "A Rant About 'Technology,'" Ursula K. Le Guin, accessed March 25, 2019, http://www.ursulakleguin.com /Note-Technology.html.

38〉 Jonathan Haidt, "Two Stories about Capitalism, Which Explain Why Economists Don't Reach Agreement," *The Righteous Mind*, January 1, 2015, http://righteousmind.com/why-economists-dont-agree/.

39〉 "Doing Business 2017," World Bank *Doing Business*(blog), accessed March 25, 2019, http://www.doingbusiness.org/en/reportsglobal-reports/doing-business-2017.

40〉 Meadows, Meadows, Randers, and Behrens, *Limits to Growth*, 126.

41〉 Ibid., 56-58.

42〉 Owen Edwards, "Abraham Lincoln Is the Only President Ever to Have a Patent," *Smithsonian*, October 1, 2006, https://www.smithsonianmag.com/history/abraham-lincoln-only-president-have-patent-131184751/#O9U5xwgQiTQwhk4J.99.

43〉 "Abraham Lincoln's Second Lecture on Discoveries and Inventions," abrahamlincolnonline.org, accessed March 25, 2019, http://www.

abrahamlincolnonline.org/lincoln/speeches/discoveries.htm.

44〉 Joel Mokyr, *A Culture of Growth: The Origins of the Modern Economy* (Princeton, NJ: Princeton University Press, 2016).

8장

1〉 Ehrenfreund, "A Majority of Millennials Now Reject Capitalism, Poll Shows," *Washington Post*, April 26, 2016, https://www.washingtonpost.com/news/wonk/wp/2016/04/26/a-majority-of-millennials-now-reject-capitalism-poll-shows/?utm_term=.aa4e85460054.

2〉 George Stigler, "The ConferenceHandbook," *Journal of Political Economy* 85, no. 2 (1977), https://www.journals.uchicago.edu/doi/pdfplus/10.1086/260576.

3〉 Adam Smith, *An Inquiry into the Nature and Causes of the Wealth of Nations*, 2 vols. (London: W. Strahan and T. Cadell, 1776), vol. 1, chap. 2, p. 19.

4〉 A. Bhattacharjee, J. Dana, and J. Baron, "Anti-profit Beliefs: How People Neglect the Societal Benefits of Profit," *Journal of Personalityand Social Psychology* 113, no. 5 (2017): 671-96, http://dx.doi.org/10.1037/pspa0000093.

5〉 Smith, *Wealth of Nations*, vol. 1, chap. 2, p. 15.

6〉 Ibid., book 4, chap. 8, p. 49.

7〉 Ibid., book 5, chap. 1, p. 770.

8〉 Adam Smith, *The Theory of Moral Sentiments* (printed for Andrew Millar, in the Strand; and Alexander Kincaid and J. Bell, in Edinburgh, 1759), chap. 2.

9〉 Adam Smith, *Wealth of Nations*, book 1, chap. 10, p. 127.

10〉 Ibid., book 4, chap. 2.

11〉 "Adam Smith on the Need for 'Peace, Easy Taxes, and a Tolerable Administration of Justice' " (1755), *Online Library of Liberty*, accessed March 25, 2019, http://oll.libertyfund.org/quote/436.

12〉 "Taxes Are What We Pay for Civilized Society," *Quote Investigator*, April 13, 2012, https://quote investigator.com/2012/04/13/taxes-civilize/.

13〉 "Grover Norquist," *Wikiquote*, accessed January 6, 2018, https://en.wikiquote.org/wiki/Grover_Norquist.

14〉 Interview with Thomas W. Hazlett, May 1977, in "The Road to Serfdom, Foreseeing the Fall," Reason, July 1992.

15〉 "Report for Selected Countries and Subjects," International Monetary Fund, accessed March 25, 2019, http://www.imf.org/external/pubs/ft/weo/2016/02/weodata/weorept.aspx?sy=2001&ey=2001&scsm=1&ssd=1&sort=country&ds=.&br=1&c=213,218,223,228,288,233,293,248,298,299&s=PPPPC&grp=0&a=&pr.x=61&pr.y=10.

16〉 "Factbox: Venezuela's Nationalizations under Chavez," *Reuters World News*, October

8, 2012, https://www.reuters.com/article/us-venezuela-election-nationalizations-idusbre89701x20121008.

17〉 Jose Orozco, "With 'Misiones,' Chavez Builds Support Among Venezuela's Poor," *World Politics Review*, December 10, 2006, https://www.worldpoliticsreview.com/articles/404/with-misiones-chavez-builds-support-among-venezuelas-poor.

18〉 Mercy Benzaquen, "How Food in Venezuela Went from Subsidized to Scarce," *New York Times*, July 16, 2017, https://www.nytimes.com/interactive/2017/07/16/world/americas/venezuela-shortages.html.

19〉 :Emiliana Disilvestro and David Howden, "Venezuela's Bizarre System of Exchange Rates," *Mises Wire* (blog), Mises Institute, December 28, 2015, https://mises.org/library /venezuelas-bizarre-system-exchange-rates.

20〉 Benzaquen, "How Food in Venezuela Went from Subsidized to Scarce."

21〉 "Venezuela Facts and Figures," OPEC, accessed March 25, 2019, http://www.opec.org/opec_web/en/about_us/171.htm.

22〉 "List of Countries by Proven Oil Reserves," *Wikipedia*, March 4, 2019, https://en.wikipedia.org/wiki/List_of_countries_by_proven_oil_reserves.

23〉 "Crude Oil Prices—0Year Historical Chart," Macrotrends.net, accessed March 25, 2019, http://www.macrotrends.net/1369/crude-oil-price-history-chart.

24〉"Venezuela Leaps towards Dictatorship," *Economist*, March 31, 2017, https://www.economist.com/the-americas/2017/03/31/venezuela-leaps-towards-dictatorship.

25〉 Isayen Herrera and Meridith Kohut, "As Venezuela Collapses, Children Are Dying of Hunger," *New York Times*, December 17, 2017, https://www.nytimes.com/interactive/2017/12/17/world/americas/venezuela-children-starving.html.

26〉 Anatoly Kurmanaev, "Venezuela's Oil Production Is Collapsing," *Wall Street Journal*, January 18, 2018, https://www.wsj.com/articles/venezuelas-oil-industry -takes-a-fall-1516271401.

27〉"The Tragedy of Venezuela," *Michael Roberts Blog*, August 3, 2017, https://thenextrecession.wordpress.com/2017/08/03/the-tragedy-of-venezuela/.

28〉 Ricardo Hausmann, "Venezuela's Unprecedented Collapse," *Project Syndicate*, July 31, 2017, https://www.project-syndicate.org/commentary/venezuela-unprecedented-economic-collapse-by-ricardo-hausmann-2017-07?referrer=/nvBcqfkklA&barrier=accesspaylog.

29〉 Robert Valencia, "Venezuela's Inflation Rate Passes 1 Million Percent and It's Costing Lives Every Day. This Is What It Looks Like," *Newsweek*, December 14, 2018, https://www.newsweek.com/venezuela-million-hyper inflation-losing-lives-everyday-1256630.

30〉 Juan Forero, Maolis Castro, and Fabiola Ferrero, "Venezuela's Brutal Crime

Crackdown: Executions, Machetes and 8,292 Dead," *Wall Street Journal*, December 21, 2017, https://www.wsj.com/articles/venezuelas-brutal-crime-crackdown-executions-machetes-and-8-292-dead-1513792219.

31〉 Gideon Long, "Venezuela's Imploding Economy Sparks Ref-ugee Crisis," *Financial Times*, April 16, 2018, https://www.ft.com/content/a62038a4-3bdc-11e8-b9f9-de94fa33a81e.

32〉 Jim Wyss, "In Venezuela, They Were Teachers and Doctors. To Buy Food, They Became Prostitutes," *Miami Herald*, September 25, 2017, http://www.miamiherald.com/news/nation-world/world/americas/venezuela/article174808061.html.

33〉 Sara Schaefer Munoz, "Infant Mortality Soars in Venezuela," *Wall Street Journal*, October 17, 2016, https://www.wsj.com/articles/infant-mortality-soars-in-venezuela-1476716417.

34〉 Virginia Lopez Glass, "Nothing Can Prepare You for Life with Hyperinflation," *New York Times*, February 12, 2019, https://www.nytimes.com/2019/02/12/opinion/venezuela-hyperinflation-food-shortages.html.

35〉 David Mikkelson, "Fact Check: Margaret Thatcher on Socialism," *Snopes*, accessed March 25, 2019, https://www.snopes.com/fact-check/other-peoples-money/.

36〉 Ricardo Hausmann, "Does Capitalism Cause Poverty?," *Project Syndicate*, August 21, 2015, https://www.project-syndicate.org/commentary/does-capitalism-cause-poverty-by-ricardo-hausmann-2015-08.

9장

1〉 Richard Conniff, "The Political History of Cap and Trade," *Smithsonian*, August 1, 2009, https://www.smithsonianmag.com/science-nature/the-political-history-of-cap-and-trade-34711212/.

2〉 Ibid.

3〉 Edward Wong, "In China, Breathing Becomes a Childhood Risk," *New York Times*, April 22, 2013, https://www.nytimes.com/2013/04/23/world/asia/pollution-is-radically-changing-childhood-in-chinas-cities.html.

4〉 "A Toxic Environment: Rapid Growth, Pollution and Migration," *VoxDev*, accessed March 25, 2019, https://voxdev.org/topic/labour-markets-migration/toxic-environment-rapid-growth-pollution-and-migration.

5〉 Anthony Kuhn, "For Some in China's Middle Class, Pollution Is Spurring Action," Parallels (blog), NPR, March 2, 2017, https://www.npr.org/sections/parallels/2017/03/02/518173670/for-some-in-chinas-middle-class-pollution-is-spurring-action.

6〉 Michael Greenstone, "Four Years After Declaring War on Pollution, China Is Winning,"

New York Times, March 12, 2018, https://www.nytimes.com/2018/03/12/upshot/china-pollution-environment-longer-lives.html.

7〉 Ibid.

8〉 Joe McCarthy, "India Has the World's 14 Most Polluted Cities, New Report Shows," *Global Citizen*, May 3, 2018, https://www.globalcitizen.org/en/content/india-has-worlds-most-polluted-cities/.

9〉 Jeffrey Gettleman, Kai Schultz, and Hari Kumar, "Environmentalists Ask: Is India's Government Making Bad Air Worse?," *New York Times*, December 8, 2017, https://www.nytimes.com/2017/12/08/world/asia/india-pollution-modi.html.

10〉 Kai Schultz, Hari Kumar, and Jeffrey Gettleman, "In India, Air So Dirty Your Head Hurts," *New York Times*, November 8, 2017, https://www.nytimes.com/2017/11/08/world/asia/india-air-pollution.html.

11〉 Seth Mydans, "Southeast Asia Chokes on Indonesia's Forest Fires," *New York Times*, September 25, 1997, https://www.nytimes.com/1997/09/25/world/southeast-asia-chokes-on-indonesia-s-forest-fires.html.

12〉 Vaidehi Shah, "5 Ways Singapore Is Dealing with the Haze," *Eco-Business*, October 7, 2015, http://www.eco-business.com/news/5-ways-singapore-is-dealing-with-the-haze/.

13〉 Christian Schmidt, Tobias Krauth, and Stephan Wagner, "Export of Plastic Debris by Rivers into the Sea," *Environmental Science&Technology* 51, no. 21 (2017): 12246-53, https://doi.org:10.1021/acs.est.7b02368.

14〉 *Daily Mail*, October 11, 2017, http://www.dailymail.co.uk/sciencetech/article-4970214/95-plastic-oceans-comes-just-TEN-rivers.html.

15〉 Mario Molina and Durwood J. Zaelke, "A Climate Success Story to Build On," *New York Times*, September 25, 2012, https://www.nytimes.com/2012/09/26/opinion/montreal-protocol-a-climate-success-story-to-build-on.html.

16〉 Kenneth S. Overway, *Environmental Chemistry: An Analytical Approach* (Hoboken, NJ: John Wiley & Sons, 2017), 154.

17〉 *The Ozone Hole*, accessed March 25, 2019, http://www.theozonehole.com/montreal.htm.

18〉 James Maxwell and Forrest Briscoe, "There's Money in the Air: The CFC Ban and DuPont's Regulatory Strategy," *Business Strategy and the Environment* 6 (1997): 276-86.

19〉 *The Ozone Hole*, http://www.theozonehole.com/montreal.htm.

20〉 Eric Hand, "Ozone Layer on the Mend, Thanks to Chemical Ban," *Science*, June 30, 2016, http://www.sciencemag.org/news/2016/06/ozone-layer-mend-thanks-chemical-ban.

21> "Harp Seal," Fisheries and Oceans Canada, Communications Branch, Government of Canada, November 25, 2016, http://www.dfo-mpo.gc.ca/species-especes/profiles-profils/harpseal-phoquegroenland-eng.html.

22> Nowak, *Walker's Mammals of the World*, 1141-43.

23> Isenberg, *Destruction of the Bison*, Kindle, locations 4873-74.

24> "Conservation," *Great Elephant Census*, accessed March 25, 2019, http://www.greatelephantcensus.com/background-on-conservation/.

25> "The Final Report," *Great Elephant Census*, accessed March 25, 2019, http://www.greatelephantcensus.com/final-report.

26> "Map Updates," *Great Elephant Census*, accessed March 25, 2019, http://www.greatelephantcensus.com/map-updates/.

27> Simon Denyer, "Yao Ming Aims to Save Africa's Elephants by Persuading China to Give Up Ivory," *Washington Post*, September 4, 2014, https://www.washingtonpost.com/world/ex-rocket-yao-ming-aims-to-save-africas-elephants-with-china-campaign/2014/09/03/87ebbe2a-d3e1-4283-964e-8d87dea397d6_story.html?utm_term=.9027067b620a.

28> Lucy Vigne and Esmond Martin, "Decline in the Legal Ivory Trade in China in Anticipation of a Ban," Save the Elephants, 2017, https://www.savetheelephants.org/wp-content/uploads/2017/03/2017_Decline-in-legal-Ivory-trade-China.pdf.

29> Stephen O. Duke and Stephen B. Powles, "Glyphosate: A Once-in-a-Century Herbicide," *Pest Management Science* 64, no. 4 (2008): 319-25.

30> Gary M. Williams, Robert Kroes, and Ian C. Munro, "Safety Evaluation and Risk Assessment of the Herbicide Roundup and Its Active Ingredient, Glyphosate, for Humans," *Regulatory Toxicology and Pharmacology* 31, no. 2 (2000): 117-65, https://www.ncbi.nlm.nih.gov/pubmed/10854122.

31> "Europe Still Burns Witches—f They're Named Monsanto," *Alliance for Science Cornell*, accessed March 25, 2019, https://allianceforscience.cornell.edu/blog/2017/11/europe-still-burns-witches-if-theyre-named-monsanto/.

32> Sarah Zhang, "Does Monsanto's Roundup Herbicide Cause Cancer or Not? The Controversy Explained," *WIRED*, June 3, 2017, https://www.wired.com/2016/05/monsantos-roundup-herbicide-cause-cancer-not-controversy-explained/.

33> Arthur Neslen, "Two-Thirds of Europeans Support Ban on Glyphosate—oll," *Guardian*, April 11, 2016, https://www.theguardian.com/environment/2016/apr/11/two-thirds-of-europeans-support-ban-on-glyphosate-says-yougov-poll.

34> Arthur Neslen, "Controversial Glyphosate Weedkiller Wins New Five-Year Lease in Europe," *Guardian*, November 27, 2017, https://www.theguardian.com/environment/2017/nov/27/controversial-glyphosate-weedkiller-wins-new-five-yearlease-in-europe.

35> "France Says Farmers Exempt from Glyphosate Ban When No Alternative," *Reuters*, January 25, 2018, https://www.reuters.com/article/us-eu-health-glyphosate/france-says-farmers-exempt-from-glyphosate-ban-when-no-alternative-idUSKBN1FE2C6.

36> National Academies of Sciences, Engineering, and Medicine, *Genetically Engineered Crops: Experiences and Prospects* (Washington, DC: National Academies Press, 2016), https://www.nap.edu/catalog/23395/genetically-engineered-crops-experiences-and-prospects.

37> "A Decade of EU-Funded GMO Research (2001-2010)," European Commission Directorate-General for Research and Innovation, 2010, https://ec.europa.eu/research/biosociety/pdf/a_decade_of_eu-funded_gmo_research.pdf.

38> "Where Are GMO Crops and Animals Approved and Banned?," GMO FAQs, *Genetic Literacy Project*, accessed March 25, 2019, https://gmo.geneticliteracyproject.org/FAQ/where-are-gmos-grown-and-banned/.

39> Jorge Mayer, "Why Golden Rice?," *Golden Rice Project*, accessed March 25, 2019, http://www.goldenrice.org/Content3-Why/why.php.

40> "US FDA Approves GMO Golden Rice as Safe to Eat," *Genetic Literacy Project*, May 28, 2018, https://geneticliteracyproject.org/2018/05/29/us-fda-approves-gmo-golden-rice-as-safe-to-eat/.

41> Jorge Mayer, "Golden Rice and Intellectual Property," *Golden Rice Project*, accessed March 25, 2019, http://www.goldenrice.org/Content2-How/how9_IP.php.

42> "Special Report: Golden Rice," *Greenpeace International*, accessed March 25, 2019, https://www.greenpeace.org/archive-international/en/campaigns/agriculture/problem/Greenpeace-and-Golden-Rice/.

43> "Public Opinion about Genetically Modified Foods and Trust in Scientists," Pew Research Center Science & Society, December 1,2016,http://www.pewinternet.org/2016/12/01/public-opinion-about-genetically-modified-foods-and-trust-in-scientists-connected-with-these-foods/.

44> "Majorities of Americans in Every State Support Participation in the Paris Agreement," Yale Program on Climate Change Communication, accessed March 25, 2019, http://climatecommunication.yale.edu/publications/paris_agreement_by_state/.

45> "Donald Trump Has Tweeted Climate Change Skepticism 115 Times. Here's All of It," *Vox*, June 1, 2017, https://www.vox.com/policy-and-politics/2017/6/1/15726472/trump-tweets-global-warming-paris-climate-agreement.

46> Douglass North, *Institutions, Institutional Change and Economic Performance* (Cambridge, UK: Cambridge University Press, 1990), 3.

47> Daron Acemoglu and James A. Robinson, *Why Nations Fail: The Origins of Power,*

Prosperity, and Poverty (New York: Crown, 2013), 144.

48〉 "History of Reducing Air Pollution from Transportation in the United States," US EPA, April 19, 2018, https://www.epa.gov/transportation-air-pollution-and-climate-change/accomplishments-and-success-air-pollution-transportation.

49〉 Matt Ridley, "17 Reasons to Be Cheerful," *Rational Optimist* (blog), September 23, 2015, http://www.rationaloptimist.com/blog/17-reasons-to-be-cheerful/.

50〉 Kyle Stock and David Ingold, "America's Cars Are Suddenly Getting Faster and More Efficient," *Bloomberg*, accessed May 17, 2017, https://www.bloomberg.com/news/features/2017-05-17 /america-s-cars-are-all-fast-and-furious-these-days.

51〉 Ibid.

52〉 Gerald Elliot and Stuart M. Frank, "Whaling, 1937-1967: The International Control of Whale Stocks," monograph, Kendall Whaling Museum, 1997, https://www.whalingmuseum.org/sites/default/files/pdf/International%20Control%20of%20Whale%20Stocks.pdf.

53〉 Yulia V. Ivashchenko and Phillip J. Clapham, "Too Much Is Never Enough: The Cautionary Tale of Soviet Illegal Whaling," *Marine Fisheries Review* 76, no. 1 2 (2014): 1-22, https://spo.nmfs.noaa.gov/sites/default/files/pdf-content/mfr761-21.pdf.

54〉 Alfred A. Berzin, *The Truth About Soviet Whaling: A Memoir, special issue, Marine Fisheries Review* 70, no. 2 (2008): 4-59, https://spo.nmfs.noaa.gov/mfr702/mfr702opt.pdf.

55〉 Ibid.

56〉Charles Homans, "The Most Senseless Environmental Crime of the 20th Century," *Pacific Standard*, November 12, 2013, https://psmag.com /social-justice/the-senseless-environment-crime-of-the-20th-century-russia-whaling-67774.

10장

1〉 "The World's Poorest Are More Likely to Have a Cellphone than a Toilet," *Fortune*, January 15, 2016, http://fortune.com/2016/01/15/cellphone-toilet/.

2〉 Phoebe Parke, "More Africans Have Phone Service than Piped Water," CNN, January 19, 2016, https://www.cnn.com/2016/01/19/africa/africa-afrobarometer-infrastructure-report/index.html.

3〉 "In Much of Sub-Saharan Africa, Mobile Phones Are More Common than Access to Electricity," Economist, November 8, 2017, https://www.economist.com/graphic-detail/2017/11/08/in-much-of-sub-saharan-africa-mobile-phones-are-more-common-than-access-to-electricity.

4〉 "Mobile Cellular Subscriptions (per 100 People)," The World Bank Data, accessed March 25, 2019, https://data.worldbank.org/indicator/IT.CEL.SETS.P2?end=2016&star

t=1960&view=chart.

5〉 "Gartner Says Worldwide Sales of Smartphones Recorded First Ever Decline During the Fourth Quarter of 2017," *Gartner*, accessed March 25, 2019, https://www.gartner.com/newsroom/id/3859963.

6〉 Aaron Pressman, "Why Feature Phone Sales Are Suddenly Growing Faster Than Smartphones," *Fortune*, March 12, 2018, http://fortune.com/2018/03/12/feature-phone-sales-facebook-google-nokia-jio-8110/.

7〉 Jkielty, "The Most Popular Smartphones in 2019," *DeviceAtlas*, January 18, 2019, https://deviceatlas.com/blog/most-popular-smartphones#india.

8〉 Ansh Sharma, Jyotsna Joshi, Monu Sharma, and K. Rajeev, "Buy Jio Phone F90M, 2.4 Inch Display, Wireless FM, 512 MB RAM, 4 GB Internal Storage (Black, 512MB RAM, 4GB), Price in India (26 Mar 2019), Specification & Reviews," Gadgets 360, April 13, 2018, https://gadgets360.com/shop/jio-phone-f90m-black-363131302d3130353636.

9〉 Peter Diamandis, "The Future Is Brighter Than You Think," CNN, May 6, 2012, https://www.cnn.com/2012/05/06/opinion/diamandis-abundance-innovation/index.html.

10〉 "Individuals Using the Internet (% of Population)," The World Bank Data, accessed March 25, 2019, https://data.worldbank.org/indicator/IT.NET.USER.ZS?end=2016&start=1960&view=chart.

11〉 "Deng Xiaoping, Chinese Politician, Paramount Leader of China," *Wikiquote*, September 5, 2018, https://en.wikiquote.org/wiki/Deng_Xiaoping.

12〉 Conor O'Clery, "Remembering the Last Day of the Soviet Union," *Irish Times*, December 24, 2016, https://www.irishtimes.com/news/world/europe/conor-o-clery-remembering-the-last-day-of-the-soviet-union-1.2916499.

13〉 "Eastern Bloc," *Wikipedia*, March 25, 2019, https://en.wikipedia.org/wiki/Eastern_Bloc#Population.

14〉 "One More Push," *Economist*, July 21, 2011, https://www.economist.com/leaders/2011/07/21/one-more-push.

15〉 Ibid.

16〉 "Total Population of the World by Decade, 1950-2050," *Infoplease*, accessed March 25, 2019, https://www.infoplease.com/world/population-statistics/total-population-world-decade-1950-2050.

17〉 "2019 Index of Economic Freedom," Heritage Foundation, accessed March 25, 2019, https://www.heritage.org/index/.

18〉 "Telecoms and Competition," Twitter, accessed March 25, 2019, https://twitter.com/i/moments/782831197126660096.

19〉 Kevin G. Hall, "Brazil Telecom Bid Takes Market by Surprise," *Journal of Commerce and Technology*, July 27, 1997, https://www.joc.com/brazil-telecom-bid-takesmarket-surprise_19970727.html.

20〉 Max Roser, "Democracy," *Our World in Data*, March 15, 2013, https://ourworldindata.org/democracy.

21〉 Bruce Jones and Michael O'Hanlon, "Democracy Is Far from Dead," *Wall Street Journal*, December 10, 2017, https://www.wsj.com/articles/democracy-is-far-from-dead-1512938275.

22〉 "Worldwide Governance Indicators," *The World Bank* (newsletter), accessed March 25, 2019, http://info.worldbank.org/governance/wgi/#reports.

23〉 Keith E. Schnakenberg and Christopher J. Fariss, "Dynamic Patterns of Human Rights Practices," *Political Science Research and Methods* 2, no. 1 (2014): 1-31, https://ssrn.com/abstract=1534335 or http://dx.doi.org/10.2139/ssrn.1534335.

24〉 Pinker, *Enlightenment Now*, Kindle, location 11.

25〉 Christian Welzel, *Freedom Rising: Human Empowerment and the Quest for Emancipation* (Cambridge, UK: Cambridge University Press, 2013).

26〉 Pinker, *Enlightenment Now*, location 228.

27〉 Max Roser and Esteban Ortiz-Ospina, "Global Rise of Education," *Our World in Data*, August 31, 2016, https://ourworldindata.org/global-rise-of-education.

11장

1〉 Hans Rosling, "Good News at Last: The World Isn't as Horrific as You Think," *Guardian*, April 11, 2018, https://www.theguardian.com/world/commentisfree/2018/apr/11/good-news-at-last-the-world-isnt-as-horrific-as-you-think.

2〉"Most of Us Are Wrong about How the World Has Changed(Especially Those Who Are Pessimistic about the Future)," *Our World in Data*, accessed March 25, 2019, https://ourworldindata.org/wrong-about-the-world.

3〉 "John Stuart Mill Quote," *LibQuotes*, accessed March 25, 2019, https://libquotes.com/john-stuart-mill/quote/lbn8u1p.

4〉 Bjørn Lomborg, *The Skeptical Environmentalist: Measuring the Real State of the World* (Cambridge, UK: Cambridge University Press, 2001), 5.

5〉Stewart Brand, "We Are Not Edging Up to a Mass Extinction," *Aeon*, accessed March 25, 2019, https://aeon.co/essays/we-are-not-edging-up-to-a-mass-extinction.

6〉 Douglas J. McCauley, Malin L. Pinsky, Stephen R. Palumbi, James A. Estes, Francis H. Joyce, and Robert R. Warner, "Marine Defaunation: Animal Loss in the Global Ocean," *Science* 347, no. 6219 (2015), 1255641.

7〉 Rachel Riederer, "The Woolly Mammoth Lumbers Back into View," *New Yorker*, December 27, 2018, https://www.newyorker.com/science/elements/the-wooly-mammoth-lumbers-back-into-view.

8〉 Richard Lea, "Scientist Chris D. Thomas: 'We Can Take a Much More Optimistic View of Conservation,'" *Guardian*, July 13, 2017, https://www.theguardian.com/books/2017/jul/13/chris-d-thomas-conservation-inheritors-of-the-earth-interview.

9〉 Ausubel, "Return of Nature."

10〉 "Elinor Ostrom's 8 Principles for Managing a Commons," *On the Commons*, accessed March 25, 2019, http://www.onthecommons.org/magazine/elinor-ostroms-8-principles-managing-commmons#sthash.XO1DrTaX.dpbs.

11〉 Brand, "We Are Not Edging Up."

12〉 "Goal 14," Sustainable Development Knowledge Platform, United Nations, accessed March 25, 2019, https://sustainabledevelopment.un.org/sdg14.

13〉 Jennifer Billock, "How Korea's Demilitarized Zone Became an Accidental Wildlife Paradise," *Smithsonian*, February 12, 2018, https://www.smithsonianmag.com/travel/wildlife-thrives-dmz-korea-risk-location-180967842/.

14〉 John Wendle, "Animals Rule Chernobyl Three Decades After Nuclear Disaster," *National Geographic*, April 25, 2017, https://news.nationalgeographic.com/2016/04/060418-chernobyl-wildlife-thirty-year-anniversary-science/.

15〉 "Trees Are Covering More of the Land in Rich Countries," *Economist*, November 30, 2017, https://www.economist.com/international/2017/11/30/trees-are-covering-more-of-the-land-in-rich-countries.

16〉 Yi Y. Liu, Albert I. J. M. van Dijk, Richard A. M. de Jeu, Josep G. Canadell, Matthew F. McCabe, Jason P. Evans, and Guojie Wang, "Recent Reversal in Loss of Global Terrestrial Biomass," *Nature Climate Change* 5 (2015): 470-74.

17〉 Kim Nicholas, "Climate Science 101," *Kim Nicholas* (blog), accessed March 25, 2019, http://www.kimnicholas.com/climate-science-101.html.

18〉 "Atmospheric Carbon Dioxide (CO2) Levels, 1800-Present," SeaLevel.info, accessed March 25, 2019, https://www.sealevel.info/co2.html.

19〉 "Global Greenhouse Gas Emissions Data," US EPA, April 13, 2017, https://www.epa.gov/ghgemissions/global-greenhouse-gas-emissions-data.

20〉 Hannah Ritchie and Max Roser, "CO2 and Other Greenhouse Gas Emissions," *Our World in Data*, May 11, 2017, https://ourworldindata.org/co2-and-other-greenhouse-gas-emissions.

21〉 Hannah Ritchie and Max Roser, "Air Pollution," *Our World in Data*, April 17, 2017, https://ourworldindata.org/air-pollution.

22〉 Akash Kapur, "Pollution as Another Form of Poverty," *New York Times*, October 8, 2009, https://www.nytimes.com/2009/10/09/world/asia/09iht-letter.html.

23〉 David A. Keiser and Joseph S. Shapiro, "Consequences of the Clean Water Act and the Demand for Water Quality," *Quarterly Journal of Economics* 134, no. 1 (2018):

349-96.

24> Zhenling Cui et al., "Pursuing Sustainable Productivity with Millions of Smallholder Farmers," *Nature* 555, no. 7696 (2018): 363.

25> Noah Smith, "The Incredible Miracle in Poor Country Development," *Noahpinion* (blog), May 30, 2016, http://noahpinionblog.blogspot.com/2016/05/the-incredible-miracle-in-poor-country.html.

26> *Our World in Data*, https://ourworldindata.org/extreme-poverty. Data, calculation details, and sources are available at morefromlessbook.com/data.

27> Linda Yueh, "Is It Possible to End Global Poverty?," BBC News, March 27, 2015, https://www.bbc.com/news/business-32082968.

28> Ibid.

29> *Our World in Data*, https://our worldindata.org/food-per-person. Data, calculation details, and sources are available at morefromlessbook.com/data.

30> "What Should My Daily Intake of Calories Be?," *NHS Choices*, accessed March 25, 2019, https://www.nhs.uk/common-health-questions/food-and-diet/what-should-my-daily-intake-of-calories-be/.

31> Hannah Ritchie and Max Roser, "Water Use and Sanitation," *Our World in Data*, November 20, 2017, https://ourworldindata.org/water-use-sanitation#share-of-total-population-with-improved-water-sources.

32> *Our World in Data*, https://ourworldindata.org/water-use-sanitation# share-of-total-population-with-improved-water-sources. Data, calculation details, and sources are available at morefromlessbook.com/data.

33> Ritchie and Roser, "Water Use and Sanitation."

34> *Our World in Data*, https://ourworldindata.org/primary-and-secondary-education. Data, calculation details, and sources are available at morefromlessbook.com/data.

35> *Our World in Data*, https://ourworldindata.org/life-expectancy. Data, calculation details, and sources are available at morefromlessbook.com/data.

36> *Our World in Data*, https://our worldin data.org/child-mortality and https://ourworldindata.org/maternal-mortality. Data, calculation details, and sources are available at morefromlessbook.com/data.

12장

1> "68% of the World Population Projected to Live in Urban Areas by 2050, Says UN," UN Department of Economic and Social Affairs, accessed March 25, 2019, https://www.un.org/development/desa/en/news/population/2018-revision-of-world-urbanization-prospects.html.

2> "Everything You Heard About Urbanization Is Wrong," *Open Learning Campus* (blog), accessed March 25, 2019, https://olc.worldbank.org/content/everything-you-heard-about-urbanization-wrong.

3〉 Mary Clare Jalonick, "Farm Numbers Decline, But Revenue Rises," *Boston Globe*, February 21, 2014, https://www.bostonglobe.com/news/nation/2014/02/21/number-farms-declines-farmers-getting-older/LNON4aXK6Avf6CkfiH4YIK/story.html.

4〉 "U.S. Farming: Total Number of Farms 2017," *Statista*, accessed March 25, 2019, https://www.statista.com/statistics/196103/number-of-farms-in-the-us-since-2000/.

5〉 "Manufacturing Sector: Real Output," FRED, March 7, 2019, https://fred.stlouisfed.org/series/OUTMS.

6〉 "Table 5. Number of Private Sector Establishments by Age: Manufacturing," US Bureau of Labor Statistics, accessed March 25, 2019, https://www.bls.gov/bdm/us_age_naics_31_table5.txt.

7〉 Damon Darlin, "Monopoly, Milton Friedman's Way," *New York Times*, February 19, 2011, https://www.nytimes.com/2011/02/20/weekinreview/20monopoly.html.

8〉 Greg Robb, "Yellen to Stress Patience on Rates at Jackson Hole," *MarketWatch*, August 18, 2014, https://www.marketwatch.com/story/yellen-to-stress-patience-on-rates-at-jackson-hole-2014-08-17.

9〉 John Van Reenen, "Increasing Differences between Firms: Market Power and the Macro-Economy" (paper prepared for the 2018 Jackson Hole Conference), https://www.kansascityfed.org/~/media/files/publicat/sympos/2018/papersandhandouts/jh%20john%20van%20reenen%20version%2020.pdf?la=en.

10〉 Jeff Sommer and Karl Russell, "Apple Is the Most Valuable Public Company Ever. But How Much of a Record Is That?," *New York Times*, December 21, 2017, https://www.nytimes.com/interactive/2017/12/05/your-money/apple-market-share.html.

11〉 Robert Frank, "Jeff Bezos Is Now the Richest Man in Modern History," CNBC, July 16, 2018, https://www.cnbc.com/2018/07/16/jeff-bezos-is-now-the-richest-man-in-modern-history.html.

12〉 Christopher Ingraham, "For Roughly Half of Americans, the Stock Market's Record Highs Don't Help at All," *Washington Post*, December 18, 2017, https://www.washingtonpost.com/news/wonk/wp/2017/12/18/for-roughly-half-of-americans-the-stock-markets-record-highs-dont-help-at-all/?utm_term=.f2498dd7e428.

13〉 Angus Deaton, "How Inequality Works," *Project Syndicate*, December 21, 2017, https://www.project-syndicate.org/onpoint/anatomy-of-inequality-2017-by-angus-deaton-2017-12?barrier=accesspaylog.

14〉 Christina Starmans, Mark Sheskin, and Paul Bloom, "Why People Prefer Unequal Societies," *Nature Human Behaviour* 1, no. 4 (2017): article 0082, https://www.nature.com/articles/s41562-017-0082?mod=article_inline.

13장 ━━━

1〉 Dexter Filkins, "James Mattis, a Warrior in Washington," *New Yorker*, June 20, 2017, https://www.newyorker.com/magazine/2017/05/29/james-mattis-a-warrior-in-washington.

2〉 Robert D. Putnam, *Bowling Alone: The Collapse and Revival of American Community* (New York: Simon & Schuster, 2001), 19.

3〉 Eric D. Gould and Alexander Hijzen, *Growing Apart, Losing Trust? The Impact of Inequality on Social Capital* (Washington, DC: International Monetary Fund, 2016).

4〉 "Public Trust in Government: 1958-2017," Pew Research Center for the People and the Press, April 25, 2018, http://www.people-press.org/2017/12/14/public-trust-in-government-1958-2017/.

5〉 Alexis de Tocqueville, *Democracy in America*, ed. and trans. Harvey C. Mansfield and Delba Winthrop (Chicago: University of Chicago Press, 2000), 489.

6〉 Anne Case and Angus Deaton, "Mortality and Morbidity in the 21st Century," Brookings Institution, August 30, 2017, https://www.brookings.edu/bpea-articles/mortality-and-morbidity-in-the-21st-century/.

7〉 "Suicide Statistics," American Foundation of Suicide Prevention, March 12, 2019, https://afsp.org/about-suicide/suicide-statistics/.

8〉 Joshua Cohen, " 'Diseases of Despair' Contribute to Declining U.S. Life Expectancy," *Forbes*, July 19, 2018, https://www.forbes.com/sites/joshuacohen /2018/07/19/diseases-of-despair-contribute-to-declining-u-s-life-expec tancy/#7ca8cc96656b.

9〉 Max Roser and Hannah Ritchie, "HIV/AIDS," *Our World in Data*, April 3, 2018, https://ourworldindata.org/hiv-aids.

10〉 "Real Gross Domestic Product," FRED, February 28, 2019, https://fred.stlouisfed.org/series/GDPC1.

11〉 Rakesh Kochhar, "The American Middle Class Is Stable in Size, but Losing Ground Financially to Upper-Income Families," *Pew Research Center*, September 6, 2018, https://www.pewresearch.org/fact-tank/2018/09/06/the-american-middle-class-is-stable-in-size-but-losing-ground-financially -to-upper-income-families/.

12〉 Scott Winship, "Poverty after Welfare Reform," Manhattan Institute, August 22, 2016, https://www.manhattan-institute.org/download/9172/article.pdf.

13〉 "Suicide Statistics," American Foundation of Suicide Prevention.

14〉 Kimberly Amadeo, "Compare Today's Unemployment with the Past," *The Balance*, accessed March 25, 2019, https://www.thebalance.com/unemployment-rate-by-year-3305506.

15〉 "Suicide," *World Health Organization*, accessed March 25, 2019, https://www.who.int/news-room/fact-sheets/detail/suicide.

16〉 Johann Hari, " 'The Opposite of Addiction Isn't Sobriety—t's Connection,' " *Guardian*, April 12, 2016, https://www.theguardian.com/books/2016/apr/12/johann-hari-chasing-the-scream-war-on-drugs.

17〉 Michael J. Zoorob and Jason L. Salemi, "Bowling Alone, Dying Together: The Role of Social Capital in Mitigating the Drug Overdose Epidemic in the United States," *Drug and Alcohol Dependence* 173 (2017): 1-9.

18〉 Tom Jacobs, "Authoritarianism: The Terrifying Trait That Trump Triggers," *Pacific Standard*, March 26, 2018, https://psmag.com/news/authoritarianism-the-terrifying-trait-that-trump-triggers.

19〉 Anne Applebaum, "A Warning from Europe: The Worst Is Yet to Come," *Atlantic*, September 24, 2018, https://www.theatlantic.com/magazine/archive/2018/10/poland-polarization/568324/.

20〉 Data supplied by Woods and Poole Economics.

21〉 Emile Durkheim, *Suicide: A Study in Sociology*, trans. John A. Spaulding and George Simpson (Abingdon, UK: Routledge, 2005), 346.

22〉 Andrew Sullivan, "Americans Invented Modern Life. Now We're Using Opioids to Escape It," *New York*, Intelligencer, February 20, 2018, http://nymag.com/intelligencer/2018/02/americas-opioid-epidemic.html?gtm=bottom.

23〉 Case and Deaton, "Mortality and Morbidity."

24〉 Arlie Russell Hochschild, *Strangers in Their Own Land: Anger and Mourning on the American Right* (New York: New Press, 2016), Kindle, location 139.

25〉 Christoph Lakner and Branko Milanovic, *Global Income Distribution: From the Fall of the Berlin Wall to the Great Recession*(Washington, DC: World Bank, 2013), http://documents.worldbank.org/curated/en/914431468162277879/pdf/WPS6719.pdf.

26〉 Ibid.

27〉 Branko Milanovic, "Global Income Distribution since 1988," *CEPR Policy Portal*, accessed March 25, 2019, https://voxeu.org/article/global-income-distribution-1988.

28〉 Paul Krugman, "Hyperglobalization and Global Inequality," *New York Times*, November 30, 2015, https://krugman.blogs.nytimes.com/2015/11/30/hyperglobalization-and-global-inequality/.

29〉 Philip Bump, "By 2040, Two-Thirds of Americans Will Be Represented by 30 Percent of the Senate," *Washington Post*, November 28, 2017, https://www.washingtonpost.com/news/politics/wp/2017/11/28/by-2040-two-thirds-of-americans-will-be-represented-by-30-percent-of-the-senate/?noredirect=on&utm_term=.555e16259646.

30〉 Rachael Revesz, "Five Presidential Nominees Who Won the Popular Vote but Lost the Election," *Independent*, November 16, 2016, https://www.independent.co.uk/news/world/americas/popular-vote-electoral-college-five-presidential-nominees-hillaryclinton-al-gore-a7420971.html.

31> Jeffrey B. Lewis, Keith Poole, Howard Rosenthal, Adam Boche, Aaron Rudkin, and Luke Sonnet, "Congressional Roll-Call Votes Database," Voteview, 2018, https://voteview.com/.

32> "Glossary Term | Override of a Veto," US Senate, January 19, 2018, https://www.senate.gov/reference/glossary_term/override_of_a_veto.htm.

33> Eric Levitz, "Tribalism Isn't Our Democracy's Problem. The Conservative Movement Is," *New York*, Intelligencer, October 22, 2018, http://nymag.com/intelligencer/2018/10/polarization-tribalism-the-conservative-movement-gop-threat-to-democracy.html.

34> Interview (August 11, 1867) with Friedrich Meyer von Waldeck of the *St. Petersburgische Zeitung: Aus den Erinnerungen eines russischen Publicisten, 2. Ein Stundchen beim Kanzlerdes norddeutschen Bundes. In Die Gartenlaube* (1876), p. 858, de.wikisource. Reprinted in Furst Bismarck: Neue Tischgespiache und Interviews, 1:248.

35> "Global and Regional Immunization Profile," *World Health Organization*, September 2018, https://www.who.int/immunization /monitoring_surveillance/data/gs_gloprofile.pdf?ua=1.

36> Hillary Lewis, "Hollywood's Vaccine Wars," *Hollywood Reporter*, September 12, 2014, https://www.hollywoodreporter.com/features/los-angeles-vaccination-rates/.

37> Ibid.

38> "2017 Final Pertussis Surveillance Report," US Centers for Disease Control, https://www.cdc.gov/pertussis/downloads/pertuss-surv-report-2017.pdf.

39> Jacqui Thornton, "Measles Cases in Europe Tripled from 2017 to 2018," *The BMJ*, February 7, 2019, https://www.bmj.com/content/364/bmj.l634.

40> Bill Bishop, *The Big Sort* (Boston: Houghton Mifflin Harcourt, 2008), 14.

14장

1> Paul M. Romer, "Endogenous Technological Change," *Journal of Political Economy* 98, no. 5, pt. 2 (1990): S71-S102.

2> https://github.com/open-source.

3> "The United States of Languages," *Making Duolingo* (blog), October 12, 2017, http://making.duolingo.com/the-united-states-of-languages-an-analysis-of-duolingo-usage-state-by-state.

4> "Wikimedia Traffic Analysis Report—Wikipedia Page Views per Country—Overview," Stats.wikimedia, accessed March 25, 2019, https://stats.wikimedia.org/wikimedia/squids/SquidReportPageViewsPerCountryOverview.htm.

5〉 "Wikimedia Traffic Analysis Report—Page Views per Wikipedia Language—Breakdown," Stats. wikimedia, accessed March 25, 2019, https://stats.wikimedia.org/wiki media /squids/SquidReportPageViewsPerLanguageBreakdown.htm.

6〉 Sara Castellanos, "Google Chief Economist Hal Varian Argues Automation Is Essential," *Wall Street Journal*, February 8, 2018, https://blogs.wsj.com/cio/2018/02/08/google-chief-economist-hal-varian-argues-automation-is-essential/.

7〉 Ian Sample, "Google's DeepMind Predicts 3D Shapes of Proteins," *Guardian*, December 2, 2018, https://www.theguardian.com/science/2018/dec/02/google-deepminds-ai-program-alphafold-predicts-3d-shapes-of-proteins.

8〉 "Safety-First AI for Autonomous Data Centre Cooling and Industrial Control," *DeepMind*, accessed March 25, 2019, https://deepmind.com/blog /safety-first-ai-autonomous-data-centre-cooling-and-industrial-control/.

9〉 Nicola Jones, "How to Stop Data Centres from Gobbling Up the World's Electricity," News Feature, Nature, September 12, 2018, https://www.nature.com/articles/d41586-018-06610-y.

10〉 Robbie Gramer, "Infographic: Here's How the Global GDP Is Divvied Up," *Foreign Policy*, February 24, 2017, https://foreignpolicy.com/2017/02/24 /infographic-heres-how-the-global-gdp-is-divvied-up/.

15장

1〉 William D. Nordhaus, *The Climate Casino* (New Haven, CT: Yale University Press, 2013), Kindle, location 65.

2〉 Ibid., 66.

3〉 "British Columbia's Carbon Tax," British Columbia Ministry of Environment, October 3, 2018, https://www2.gov.bc.ca/gov/content/environment/climate-change/planning-and-action/carbon-tax.

4〉 "Opinion | Economists' Statement on Carbon Dividends," *Wall Street Journal*, January 16, 2019, https://www.wsj.com/articles/economists-statement-on-carbon-dividends-11547682910?mod=hp opin_pos2.

5〉 "Global Greenhouse Gas Emissions Data," US EPA, April 13, 2017, https://www.epa.gov/ghgemissions/global-greenhouse-gas-emissions-data.

6〉 Matthew Dalton and Noemie Bisserbe, "Macron Blinks in Fuel-Tax Dispute with Yellow Vests," *Wall Street Journal*, December 4, 2018, https://www .wsj.com/articles/france-to-delay-fuel-tax-increase-after-violent-protests-1543925246.

7〉 Stanley Reed, "Germany's Shift to Green Power Stalls, Despite Huge Investments," *New York Times*, October 7, 2017, https://www.nytimes.com/2017/10/07 /business/energy-environment/german-renewable-energy.html.

8> "Germany's Greenhouse Gas Emissions and Climate Targets," *Clean Energy Wire*, March 21, 2019, https://www.cleanenergywire.org/factsheets/germanys-greenhouse-gas-emissions-and-climate-targets.

9> Reed, "Germany's Shift to Green Power Stalls."

10> "Nuclear Power in Germany," World Nuclear Association, accessed March 25, 2019, http://www.world-nuclear.org/information-library/country-profiles/countries-g-n/germany.aspx.

11> Damian Carrington, "Citizens across World Oppose Nuclear Power, Poll Finds," *Guardian*, June 23, 2011, https://www.theguardian.com/environment/damian-carrington-blog/2011/jun/23/nuclearpower-nuclear-waste.

12> Anil Markandya and Paul Wilkinson, "Electricity Generation and Health," *Lancet* 370, no. 9591 (September 15-21, 2007): 979-90.

13> Michael Shellenberger, "If Nuclear Power Is So Safe, Why Are We So Afraid of It?," *Forbes*, June 11, 2018, https://www.forbes.com/sites/michaelshellenberger/2018/06/11/if-nuclear-power-is-so-safe-why-are-we-so-afraid-of-it/#cc9469863859.

14> Motoko Rich, "In a First, Japan Says Fukushima Radiation Caused Worker's Cancer Death," *New York Times*, September 6, 2018, https://www.nytimes.com/2018/09/05/world/asia/japan-fukushima-radiation-cancer-death.html.

15> D. Kinly III, ed., "Chernobyl's Legacy: Health, Environmental and Socio-Economic Impacts and Recommendations to the Governments of Belarus, the Russian Federation and Ukraine," 2nd rev. version, Chernobyl Forum 2003- (2006).

16> "Blow for New South Korean President after Vote to Resume Nuclear Power Build," *Financial Times*, accessed March 25, 2019, https://www.ft.com/content/66c5c9ad-71f0-3f2a-a66d-4078e93d46e5.

17> David Fickling and Tim Culpan, "Taiwan Learns to Love Nuclear, a Little," *Bloomberg*, November 28, 2018, https://www.bloomberg.com/opinion/articles/2018-11-28/taiwan-voters-give-nuclear-power-a-lifeline-after-election.

18> Ellen Knickmeyer, "Trump Administration Targets Obama's Clean-Up of Mercury Pollution," PBS, December 28, 2018, https://www.pbs.org/newshour/nation/trump-administration-targets-obamas-clean-up-of-mercury-pollution.

19> Jennifer Ludden, "Trump Administration Eases Regulation of Methane Leaks on Public Lands," NPR, September 19, 2018, https://www.npr.org/2018/09/18/649326026/trump-administration-eases-regulation-of-methane-leaks-on-public-lands.

20> Knickmeyer, "Trump Administration Targets Obama's Clean-Up."

21> "Trump Administration Asks to Roll Back Rules Against Water Pollution," *The Scientist*, December 12, 2018, https://www.the-scientist.com/news-opinion/trump-administration-rolls-back-protections-against-water-pollution-65206.

22〉 "China Postpones Lifting of Ban on Trade of Tiger and Rhino Parts," *Reuters*, November 12, 2018, https://www.reuters.com/article/us-china-wildlife/china-postpones-lifting-of-ban-on-trade-of-tiger-and-rhino-parts-idUSKCN1NH0XH.

23〉 Benjamin Austin, Edward Glaeser, and Lawrence H. Summers, "Saving the Heartland: Place-Based Policies in 21st Century America," in *Brookings Papers on Economic Activity* Conference Drafts, 2018.

24〉 Eduardo Porter, "The Hard Truths of Trying to 'Save' the Rural Economy," *New York Times*, December 14, 2018, https://www.nytimes.com/interactive/2018/12/14/opinion/rural-america-trump-decline.html.

25〉 Thomas Koulopoulos, "Harvard, Stanford, and MIT Researchers Study 1 Million Inventors to Find Secret to Success, and It's Not Talent," *Inc.*, August 14, 2018, https://www.inc.com/thomas-koulopoulos/a-study-of-one-million-inventors-identified-key-to-success-its-not-talent.html.

26〉 Richard Feloni, "AOL Cofounder Steve Case Is Betting $150 Million That the Future of Startups Isn't in Silicon Valley or New York, but the Money Isn't What's Making His Prediction Come True," *Business Insider*, June 19, 2018, https://www.businessinsider.com/steve-case-rise-of-the-rest-revolution-startup-culture-2018-5.

27〉 Jamie Dimon and Steve Case, "Talent Is Distributed Equally. Opportunity Is Not," *Axios*, March 21, 2018, https://www.axios.com/talent-is-distributed-equally-opportunity-is-not-1521472713-905349d9-7383-470d-8bad-653a832b4d52.html.

28〉 Akshat Rathi, "If Your Carbon Footprint Makes You Feel Guilty, There's an Easy Way Out," *Quartz*, May 3, 2017, https://qz.com/974463/buying-carbon-credits-is-the-easiest-way-to-offset-your-carbon-footprint/.

29〉 "Salesforce Invests in Its Largest Renewable Energy Agreement to Date, the Global Climate Action Summit, and a More Sustainable Future," Salesforce, August 30, 2018, https://www.salesforce.com/company/news-press/press-releases/2018/08/180830/.

30〉 "100% Renewable," Google Sustainability, accessed March 25, 2019, https://sustainability.google/projects/announcement-100/.

31〉 Peter Economy, "United Airlines' Stunning New Greenhouse Gas Strategy Will Completely Change the Future of Air Travel," *Inc.*, September 14, 2018, https://www.inc.com/peter-economy/united-airlines-ceo-just-made-a-stunning-announcement-that-will-completely-change-future-of-air-travel.html.

32〉 "Maersk Sets Net Zero CO2 Emission Target by 2050," *Maersk*, December 4, 2018, https://www.maersk.com/en/news/2018/12/04 /maersk-sets-net-zero-co2-emission-target-by-2050.

33〉 Peter Hobson, "Hydro-Powered Smelters Charge Premium Prices for 'Green' Aluminum," Reuters, August 2, 2017, https://www.reuters.com/article/us-aluminiumsales-environment/hydro-powered-smelters-charge-premium-prices-for-green-aluminum-idUSKBN1AI1CF.

34> Lisa Lednicer, "Rockefeller and the Secret Land Deals That Created Grand Teton National Park," *Washington Post*, December 4, 2017, https://www.washingtonpost.com/news/retropolis/wp/2017/12/04/rockefeller-and-the-secret-land-deals-that-created-grand-tetons-national-park/?utm_term=.9e8d26b4bb4f.

35> Pascale Bonnefoy, "With 10 Million Acres in Patagonia, a National Park System Is Born," *New York Times*, February 19, 2018, https://www.nytimes.com/2018/02/19/world/americas/patagonia-national-park-chile.html.

36> Gerry Shih, "China Rolls Back Decades-Old Tiger and Rhino Parts Ban, Worrying Conservationists," *Washington Post*, October 29, 2018, https://www.washingtonpost.com/world/china-rolls-back-decades-old-tiger-and-rhino-parts-ban-worrying-conservationists/2018/10/29/a1ba913c-dbe7-11e8-aa33-53bad9a881e8_story.html?utm_term=.994da09a6ff0.

37> Henry Grabar, "Why Ducks' Strongest Allies Are Duck Hunters," *Slate*, May 10, 2018, https://slate.com/business/2018/05/ducks-unlimited-which-helps-restore-wet lands-consists-mostly-of-duck-hunters.html.

38> Jorge Mayer, "Golden Rice Licensing Arrangements," *Golden Rice Project*, accessed March 25, 2019, http://www.goldenrice.org/Content1-Who/who4_IP.php.

39> Raluca Dragusanu and Nathan Nunn, *The Effects of Fair Trade Certification: Evidence from Coffee Producers in Costa Rica*, National Bureau of Economic Research Working Paper no. 24260, 2018.

40> Maura Judkis, "You Might Think There Are More Vegetarians than Ever. You'd Be Wrong," *Washington Post*, August 3, 2018, https://www.washingtonpost.com/news/food/wp/2018/08/03/you-might-think-there-are-more-vegetarians-than-ever-youd-be-wrong/?utm_term=.d34e8f549da0.

41> Linus Blomqvist, "Eat Meat. Not Too Much. Mostly Monogastrics," Breakthrough Institute, accessed March 25, 2019, https://thebreakthrough.org/issues/food/eat-meat-not-too-much.

결론

1> Chris Stringer and Julia Galway-Witham, "When Did Modern Humans Leave Africa?," *Science* 359, no. 6374 (2018): 389-90.

2> Paul K. Anderson, "Competition, Predation, and the Evolution and Extinction of Steller's Sea Cow, Hydrodamalis gigas," *Marine Mammal Science* 11, no. 3 (July 1995): 391-94.

3> "Unprecedented Wave of Large-Mammal Extinctions Linked to Prehistoric

Humans," *Science Daily*, April 19, 2018, https://www.sciencedaily.com / releases/2018/04/180419141536.htm.

4〉 Ross Andersen, "Welcome to the Future Range of the Woolly Mammoth," *Atlantic*, July 10, 2017, https://www.theatlantic.com/magazine/archive/2017/04/pleistocene-park/517779/.

5〉 King James Bible, Genesis 1:28.

6〉 "we must make Nature worthless": Jesse Ausubel, "We Must Make Nature Worthless," Real Clear Science, September 19, 2015, https://www.realclearscience.com/ articles/2015/09/19/we_must_make_nature_worthless_109384.html.

포스트 피크
거대한 역전의 시작

초판 1쇄 발행 2020년 10월 28일
초판 3쇄 발행 2021년 7월 19일

지은이 앤드루 맥아피
옮긴이 이한음
펴낸이 고병욱

책임편집 윤현주 **기획편집** 장지연 유나경
마케팅 이일권 김윤성 김재욱 이애주 오정민
디자인 공희 진미나 백은주 **외서기획** 이슬
제작 김기창 **관리** 주동은 조재언 **총무** 문준기 노재경 송민진

펴낸곳 청림출판(주)
등록 제1989-000026호
본사 06048 서울시 강남구 도산대로 38길 11 청림출판(주) (논현동 63)
제2사옥 10881 경기도 파주시 회동길 173 청림아트스페이스 (문발동 518-6)
전화 02-546-4341 **팩스** 02-546-8053
홈페이지 www.chungrim.com
이메일 cr1@chungrim.com
블로그 blog.naver.com/chungrimpub
페이스북 www.facebook.com/chungrimpub

ISBN 978-89-352-1329-0 03320